明源地产研究院

明源地产研究系列丛书

跟投之潮

房地产行业跟投趋势与典型房企实践

明源地产研究院◎编著

中信出版集团 · 北京

图书在版编目（CIP）数据

跟投之潮：房地产行业跟投趋势与典型房企实践 / 明源地产研究院编著 . -- 北京：中信出版社，2018.7
（明源地产研究系列丛书）
ISBN 978-7-5086-9070-4

Ⅰ . ①跟…　Ⅱ . ①明…　Ⅲ . ①房地产投资－研究－中国　Ⅳ . ① F299.233

中国版本图书馆 CIP 数据核字（2018）第 110931 号

跟投之潮——房地产行业跟投趋势与典型房企实践

编　　著：明源地产研究院
出版发行：中信出版集团股份有限公司
　　　　（北京市朝阳区惠新东街甲 4 号富盛大厦 2 座　邮编　100029）
承 印 者：北京通州皇家印刷厂

开　　本：787mm×1092mm　1/16　　印　　张：19.75　　字　　数：240 千字
版　　次：2018 年 7 月第 1 版　　印　　次：2018 年 7 月第 1 次印刷
广告经营许可证：京朝工商广字第 8087 号
书　　号：ISBN 978-7-5086-9070-4
定　　价：55.00 元

《跟投之潮》编审委员会名单

总　编：徐　颖

主　编：钟洪涛

编　委：吴浪雄　夏　凯　黄辉华　王亚辉

　　　　黄　乐　谢志华　江　滨　冯　超

序

共同迎接“合伙人”的伟大时代

不经意间，真正意义上的中国房地产行业走了近三十年。

三十年来，这个行业日新月异，万象更新，一部分企业倒了下去，一部分企业慢了下来，一部分企业站上了桥头，一派长江后浪推前浪、一浪高过一浪的热闹景象引爆着行业，真是激荡三十年。

猜猜，谁才是这个行业笑到最后的那个企业？其实，神仙也不知道。

的确，我们正在迎接一个伟大时代的到来，这个时代就是“合伙人”时代。

在许多行业，合伙人制这种古老的组织形式非常普遍，如律师事务所、会计师事务所、高科技行业等知识型企业。在传统行业中，公司制依然是绝大部分企业的组织形态，但无法忽视的趋势是，合伙人制在当下的中国变得越来越流行。

最早开始“合伙人”尝试的地产公司万科，便在许多层面上进行了实践，如2014年推出的合伙人持股计划、项目跟投机制等。这种尝试也包括后来碧桂园推行的“同心共享”计划。从这两家企业跟投机制的实施情况来看，合伙人制对于激发组织活力有着非常积极的作用，也促使了近几年房地产业绩规模的跨越式增长。

随着行业的发展、人员的流动，项目跟投已经在越来越多的房企中得到实施，从当初的星星之火到目前的燎原之势，项目跟投在房企实践中确实也得到了良好的验证。据统计，2017年，在17家千亿元销售规模的房企中，10多家企业已经推行了项目跟投机制，目前大多志在冲击千亿元销售规模的房企都在纷纷引入这种机制，甚至众多中小型房企也是如此。

这些企业的快速发展有来自多方面的原因，但毫无疑问，以项目跟投为核心的组织激励体系变革给这些房企赋予了更多爆发的潜能。从目前来看，项目跟投机制在地产行业已经逐步成为驱动组织活力的管理标配，是推行合伙人体系成功的重要保障，其核心作用是激活了房企组织的“自组织”属性。

从进化论的观点来看，“自组织”是指一个系统在“遗传”、“变异”和“优胜劣汰”机制的作用下，其组织结构和运行模式不断地自我完善，从而不断提高其对于环境的快速适应能力的过程。一个系统的自组织属性越强，其保持和产生新功能的创新能力也就越强。任何一个组织都有自组织属性，否则就失去了存在的基础和创新发展的动力。

究其根本，这和当前房地产行业的经济环境变化剧烈、土地资源竞争激烈、行业集中度快速提高等因素密不可分。自上而下的科层制管控的传统而冗长的决策流程已经无法有效应对外界剧变的风险，企业需要发挥精英小团队的自主创新和能动性来积极应对，即增加企业组织的自组织属性。

规模房企的经营实践已经证明，项目跟投机制是激发项目精英小团队最好的、最直接的机制。项目跟投有利于利益绑定、人员保留、动力激发，有利于在项目现场解决大多数的管理问题，有利于经营目标的自觉达成。从更积极的视角来看，项目跟投有助于构建新型公司治理结构，有助于推动内部组织变革、去中心化、去大企业病，有助于业务模式创新和团队成员优胜劣汰，有助于培养具有企业家视角的管理者，乃至提升内部员工对企业战略的理解。

我们阳光城目前已经推行了“双赢”机制——“合作共赢”和“阳光共赢”。在过去一年里，阳光城的变化有目共睹，它在多方面发生了革命性的变化：2017年，区域公司从13个发展到30个；实现销售900多亿元，同比增长一倍，现金流首度回正；实现营收331.6亿元，同比增长69.2%；通过两次“锋刃”计划落地，目标成本降了近40亿元。2018年第一季度，累计有120个项目公司全部采用了跟投机制，“高周转”打法生根开花又结果，已实现了多个项目开始预分红的可喜成绩。可以说，是“双赢”机制让阳光城的内在组织机能、可预见未来、做事方寸、又快又好玩法的诸多元素发生着积极变化，而且充满活力。

明源地产研究院基于当前行业的最新热点，对于项目跟投机制的设计机制进行了解构，从跟投进入、返本、分红和退出等四个关键环节的设计视角出发，对于这些关键环节如何与经营导向相结合进行了深入提炼和总结，这可以为诸多房企在进行跟投机制设计和优化时提供助力。

我们阳光城目前的“双赢”机制已经大型升级了三次，在三个方面发生了蜕变。我相信，此机制还需要考验，还需要打磨，还需要随时打补丁，只有这样，我们才能让机制更符合人性并能从人性出发，让其发挥正向的“化学作用”。

事实证明，跟投机制的落地让员工多了一层身份，那就是事业合伙人。什么是事业合伙人？言外之意，员工也是企业的老板，也是企业家、企业的主人、企业的责任主体。员工和股东站在同一“战舰”上，同心同德，同利同责，共同创造属于自己的美好明天。

更为难得的是，本书选取了项目跟投机制中不同规模、不同类型的典型房企来进行实证研究，从管理背景、制度要点、推行落地到业绩效果等不同视角进行分析研究，帮助读者全方位思考在不同背景下，房企跟投机制如何结合企业自身实际情况做好差异化设计，从而助力企业更好地推行跟投机制，以便真正发挥跟投机制激活组织活力的威力。

大道当然，唯有顺应人性的机制才是顺应时代需要的机制。

人心思变，变是不变的道理。

让我们共同见证项目跟投机制落地于房地产行业而引爆“合伙人”伟大时代的到来！

阳光控股有限公司执行董事　吴建斌

2018年6月

前　言

房地产行业的发展逐渐进入“无人区”，逐渐丧失了可以参照的范式和先例。当前正是房地产行业突破瓶颈的历史时刻，也是房地产企业开拓创新的最佳时期。与此同时，整个社会进入移动互联网时代，在这个发展阶段，资源和资金很容易被找到，唯独人才很难被找到，这或许正是万科集团提出“人才是企业的唯一资本”，以及当前房地产企业跑步进入“合伙人”时代的真正原因。

关于人与企业的关系，我们可以从大洋彼岸的一家具有半个世纪历史的企业说起。这家企业在很多年以前提出了“员工第二，领导第三”“让员工参与管理”的口号，并将其具体化为相互补充的三个计划：利润分享计划、员工购股计划和损耗奖励计划。

这家企业的利润分享计划实施于1971年，通过建立一个与利润增长相关的模型，把符合条件的员工的工资按一定比例放入这个计划中，员工离开公司时可以取走这个份额的现金或相应股票。员工购股计划，即该企业的员工可以按照低于市值15%的价格购买股票，资金可以从该员工每个月的工资中扣除。损耗奖励计划，即对有效控制损耗的分店进行奖励，使得其损耗率降至零售业平均水平的一半。

这家企业就是全球最大的零售企业——沃尔玛。在2017年《财富》世界500强排行榜中，沃尔玛连续4年蝉联榜首。以果溯因，这在很大程度上有赖于沃尔玛三大互补计划的落地执行。

视线再次转回中国的房地产行业，历史或有相似，时代显然不同。此时，“让员工参与管理”的口号在落地时转换为另一种表现形式——合伙人。

合伙人模式来源于阿米巴经营管理模式，这种模式以各个阿米巴的领导为核心，让其自行制订计划，并依靠全体成员的智慧和努力来完成目标，从而让一线的每一位员工都能成为主角。这种模式的核心在于，确立各个与市场有直接联系的部门的核算制度，培养具有经营意识的人才，实现全员参与。这一模式在稻盛和夫掌管下的多个企业中得到了成功运用和效果验证。

2014年，万科集团推出事业合伙人激励机制，碧桂园集团、越秀集团、金地集团、当代置业、复星集团、龙湖集团、三盛宏业、金大地集团、融信集团等纷纷推出合伙人制；2015年，万科集团推出事业合伙人2.0版本；2016年，绿地集团试点项目跟投机制，龙湖集团合伙人被赋予新的内涵，招商蛇口、越秀集团等国企合伙人制势如破竹……房地产企业纷纷进入“合伙人”时代。

不同于设计在雇佣模式之上的与绩效管理相匹配的科层制——一种集中管控模式，“合伙人”时代下的项目跟投的核心是“自组织”，它强调精英团队的自我驱动和经营目标的自我实现。

调查显示，中国房地产企业前50强中，有超过50%的企业实施了项目跟投；前100强中，有40%的企业已经实施了项目跟投。截至2017年2月，某规模房企累计跟投项目超过300个，在建项目中有超过70%

的项目已引入合伙人制。万科集团等企业作为房地产项目跟投的先行者，给后来者开发了很多资源，提供了很多经验。

从当初的星星之火到目前的燎原之势，项目跟投在房企的实践中确实也得到了良好的验证，并帮助前100强房企中的诸多企业提升了行业排名。在2017年千亿元销售规模的房企中，大多数企业也都实施了项目跟投。例如，新城控股从2014年开始逐步推行项目跟投管理变革，2016年，其业绩得到了迅速增长，2017年更是跻身销售千亿元阵营，业绩同比增长83.9%。此外，龙湖集团、旭辉集团、金地集团等销售千亿元房企的项目跟投均成为其销售规模跳涨的杀招利器。当然，企业发展取决于多种因素，但是毫无疑问，以项目跟投为核心的组织激励体系变革给这些房企赋予了更多的潜能。

一个企业要做到流水不腐，人才或将成为其活水源头。当房地产行业进入下半场，人才成为房企发展的核心资源，合伙人模式已成为规模房企管理创新的必选项。首先，房地产行业下半场风险骤增，在传统模式下矛盾丛生；其次，“大象比猴子跑得快”，龙头房企市场占有率持续提高，创新激励机制已箭在弦上；再次，房企快速扩张，倒逼企业经营权下放，责任、权利和义务难对等；最后，引入带资源的人才以实现企业规模的快速扩张等，这些都使得项目跟投成为房企业绩增速的分水岭。

基于上述背景，明源地产研究院与各大房企高管及相关资深从业者进行了广泛交流与沟通，锁定了房企在房地产企业下半场的组织激励与人才角逐中关注的一些市场热点、管理难点和痛点，从而系统性地解读房地产行业跟投发展趋势与项目跟投策略，遂成本书。

房地产行业下半场竞争已经开局，在这场有关人才争夺的竞技中，房地产企业究竟要选择什么样的战术？要如何在行业竞争中以人为动力进行战略突围？跨越了经理人与股东、科层制与自组织的界限，房地产行业将迎来下半场的组织超限战。

目　录

第一章

风起

“自组织”风口下的项目跟投核心机制设计

| 第一节　跑步前进，房地产行业进入“合伙人”时代 |

随着中国市场大环境的风云变幻，房地产行业大环境也变得扑朔迷离，投资风险不断加大。随着房地产行业进入下半场，“天赐利润”的时代已经成为过去，行业增长模式已经发生根本性变化。在此背景下，企业业绩的增长由传统的依靠资金、土地变得越加依赖个体效率。“人”作为资源要素的价值变得越来越凸显，而相应的组织创新的优化配套也越加迫切。

对于房企而言，组织体系内原有的“下任务”模式，更多的是集团与区域之间的谈判和台面上的数字游戏，而合伙人制下的“跟投”，则赋予了更多的利益绑定和共荣共损的含义，从“赚钱”到“分钱”模式，能够有效激发员工的积极性。由此，通过合伙人制实现与核心人才的利益捆绑、风险共担，成为典型房企的共识。

万科集团、碧桂园集团是项目跟投机制的先行者，之后金地集团、新城控股、龙湖集团、绿地集团等房企迅速跟进，项目跟投在地产行业迅速蹿红，如图1–1所示。调查显示，目前中国房地产企业前50强中，有超过50%的企业实施了项目跟投；前100强中，有40%的企业实施了项目跟投。截至2017年2月，某企业有583个项目引入合伙人制；而万科集团累计跟投项目308个，合伙人权益占比3.4%。可以说，近年来，项目跟投在房地产行业如潮水般汹涌而来。

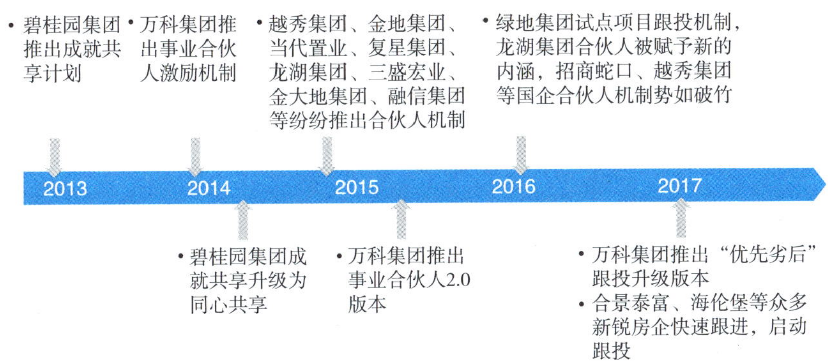

图1-1　房地产企业纷纷进入“合伙人”时代

为什么在短短几年间房地产行业就以迅雷不及掩耳之势进入了“合伙人”时代？这背后有着房地产行业变化的深刻原因，如果不了解这些原因，对“项目跟投”的认识就会停留在表面。我们从以下四个方面来详细阐述房企纷纷投入到项目跟投这场管理创新大潮中的根本原因。

一、房地产下半场风险骤增，传统模式下矛盾丛生

随着房地产行业进入下半场，行业利润率持续下滑。从2013—2016年的数据来看，销售净利率从2013年的17%陡然下滑至2015年的10%，降幅达7个百分点；2016年，得益于高溢价的持续、去化形势的好转、融资环境的利好，以及管理水平的提升等因素，销售净利率止跌回升，但回升幅度微乎其微，如图1-2所示。

近年来，房地产行业利润率的快速下降证实了房地产行业进入“白银年代”的深刻现实。在这种大背景下，靠“天”吃饭的“坐商”模式一去不复返，盈利模式发生了根本性变化，房企需要靠运营才能获

取利润。同时，随着外部环境不确定性的增加，房企面临的市场风险超出往常，例如开发前的拿地风险、开发过程中的运营风险和开发后的销售风险，尤其是拿地风险和运营风险，在当前市场环境剧烈变化的形势下，被进一步放大。企业一旦在拿地环节出现失误，就可能导致自身加速亏损，甚至满盘皆输；而企业在拿地后如果没有快速开发和销售，整个运营周期就会被拖得过长，也会导致企业预期的经营目标难以达成。

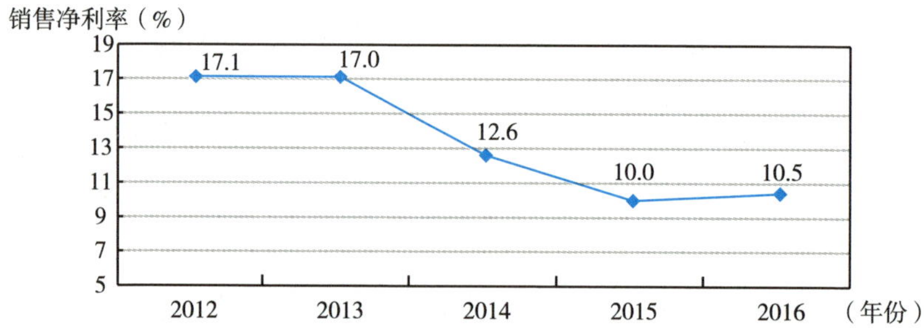

图1-2　2012—2016年房地产行业销售净利率变化分析图

数据来源：Wind、明源地产研究院上市房企2016年年报分析。

然而，传统的风险规避机制已经难以适应当前房企的发展需要。过往在市场环境较稳定、节奏较平缓的情况下，房企一般是通过“总部指挥、一线执行”的方式来规避风险。但是，在市场环境剧烈变化的形势下，总部的指挥不可能那么迅速和及时，并且总部对一线瞬息万变的现状难以精确掌握，如果还沿用以往的风险规避模式，很可能会因为总部指挥的延误或决策的不准确导致整个项目受损。

与以往“总部指挥、一线执行”相匹配的激励模式通常是按照“绩效考核、节点达成”来对项目团队进行奖励，这种激励模式的本质都是基于考核，它能凝聚组织以目标为导向，牵引团队在上级授权的管控模式下达成经营目标，但却只能提供常规、例行的外部驱力，而无法赋予团队由内而外的自我动力。此外，在这种激励模式下，总部与一线往往是站在利益的对立面，例如绩效考核机制，总部必然倾向于将绩效目标定高以便实现公司更高的效益，而员工则必然倾向于将目标定低以便更容易达成。而在市场风险加剧的新形势下，这些传统的激励模式已然失效。如何变革激励机制，使总部决策与一线开发的利益面统一，是房企需要重点思考的问题。

根据第三方机构对2017年房地产行业的整体监测报告显示，前10强和前50强房企集中度同比增幅明显，行业份额集中性更强，并倾向于朝大型品牌房企靠拢。目前，房地产行业格局分化加剧，已进入集聚发展阶段，规模型房企具有较强的资源集聚效应，优势资源不断向大型房企倾斜，中小型房企的生存压力进一步加大。

综上所述，在风云变幻的房地产行业下半场，传统的风险规避模式和激励机制急需变革。总部应适当放权，让一线听得到“炮火”的人去指挥战斗，授予一线更多的经营自主性，让一线通过对市场的第一感知主动发现风险、规避风险。同时，通过有效的激励机制，充分激发和释放一线的自组织热情，将总部与一线绑定为利益共同体，扭转它们之间的利益对立局面。其中，项目跟投机制恰恰能够通过“风险共担、利润共享”帮助房企规避过高的经营风险。

二、“大象比猴子跑得快”，激励机制创新箭在弦上

尽管房地产行业已经步入下半场，但龙头房企的市场占有率仍在节节攀升，“大象比猴子跑得快”的现象越来越明显。

首先，从近年来前10强和前50强房企所占市场份额的数据来看，当前的行业集中度在持续提升，2017年前10强和前50强房企所占市场份额在2016年的基础上进一步攀升，分别达到了25%和47%，如图1-3所示。

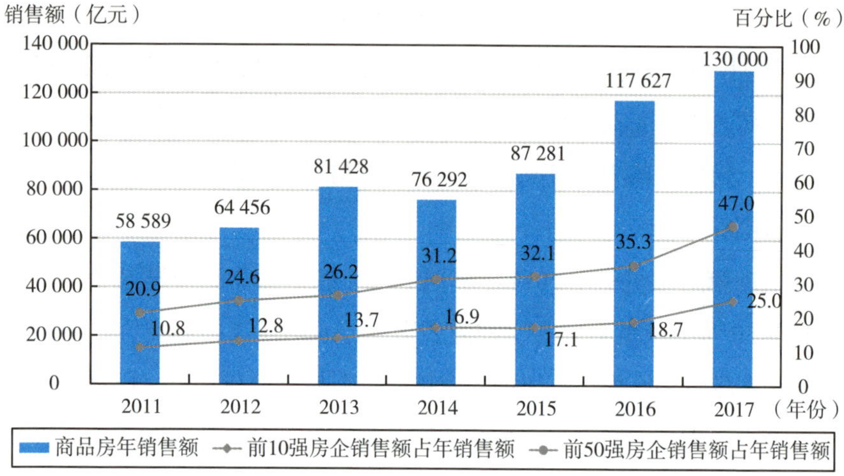

图1–3　2011—2017年前10强和前50强房企在行业中的整体占比

数据来源：Wind、明源地产研究院。

其次，从2017年全年的销售数据来看，房企销售额入榜门槛已经大幅提升，前10强房企的销售额门槛已经从2016年的1 010亿元跃升至1 512亿元，前20强房企的销售额门槛也已逼近千亿元规模，如图1-4所示。

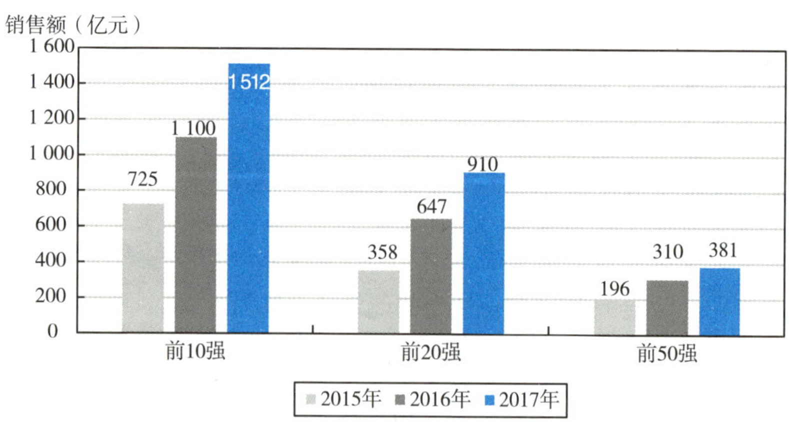

图1–4　房企销售额入榜（前10强、前20强、前50强）门槛

数据来源：Wind、明源地产研究院。

因此，我们可以清晰地看到，当前房地产行业的分化已经越来越显著，强者恒强的马太效应凸显。龙头房企在快速发展的过程中，一方面开发量大幅跳涨，另一方面规模扩张诉求仍在持续增强，因而需要快速布局，快速收割市场，快速抢夺市场份额。在此形势下，传统的激励机制显然难以满足龙头房企规模超常发展的要求。

以“利润分享”这一传统的激励机制为例，即拿出利润的一部分作为奖金发放给项目团队。一方面，因项目团队在年初对年末收益无法确定和对来年利润难以预测等因素，这种机制存在不稳定性，缺乏年度之间的衔接性和项目的整体关联性，而这将直接影响员工对项目操盘的投入程度；另一方面，利润分享类似基金跟投，更多的是作为福利，跟员工自身的努力几乎没有关系，因此对员工的约束力不足，加上需要在项目操盘结果出来之后才知道收益，对员工行为的驱使作用不具备前置性，难以发挥员工的主观能动性。除利润分享之外，如绩效考核、超额激励、专项奖等传统的激励模式，在行业利润下滑、增长遭遇天花板的新时代下，均难以激发一线团队的自组织热情和主人翁意识，也难以将一线与总部的利益面统一，因而必然无法适应和匹配龙头房企的规模发展诉求。我们将会在本书的后续章节对不同激励机制进行详细对比分析。

总体而言，在行业集中度持续提升、强者恒强的态势下，龙头房企面临着开发量大幅跳涨及规模诉求持续增强的挑战。如何激发一线的热情与活力？如何快速抢占市场？如何确保一线的拿地质量并进行快速开发和销售？这些已成为房企重点关注的问题，激励体系的变革与创新已是箭在弦上。

三、吸引能获取资源的人才已成为新时代人才战略

随着党的十九大开启了“新时代、新征程、新篇章”，中国房地产

行业进入“地产新时代”。在地产新时代，房企最主要的特征是面临各种不确定性。

古往今来，没有人不承认人才的重要性。过去，各房企跨区域布局，追求规模扩张，人才十分重要；现在，新时代的房企面临租售并举的新布局，人才更加重要。

比尔·盖茨曾说：“如果把我最优秀的20名员工拿走，微软将变成无足轻重的公司。”一个有数十万员工的企业，仅仅拿走20名员工就可以变成无足轻重的公司，为什么？说明企业“帅才”的重要性！当然，微软是一个科技公司，而房地产是一个重资金和土地资源的行业，二者略有不同。但是，能够成为行业典型的房企，无一例外都是求贤若渴。

对于当前诸多谋求转型，布局医疗、文化、教育、金融、大健康、科技等房企来说，引进人才不仅重要，而且十分急迫。

核心人才作为独特的资源，目前已得到行业的充分重视。2017年年底，恒大集团正式任命任泽平为恒大集团首席经济学家（副总裁级）兼恒大经济研究院院长，其受重视度可以从其年薪窥见一斑。任泽平主要负责宏观经济分析、市场发展方向及行业发展动向研究，为集团战略决策提供相关分析报告。任泽平做了17年的宏观经济研究，对于政策安全边界有着敏锐的感知、把握和前瞻能力，这是他的核心优势。

碧桂园集团这几年发展迅猛，究其原因，很重要的一点在于其对人才的重视和高激励。碧桂园集团在2013年启动“未来领袖计划”，在全球广招名校博士，目前已经成为业界拥有博士数量最多的地产商。

近年来，我们可以看到，能拿到土地资源和资金资源的人才最为热门。这些人才的特点是自带资源，或者能够比同行更快地获取到未来企业能持续发展的资源（土地、资金）。因此，吸引能获取资源的人才，已成为诸多规模房企的人才战略。

那么，如何更好地引进这些人才？用高薪吸引吗？如果只采用高薪，只会单方面地增加企业的负担，且很难避免引进这种资源后的运作风险。因此，设计出能有效地绑定关键人才，实现关键人才和企业的命运共同体，才能有效地支撑人才战略。

这样的诉求，也使得项目跟投成为新时代房企人才战略的重要支撑。

四、房企快速扩张倒逼企业经营权下放，责权利难对等

房企快速做大的背后，一定是经营层面的大幅放权。在传统的集团、区域和项目三级管控模式下，基本上所有流程事项都要到总部审批，效率很低。而今，在市场变动剧烈、房企规模不断做大的新形势下，按部就班地听总部指挥可能会贻误时机。这就必然要求总部向一线授权，赋予区域团队投资拿地、设计方案、采购招标、销售策划等更多的自主经营权限，驱动一线的自组织热情，推动区域做大、做强；否则，区域仍将处处掣肘，无法有效施展拳脚，无法快速应对市场风险，无法在激烈的竞争中抢占市场先机。例如，某规模房企在2013年开始将拿地权限下放，各区域公司投资团队都可在全国范围内拓展拿地，形成内部竞争机制，跨区域投资，团队间合作，利益分成自行协商，仅仅半年时间就开拓了一些新市场。

然而，在经营权下放过程中，房企往往容易面临“一放就乱”的尴尬局面。针对这个问题，“总部放权、一线担当、利益共享”的“责权利对等”就变得尤为重要，也就是说，利益分享与授权下放、责任承担要相匹配。

从“总部放权”的角度来讲，在向区域授权的过程中，一方面，集团总部的职能角色需要重新定位，要从管控转变为服务，从例行管理转变为例外审批与异常监控，为区域提供管理标准、资金资源、供应商资源、信息化工具、经验与知识服务等资源支持和相应辅导。例如，在

福建某企业的拿地决策体系中，区域投资团队搜集土地情报信息，内部探讨后定期上报给总部，总部投资管理中心对区域提交的土地信息进行审核和监督，并提出对地块的建议，从而快速进行决策。另一方面，因房企的各个区域（城市）公司的成立阶段和发展阶段往往不一样，各自能力肯定会有所区别。对于不同能力的区域，总部就要进行差异化授权；对于管理成熟度较高、实力较强的区域，总部可以下放更多的权限；对于能力尚且不足的区域，总部可视情况先适当小范围放权，同时进行能力建设。例如，某行业龙头企业，根据工程和区域级别进行分类，划分了四类工程和三大区域级别，在招标和合同方面进行差异化授权。再如，越秀集团在放权过程中也强调了“差异化的放权节奏”这一关键点，即总部核心业务部门、职能部门因地制宜，分别确定对区域干预度的多与少、深与浅，游戏规则一视同仁，但总部在一线事务上的参与度和关注度有显著差异。

从“一线担当”的角度来讲，在总部权限下放后，区域必然要承担更多的经营责任。更重要的是，区域要有能力承担起项目开发的任务，如果能力太薄弱，权限放下去反而造成了管理混乱，那将适得其反。因此，总部在下放权限前，应全面审视区域公司各职能部门的能力是否具备，如果是一放就乱的状态，就要先对其进行专业能力体系的建设。例如，越秀集团在放权的同时，还专门推出“星汇计划”，培训员工如何进行运营以及怎样站在投资股东的角度去看问题，怎样把关注项目的开发节点变成关注项目IRR（内部收益率）等，使一线员工具备相应的能力。

从“利益共享”的角度来讲，在拿地、运营等权限下放后，如何控制一线的拿地质量又不减弱总部的控制力？如何做到加快项目周转又不导致野蛮式冒进？尤其是在投资拿地环节，如何规避拿地风险？这时，给予一线相应的利益回报，将一线与总部的利益进行深度捆绑就显得非常重要。项目跟投机制正是能够实现“风险共担、利益共享”的一剂良方，在此制度下，区域、城市、项目团队核心骨干成员等向项目注入自有资金，拿地时必然会更加谨慎，运营节奏上必然会加快周转、加速现金流回正，同时到达相应阶段即可获取项目利润分红。例如，某房企在跟投机制中约定，可提取项目预测利润的50%进行预分红，首次预分红后，区域可每半年申请一次预分红，由此，实现了对一线的有效激励。

总体而言，在房企规模做大、市场环境剧烈变化的背景下，如何将“总部放权、一线担当、利益共享”的“责权利对等”原则落实到位，已成为房企发展的重中之重，而项目跟投恰恰为房企提供了一条最佳路径。

五、项目跟投已成为高增长房企管理创新的必选项

这几年，项目跟投在房地产行业从星星之火到燎原之势，在房企实践中确实也得到了良好的验证。从2016年销售额同比增长率前10强的房企中可以看到，业绩增长最快、排名显著提升的几家房企基本都已经推行了项目跟投机制，包括首开股份、碧桂园集团、中南集团、新城控股、旭辉集团、阳光城集团、金地集团，如表1–1所示。可以说，是否推行项目跟投机制已逐渐成为房企业绩增速的分水岭。

表1–1 2016年销售额同比增长率前10强房企表现

房企	2014年业绩排名	2015年业绩排名	2016年业绩排名	2014年销售额（亿元）	2015年销售额（亿元）	2016年销售额（亿元）	2016年销售额同比增长率（%）
鲁能集团	30	30	20	79	220.7	646.7	193
首开股份	27	28	17	205	295.1	654.1	122
碧桂园集团	6	7	3	1 250.1	1 401.8	3 090.3	120
中南集团	26	29	23	207	229	502.3	119
新城控股	21	21	15	251	323.8	685.2	112

（续表）

房企	2014年业绩排名	2015年业绩排名	2016年业绩排名	2014年销售额（亿元）	2015年销售额（亿元）	2016年销售额（亿元）	2016年销售额同比增长率（%）
旭辉集团	24	23	18	223	312.5	653.2	109
融创中国	10	9	7	658	731.2	1 500.3	105
恒大集团	4	2	1	1 376.3	2 050.4	3 731.5	82
华夏幸福	13	10	8	520	725.1	1 200.1	66
阳光城集团	23	26	26	230.7	300.1	487.2	62
金地集团	16	13	12	486.7	621.2	1 006.3	62

数据来源：企业年报、明源地产研究院统计整理。

从2017年销售额同比增长率前10强房企来看，同样印证了以上结论，除中南集团、阳光城集团外，2017年房企“黑马”新力地产、中梁地产集团、蓝光发展、俊发地产等房企也均实施了项目跟投机制，如表1–2所示。

表1–2　2017年销售额同比增长率前10强房企表现

房企	2016年业绩排名	2017年业绩排名	2016年销售额（亿元）	2017年销售额（亿元）	2017年销售额同比增长率（%）
新力地产	97	43	161.3	428.1	165.4
泰禾集团	32	17	400.1	1 007.2	151.7
融创中国	7	4	1 500.3	3 620.0	141.3
中梁地产集团	40	25	336.8	757.9	125.0
美的地产集团	78	41	212.7	450.1	111.6
蓝光发展	39	30	339.1	689.1	103.2
俊发地产	86	50	190.1	381.3	100.6
中南集团	23	18	502.3	963.2	91.8
阳光城集团	26	19	487.2	915.3	87.9
滨江集团	42	34	330.0	615.1	86.4

数据来源：Wind、明源地产研究院。

我们再从销售规模角度来看，在2017年千亿元销售规模的房企中，大多数企业也都实施了项目跟投机制。例如，新城控股从2014年开始逐步推行项目跟投管理变革，2016年业绩得到了迅速增长，2017年更是跻身销售千亿元阵营，同比增长率达83.9%，如图1–5所示。此外，龙湖集团、旭辉集团、金地集团等销售千亿元房企的项目跟投均成为其销售规模跳涨的杀招利器。

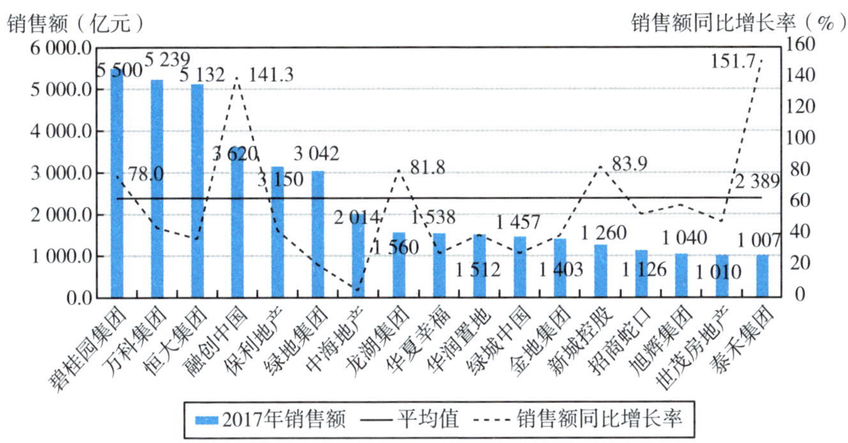

图1–5　2017年千亿元销售规模房企的销售额及同比增长率对比

数据来源：Wind、明源地产研究院。

当然，这些企业的快速发展是有多方面原因的，但是毫无疑问，以项目跟投为核心的组织激励体系变革，让这些房企拥有了更多的爆发潜能。

在跟投机制的设计上，这些房企有共通之处，也有自身特色。例如，典型房企D企的跟投机制基本为目前行业主流模式，以有限合伙企业为跟投载体，跟投股权占比以项目资金峰值为核算基准，为强制跟投人员提供最高5倍资金杠杆，级别越高则杠杆配资比例越大。C企的跟投机制特点在于将项目收益与内部收益率挂钩，同等比例放大项目收益或承担亏损。此外，通过对跟投进入、分红时点、退出机制等方面的限定，防止跟投人获取短期暴利。F企的跟投设计和大多数房企比较类似，但在具体的实操环节上较有特色，例如在跟投初期，F企会通过可研竞聘和项目路演，在提升经营民主、透明化气氛的同时，倒逼团队经营管理能力的提升。

我们将在本书的后续章节对不同类型典型房企的跟投设计进行深入剖析。

综上所述，房地产下半场在行业风险加剧、规模加速扩张、经营权下放，以及典型房企跟投效果显著等多重因素的推动下，房企加入跟投大军已是大势所趋，房地产行业已跑步进入“合伙人”时代。

| 第二节　从科层制到自组织，激励体系的前世今生 |

组织结构应随着商业模式、业务、人力资源和运营模式的发展进行调整、重构，要聚焦公司的基本面，时刻对商业模式进行再造，对组织架构进行优化，对管理薄弱环节进行夯实。

一、七大激励机制，展现激励体系的前世今生

实际上，当前房地产行业非常火的“跟投机制”并不是一个全新的事物，它只是公司在不同发展阶段采取的多种激励方式中的一种。下面详述七种不同的激励制度，如表1–3所示。

对于房地产激励模式而言，经历了从传统激励模式向自组织激励模式的演进。传统激励模式主要表现为超额激励与绩效考核，而自组织的激励模式被行业称为“合伙人制”。

表 1–3 七大激励制度展现激励体系的前世今生

分类	激励模式	适用阶段	优势	不足	覆盖对象	实施条件
顶层设计  公司合伙人	实股激励	企业创业初期或企业成熟阶段制度创新	吸引力足够大，利于稳定人才结构和经营局面	可能会丧失控制权，覆盖面小，难退出	创业伙伴、核心人才	找到对公司成功有重要影响力的核心人员；增发对利润达成率等有要求，且需经股东大会2/3以上的人表决通过
	期权激励	企业高速发展阶段	长效激励，稳住人才，吸引力大	行权周期长，受股价影响大	高管、中层、核心骨干	找到对公司成功有重要影响的核心成员；当外部竞争比较激烈和人才需求比较大时，保留核心人员
	虚拟股权	股权集中企业、中小型企业	绑定人才，且不影响股权结构	非实际持有，难享未来溢价；对现有经营层的激励有限	中高层、核心骨干为主	找到对公司成功有重要影响的核心人员；需要短期业绩实现突破；不具备推行股权或期权激励条件时的选择
自组织激励  项目合伙人	项目股权	多分（子）公司/项目的规模型企业	稳住项目核心人员，利益统一	收益主要源于项目回报，有投资风险	高管、项目核心成员	直接持股，或通过机构代持（成立基金公司或委托基金公司成立资管计划），或者合伙企业代持，并找到对项目成功有决定影响力的核心人员
	项目跟投	多分（子）公司/项目的规模型企业、中小企业	稳住核心团队人员，范围大，员工自主权大	限于周转快的住宅项目，有投资风险	集团高管、项目管理层及核心人员（或全员）	具备一定的运营规范性和标准化；项目经过审核定案
传统激励模式  职业经理人	超额激励	企业高速发展阶段	与企业业绩绑定，激励主动性；即超即奖，分期支付	自主权少，作为单一激励方式动力不足；不设罚	集团及一线经营管理团队	团队主动、积极性与创造的结果正相关；提前约定超额激励规则
	绩效考核	企业发展各个阶段	综合指标明确，上下目标一致	在多变市场环境与企业战略下，上下难统一，激励度有限	全体员工	如KPI（关键绩效指标）、BSC（平衡计分卡）等，一般没有特定的条件

资料来源：明源地产研究院根据百度网、财新网、腾讯网、知乎提炼整理。

对于房企的“合伙人”而言，主要分为公司合伙人和项目合伙人，其中公司合伙人主要通过实股激励、期股期权、虚拟股权等形式来体现，而项目合伙人则常见于项目股权和项目跟投。

1. 实股激励

实股持有者不仅享有相应股权的分红权，还能以股东身份享有表决权和对公司的决策控制权。这个层面的股权设计相当于企业激励机制的顶层设计，主要在于保证核心管理层对企业的控制权。

从法律定义上来讲，实股是指在工商局注册的股权，或未在工商局注册但已经有出资证明并记录在股东名册的股权。凡涉及实股激励的方案，都必须经股东大会2/3以上的人表决通过才有效，经股东大会通过后的实股激励计划才可以实施。根据实股激励对象与来源，可分为直接注册、在职分红转实股、虚拟股份转实股、股份期权/期股等。

许多年轻的互联网企业，常常要引入新的合伙人或合作方，为避免后续纠纷，乃至丧失对企业的控制，会对股权与表决权进行分离，从而以较少股权占比获得较高的表决权。例如，脸书（Facebook）在招股书中所披露的双层股权结构，即将普通股分为A类普通股和B类普通股，其中1个B类普通股对应10个投票权，而1个A类普通股对应1个投票权，也就是将普通股设计为不同的系列，以实现公司管理层股东对公司重大决策的控制权。因此，脸书创始人马克·扎克伯格本人虽然只拥有不到30%的股份，但其持有的B类普通股的投票权是A类普通股的10倍，所以拥有大于持股比例的投票权。2012年年初，一些股东和马克·扎克伯格达成了投票协议，同意马克·扎克伯格代表他们的股份投票，这使马克·扎克伯格拥有脸书股份56.9%的投票权。投票协议也并非设计的结果，而是创始人依靠自己的能力和业绩获得了部分股东完全信任的结果。

AB双层股权结构在中国新兴的互联网公司中也并不罕见，比如阿里巴巴、百度、京东、聚美优品、陌陌等，只是单位股份代表的投票权数量不同而已。比如李彦宏虽然持股百度16.1%，但是B类普通股享有1:10的投票权，从而掌控了百度公司60%以上的投票权；刘强东持股京东15.8%，却拥有80%的投票权，也是绝对掌权者。

阿里巴巴的合伙人方案是通过分离股权和投票权，从而加强了创始人及经营团队的控制力。2013年，阿里巴巴在上市前夕，就已经与第一、第二大股东软银、雅虎达成协议，引入“合伙人制”，后者只做财务投资，不干涉管理，即没有权力决定阿里巴巴的走向，只可以享受阿里巴巴的分红收益。软银和雅虎各提一名人员进董事会；马云和蔡崇信为永久合伙人，不用被提名且一直在董事会，除非自己放弃；其他董事会成员从阿里合伙人中选出。即使阿里巴巴创办8年来已有65%的员工拿到了股权激励，但其核心经营层仍牢牢掌握着实权。

阿里巴巴的合伙人制将公司的控制权在形式上归于30人左右的核心高管团队——合伙人会议，这实现了一定程度上的集体领导，有利于公司内部激励与主动性激发，相对于把公司投票权集中在某几个创始股东手中的双层股权结构，有一定积极的意义。阿里巴巴的合伙人制和持有的股权结合得并不十分紧密，这有利于现有合伙人进行部分套现，而继续保有公司控制权。因此，阿里巴巴上市后，尽管马云个人仅持有阿里巴巴7.8%的股权，但他牢牢地控制着阿里巴巴。合伙人制能够使阿里巴巴的合伙人——公司业务的核心管理者拥有较大的战略决策权，减少资本市场短期波动影响，从而确保客户、公司和所有股东的长期利益。

此外，如果公司没有上市，创始人团队可以通过董事会控制公司，比如掌握较多的董事会席位，也可以把创始人团队的投票权集中到某个核心创始人手中，以取得对投资人的优势投票地位。后一种方式的具体做法包括：投票权委托，即其他创始人把投票权委托给一个核心创始人来行使，如马克·扎克伯格；创始人团队设立有限合伙来持有公司股份，核心创始人担任有限合伙的普通合伙人，通过掌握有限合伙的管理权来集中所有创始人的投票权。

可以看到，上述采用双层股权结构的企业都是在美国上市的，当前中国的公司法严格规定同股同权，不允许直接实施双层股权结构，但允许有限责任公司的公司章程对投票权进行特别约定，允许股份有限公司股东在股东大会上将自己的投票权授予其他股东代为行使，这种做法，也能做到让创始人与少数核心经营层以少数股权控制公司。

实股激励的优势：第一，引力足够大，有利于稳定人才结构和经营局面；第二，保证核心管理层的表决权，有利于经营管理层增强对公司的控制力和凝聚力。

实股激励的劣势：第一，如果股权分散，会为“野蛮人入侵”创造机会，为控制权旁落埋下隐患；第二，覆盖面小，并且对于后来的卓越者没有合适的进入机制，起不到应有的激励作用，反而股权拥有者旱涝保收，造成不公平；第三，没有合理的退出机制，比如离职者的股份无法退回等，给企业的未来发展埋下隐患。

在房地产行业，2014年年初万科集团提出“事业合伙人制”，建立“公司持股计划”，将万科集团事业合伙人在经济利润（EP）奖金账户的全部权益统一委托给盈安合伙进行资金管理，并使用融资杠杆融得的资金购买万科集团股票。万科集团的事业合伙人制与绿地集团和华远地产的“职工持股会制度”类似，都是通过增持公司股份来加强经营层的控制力。

2. 期权激励

期权激励是股权激励的一种典型模式，是指企业所有者向经营者提供一种在一定期限内按事先约定的价格购买一定数量的企业股份的权利。简单的理解就是，在公司规定的期限内，特定人群可以以特定的价格购买公司股票，一般情况下，授出股权的价格明显低于启动股权计划时的股价，从而让特定的管理人员获利。因此，该手段也被看作企业人才捆绑和激励计划的一部分。

期权激励是基于未来股权价值回报的长期激励方式，其本质是一个公司资产市场化、资本化、证券化的过程，需对公司未来股权价值进行预测，并规划股权退出方式，从而实现企业价值最大化，特别是企业的成长和健康发展，以及运营效率与财富规模的扩大。

期权激励只有分红权，没有表决权。期权行权条件是按照股价行权，通常还附带其他行权条件，如业绩增长率、净资产增长率、达到行业平均增长率某个百分比以上等，而非上市公司行权条件，如达到相应的销售业绩目标、利润目标、绩效结果等。当股票价格高于行权价格时，激励对象就有利可图，其回报重在股票的增值部分，所以未来的增长性，尤其是股权的增值、溢价是重点，因而企业经营、商业模式与资本运作是关键。

随着现代企业管理模式不断升级，发行期权已经成为越来越多的上市公司激励团队的方式。2017年年底，A股市场就有至少75家上市公司披露了期权激励计划，当年实行期权激励计划的企业达到307家，超过2015年的225家和2016年的273家。

期权激励经常出现在互联网行业，从上市公司激励的角度来看，期权收益与公司未来发展密切相关，腾讯、阿里巴巴、百度等巨头均通过大手笔期权激励笼络人才，以实现超高速发展。但在房地产行业，期权激励并不常见，尽管万科集团、保利地产等大型房企也曾推出期权激励，但期权数量仅为1亿股左右，获激励人数也局限于数百名管理人员。恒大集团在2009年上市之初就曾推出首次期权激励计划，期权数量占当时已发行股本的10%。

2017年10月6日，恒大集团发布公告，7 994名恒大集团中高层管理干部获得共计7.435 7亿股期权，约占当时总股本的 5.7%。根据恒大集团公告，授出购股权的有效期为10年（2017年10月6日至2027年10月5日），行使价格为30.2港元/股，与授出日期的股份收市价格一致。另外，恒大集团此次授出股份可分时段、按比例行使，共分五期进行，每一期可行权数量最多为期权授予股票的20%。

随着房地产行业进入下半场，人才“争夺战”越加激烈。近年来，万科集团等大型房企都曾出现高管辞职的情况，如何留住人才已经成为房企决胜下半场的关键。恒大集团此次实施史上力度最大、覆盖范围最广的期权激励计划，使得管理团队与公司利益紧紧绑在一起，在增强团队凝聚力的同时充分激发其潜能，推动公司业绩持续增长，使广大管理干部得以分享公司业绩持续增长的成果，实现类似合伙人的效果，这无疑是房地产行业激励机制的一次重大创新。

龙湖集团的合伙人制也相当于“奖励期权计划”（TUP），本质上是一种特殊奖金，不需要购买，是以员工历史贡献和企业未来发展前途来确定的一种长期但非永久的奖金分配方式。

可见，期权激励在企业高速发展阶段，有利于提供有效激励，吸引力大，能够稳住人才。当然，期权激励也有其劣势，主要表现在时间周期长、变化因素大，并且常常存在股价不能反映企业实际经营状况的情况，比如很长时间以来，中国内地地产股票常常被低估，股票表现都落后于房价走势，当然这其中也有内地开发商的高杠杆率、投资者的悲观情绪等因素。

总体来说，在如今的房地产行业中，期权激励还只是上市公司给予管理层的多种激励方式之一，目前更多的激励方式是通过项目跟投机制来捆绑管理层利益（本书后面会有详细解读）。

3. 虚拟股权

虚拟股权是公司授予激励对象的一种虚拟股份，其激励对象无实际产权，但能拥有与注册股东同等股份的分红权或增值权（包括资产增值、品牌增值、其他增值）的一种激励方式。

虚拟股权激励的目的在于，提高员工的主人翁精神，关注企业整体经营发展；希望员工享受未来增值回报，但又不影响目前股权结构。因而，虚拟股权激励适合不方便实施实股激励，但又希望实施股权激励的企业，包括中小型企业。虚拟股权激励的本质在于，实施内部融资，企业与员工共同经营、价值共享、风险共担。

虚拟股权可以由自然人持股，也可以由持股公司/大股东代持。虚拟股权可作价购买、自筹，或公司借款（股份作抵押，收取一定利息），公司垫付，资金从未来分红中扣除。如果是代持股协议，就是隐名股东，受两个条件限制：一是想由隐名股东变成股东，仍要走股权转让的程序；二是因其他条件限制，隐名股东持有人不可能成为股东。

考核部门或公司经营并不考核个人虚拟股权，虚拟股权的分红时间通常是公司财年3~5个月内，由董事会制订方案，经股东大会确认当年可分配的利润。

例如，华为的虚拟受限股是华为投资控股有限公司工会授予员工的一种特殊股票。拥有虚拟股的员工，可以获得一定比例的分红，以及虚拟股对应的公司净资产增值部分，但没有所有权、表决权，也不能转让和出售。在员工离开企业时，股票由华为控股工会回购。这些被激励员工不会在工商登记册上出现，其股权全部由华为工会代持，从本质上来说，这只是华为单方认可的员工股权，不是法律意义上员工具有所有权的股权。经过10多年的连续增发，华为虚拟股的总规模已达到惊人的134.5亿股，在华为公司内部，超过8万人持有股票，收益相当丰厚。

虚拟股的优势：只有分红权、增值收益权，没有表决权、所有权，更没有转让权、继承权等，对公司的总资本和所有权结构没有影响；虚拟股有锁定期和行权期，若锁定期内辞职或被辞退，则无相应权益，可以有效地规避激励对象的短期行为。另外，虚拟股可以解决企业部分老员工“带股离职”的情况，规避了因持股高管离职带来的企业经营动荡，或是套利出走的诱惑，也避免了实股激励下的股权旁落和稀释。

虚拟股的劣势：被激励对象不是企业真正的主人，无法享有企业股权未来溢价的权利。与此同时，并不存在法律意义上的虚拟股，虚拟股作为股东与公司之间的一种合同关系，记录在公司法特指的股东名册上，不需要在工商局登记、备案，因而一般只有实股的部分权利。

虚拟股权不影响股权结构，又能绑定人才，相当于在基本年薪基础上的一种中长期激励方式，类似一种“奖励年薪”，又类似股票期权蓝本下的一个变通方案。一些希望强化激励体系、绑定人才的中小型房地产企业或非上市企业，也可借鉴使用。

4. 项目股权

当前，项目合伙人集中涌现于房地产行业，因为房地产行业比较特殊，大多企业以项目的形式来成立项目公司。项目合伙人常见于项目持股与项目跟投中。这里需要澄清的是，不同企业采用的具体模式会有差异，比如万科集团的员工持股就分为持公司股份和持项目股份，其中持项目股份类似于项目跟投，其目的在于激励一线公司管理层和项目管理人员，收益来自项目跟投分红。持公司股份作为长期利益捆绑，关注持股范围、持股形式、持股比例、发放办法、组织方式、分红等；持项目股份作为短期股权激励，主要针对项目层面，关注组织形式、参投范围、持股比例、出资规定、退出机制和收益分配等。事业合伙人的两类形式如图1–6所示。

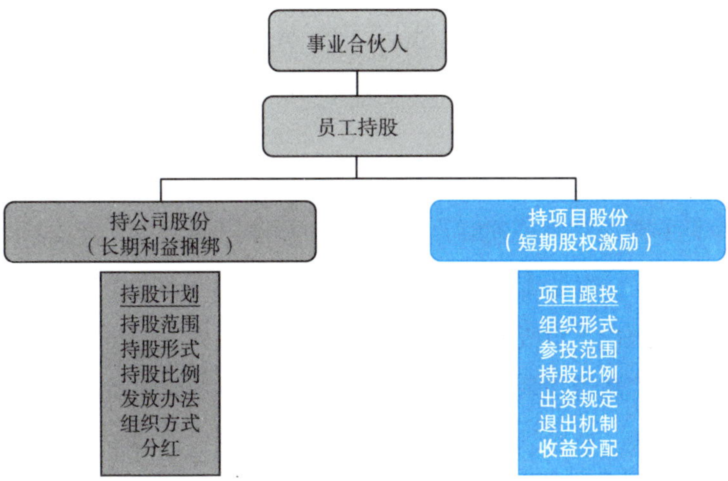

图1–6　事业合伙人的两类形式

资料来源：明源地产研究院根据百度网资料整理。

2017年3月，万科集团召开了2016年年度业绩发布会，至此，万科集团的事业合伙人制已经进行了三次迭代，成效明显。合伙人制使员工和股东的利益一致，能够激发员工的积极性，公司员工越来越体现出合伙人的意识和作用，对公司整体的经营业绩都起到了积极的作用，比如在加快项目周转、节约项目成本、提高销售额等方面，在万科集团股权之争激烈之时，万科集团业绩依然持续增长，人员依然保持稳定，事业合伙人制也起到了凝聚团队的重要作用。

与此同时，项目股权在下级公司或项目上实行持股，也有助于解决母体公司股权不够分的问题，因而也越来越多地用于处于成长期和成熟期的企业，特别是用于开发新的业务或项目，或母体业务的拆分。

当然，合伙人制也存在一定的弊端，比如万科集团事业合伙人制的反对方提出了自己的担忧：一方面，他们认为这种捆绑员工与公司利益的方式对于员工来说是把双刃剑，尤其对于那些被要求强制跟投的项目高层管理者来说，他们面临杠杆放大的风险，如果行业下行恐怕会血本无归；另一方面，从股东的角度来看，事业合伙人制在某种程度上是股东向管理层让利，也是管理层和股东之间对公司控制权的争夺问题。

5. 项目跟投

早期的跟投常常被理解为股权众筹的“领投+跟投”模式，即在众筹过程中由一位经验丰富的专业投资人作为领投人，众多普通投资人作为跟投人来跟投，组成联合投资体，共同向领投人发掘出来的投资项目投资。领投人负责找项目，进行投资管理，并在投资收益中获得一部分提成作为回报。对于领投人来说，一方面可以通过这种方式撬动众多跟投人的资金，另一方面可以额外获得投资收益分成。

从房地产的角度来看，项目跟投具有更新的含义，即员工用自有资金与公司一起投资原本由公司单方面投资的项目，并分享投资收益，承担投资风险。对于公司而言，一方面能就具体项目与相关责任人共担风险、共享利益，并在一定程度上降低项目管理人员的流动风险；对于跟投人而言，可从项目利润中分得收益，或在项目变现（上市或并购）时获得收益，但也意味着更大的责任和约束。

万科集团的项目股权相当于项目跟投，相比之下，某企业的项目跟投则有所不同，该企业通过成立第三方平台来汇集资金并进行项目跟投。

目前，项目跟投可能会分割一部分利润给公司高管及跟投者，但是带来的好处是显而易见的，项目跟投能够稳定职业经理人队伍，同时也会让项目团队对项目的投资风险及成本控制更加谨慎。

但是，项目跟投也有弊端，往往限于快周转的住宅项目，对于跟投者也有一定的投资风险。

综上所述，从项目持股与项目跟投可以看出项目合伙人制的目的在于，让一线的每一位员工都能成为主角，能够主动参与经营，进而实现“全员参与经营”，即通过把组织划分成较小的单元。这里的小单元与阿米巴经营有异曲同工之处，阿米巴经营来源于稻盛和夫。在阿米巴经营模式下，企业可随外部环境变化而不断“变形”，从而调整到最佳状态以适应市场变化，从而以各个阿米巴的领导为核心，让其自行制订各自的计划，并依靠全体成员的智慧和努力来完成目标。阿米巴经营模式的核心在于以下三个方面。

（1）确立各个与市场有直接联系的部门的核算制度

公司经营的原理和原则是“追求销售额最大化和经费最小化”，为了在全公司实践这一原则，组织被划分成小单元后，可采取能够及时应对市场变化的部门核算管理。

（2）培养具有经营意识的人才

在经营权下放后，各个小单元的领导会树立起“自己也是一名经营者”的意识，进而具有作为经营者的责任感，尽可能地努力提升业绩。这样，大家就会从作为员工的“被动”立场转变为作为领导的“主动”立场，这种立场的转变正是树立经营者意识的开端。

（3）实现全员参与的经营

如果每一位员工都能在各自的工作岗位为自己的“阿米巴”以及公司整体做出贡献，且阿米巴领导及其成员自己制定目标并为实现这一目标而感受到工作的意义，那么全体员工就能够在工作中找到乐趣和价值，从而努力工作，实现“全员参与”。

6. 超额激励

超额激励是指项目在完成预期目标利润之后，与相关利益者分享超出部分利润的激励方式，让员工更关注利润、节约成本，从而提高员工工作能力，促使企业业绩快速提升。首先，要明确对象，例如“谁在创造利润”，可以是高管，也可以是高管和业务人员，乃至全员；其次，要考虑公司规模、员工意愿、已实施企业的情况、股东意愿、行业性质等；再次，要考虑经营班子、核心业务或技术骨干等。

房地产项目的超额利润是项目实际利润与目标利润的差额。根据房地产行业典型数据与市场普遍实践，企业可设置房地产项目超额利润的基准提成比例，并根据房地产不同项目的固有特点、项目重要性程度和实现超额利润的难易程度等设置提成比例的调整系数，以体现激励的公平性。这充分考虑了市场重大变化给项目超额利润带来的影响，在计算超额利润时，要根据市场因素对原定的目标利润进行调整。

剔除市场因素的方法，可参考以下两个方向：一是通过对土地价格变动的评估来剔除市场突变因素对房地产开发项目利润的影响；二是根据周边同类项目市场增长率对年初制定的目标利润进行调整。例如，某项目的同类项目当前销售利润为1亿元，3年内同类项目市场增长率预计为10%，则该项目3年后的目标利润就是1.1亿元。如果3年后核算超额利润时，发现3年来市场的实际增长率是20%，则将目标利润调整为1.2亿元，在此基础上再计算超额利润。当然，获取市场增长率对于市场信息的收集和把握程度要求比较高，适合信息收集和整合能力相对成熟的房企。

在通过上述方式剔除市场因素并确定房地产项目的超额利润后，要根据超额利润的提成比例来确定项目公司的超额利润提成额。一般而言，项目公司超额利润提成额=超额利润总额×提成比例×提成比例调整系数。

对于一些典型房企来说，为了充分激励项目公司骨干员工，要针对不同的超额部分（或者称为货币化的项目难易程度）来设置激励，超额利润的提成比例分为“基准提成比例”和“累进提成比例”。假设某项目目标利润为1亿元，实际利润为1.3亿元，则该项目基准超额利润为1亿元×10%=1 000万元，累计超额利润=1.3亿元–1.1亿元=2 000万元。针对基准超额利润提成额比例为15%，即为150万元，针对累计超额利润的提成比例为18%，即360万元。①

基准提成比例可以根据不同企业不同项目的实际情况来设计，有些企业会采用15%，而对应的累进提成比例一般会取基准提成比例的1.2倍，比如基准提成比例为15%，则累进提成比例为18%。此时，超额利润提成额比例相应有所变化：项目公司超额利润提成额=基准超额利润总额×基准提成比例×提成比例调整系数+累进超额利润总额×累进提成比例×提成比例调整系数。其中，“提成比例调整系数”是运用“影响因素模型”对项目从重要性、规模、管理难度以及投资环境复杂性四个方面进行评分调整，这四个方面可以依据项目特点设置不同的权重。

综上所述，在计算超额利润时，要剔除市场因素，参照市场行情，考虑不同项目的特点，超额激励具有“即超即奖、分期支付”的优点。

万科集团早期的经济利润奖固定为经济利润的10%，计算方法是用

① 超出目标利润1亿元都有奖励；针对超出部分利润的10%以内，按15%提取奖励，称之为基准超额利润；针对超出部分利润的10%以外，按8%提取奖励，称之为累计超额利润。

净利润减去股权资本的机会成本，即企业为股东创造的超出社会平均收益水平的超额利润，反映了经营管理团队为股东创造的真实价值。之后演变成为事业合伙人，“合伙人持股计划+超额利润奖励”构成盈安合伙的持股部分。

但是，超额激励也有弊端，比如超额激励是基于为公司贡献的历史业绩，无法前置赋予经营团队更多自主权和创造力；而“不设罚”，对于房地产项目而言，也有一些漏洞，比如有些区域总经理会尽可能多地买地、开发项目，如果10块地有1~2块地的超额利润高，那么项目团队也能拿到超额激励奖金，而其他销售困难的项目却没有针对性的罚则。

此外，在项目的实施过程中，要明确若干时间节点，在每个时间节点采用超额利润激励，项目结束后再结合企业情况，仍可实施其他激励制度，如虚拟股权激励等。

7. 绩效考核

当采用综合指标确定绩效考核系数时，通常会考核利润、收入、进度、质量等指标。不同的指标考核意味着不同的考核导向，企业可以结合战略目标和发展阶段选择考核指标。表1–4为房地产企业采用综合指标确定考核系数的示例。

表1–4　房地产企业采用综合指标确定考核系数的示例

考核类别	考核维度	评价指标	占比（%）
财务指标 70%	利润	税后管理利润达成率	40
	销售额	合同销售额达成率	15
		销售回款额达成率	15

（续表）

考核类别	考核维度	评价指标	占比（%）
管理指标 30%	进度	项目经营计划关键节点完成率	8
	成本	项目阶段目标成本达成率	8
	质量	工程合格率	8
	融资	融资额度达成率	6

资料来源：明源地产研究院根据百度网整理。

无论采用单一的考核方法还是综合的考核方法，均可将项目最终运作效果作为影响项目奖金的重要指标。不同考核指标的设置表明企业在不同阶段、不同战略下的差别导向性。

房地产项目周期长、管理环节复杂，因此在房地产企业项目绩效管理的过程中，呈现出三大特点：一是环境多变，需要通过持续沟通来对绩效计划做出适时调整；二是员工需要信息对称，了解项目计划任务上下游的协同与进度情况，同时获得一些资源支持，如上级的信息支持等，以便增强对工作的控制和责任感；三是管理者需要在绩效计划执行过程中了解必要的信息，以便进行实时调整，帮助员工解决实际问题，保障绩效目标的达成。

与此同时，绩效管理的认知发展又与行业发展紧密相关，如图1–7所示。

可以发现，正是企业的发展阶段与管理水平直接影响了项目绩效管理指标的设计和选取。项目绩效指标是否涉及客户满意度、流程效率、学习与成长等企业长期发展的指标，与企业实际管理水平和发展目标息息相关。

众多房企在目标责任制、KPI考核、BSC等绩效体系之下，辅之以各种专项奖体系，包括工程进度奖、开发报建奖、工程结算奖、工程质量奖、设计质量奖、新开盘奖、融资放款奖、销售回款奖等，力图保障从项目各个阶段到总体目标的有效达成，如恒大集团的工程建设奖励、龙湖集团的知识贡献奖、万科集团的黄金大奖等。

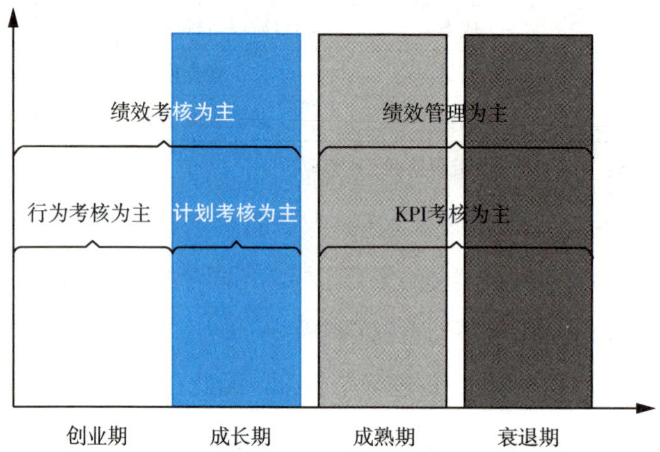

图 1–7 绩效管理的认知发展与行业发展紧密相关

资料来源：明源地产研究院。

绩效考核的优势在于，指标明确，公司与员工目标一致，同时易于考核。绩效考核的弊端在于，在多变的市场环境下，灵活性不够，企业目标变化频率增加，或是战略常常处于迭代过程中，员工目标难以时时与之一致，单一绩效考核的激励效果大减。

综上所述，实股激励适合公司的初创阶段，或者在公司新引入核心人才时，激励对象覆盖面偏少，一般为创业伙伴和核心人员，但是处理不善则容易导致股权纷争，乃至公司控制权旁落。期权激励是时下比较流行的核心人才的终极激励模式，可以阶段性地绑定公司核心人才，但是门槛较高，激励对象一般都是公司高管或中层骨干，而且行权周期长，受股价影响大。虚拟股权适合股权集中但又希望在不影响股权结构的前提下扩大股权激励的企业，或是中小型企业，但是虚拟股并非实际股权，如非约定，则难享公司股权未来溢价。项目股权适合多项目的企业与有稳定项目核心团队，其收益来源与项目息息相关，但是需要承担项目不成功所带来的风险。项目跟投适合多项目企业，乃至中小型企业，对于项目本身的要求较高，项目团队的自主性和决策权增加，驱动力大，覆盖面广，但是需要防止项目团队对跟投项目“挑肥拣瘦”的问题，还要预防投资风险。超额激励适合高速发展的企业，企业与经营团队共享超额利润，即超即奖，但是超额激励是基于历史业绩来奖励，选择的项目已经是确定的，经营团队在前端的选择权和决定权较小。绩效考核适合各企业发展阶段，指标明确，上下同心，覆盖全员，但是在多变的市场环境下需要以其他激励模式进行辅助，方显激励效果。

二、内外部环境日新月异，传统激励模式难当使命

传统房地产开发的外部环境相对稳定，在既定的战略发展框架下，经营目标相对明确，此时公司与员工确定的绩效目标具有高度一致性，绩效管理模式能凝聚组织目标和共识，以目标为导向，牵引团队在上级授权的管控模式下达成经营目标。

然而，在房地产开发外部经济环境和政策环境日新月异的当下，行业利润下降，企业发展遇到“天花板”，企业发展目标与员工个人利益的不一致性和不确定性剧增，传统的绩效管理模式虽然能提供例行、常规的驱动力，却无法赋予团队超常规的驱动力。如果仅以绩效考核来衡量最终的业绩成效，难免在拟定目标时就会发生巨大偏差。

对于项目成功和绩效指标的定义，不同房企有着不同的理解。可以以行业内某典型房企L企为例，来看看在不同发展阶段以绩效管理为主的激励模式是如何发挥作用和渐渐失去作用的。

L企注重全国重点区域的业务快速扩张与项目品质，其内部设定的项目绩效指标如表1–5所示。

表1–5　L企内部设定的项目绩效指标

评价维度	评价指标
项目成功	项目销售净利润率＞20%，财务视角（收益类指标） 项目内部收益率＞69%，财务视角（投资效率指标） 一次性交房成功率＞98%，运营视角（质量指标） 项目一级计划达成率＞80%，运营视角（进度指标）
项目管理成功	形成满足项目管理运营制度的高标准项目运作模版 锻炼出能打硬仗的项目团队：在项目的建设过程中，向公司其他项目团队输送人才不少于5人
公司成功	项目品牌知名度进入前5名 单项目年度销售额进入前5名 项目品牌、客户满意度达标

资料来源：明源地产研究院根据L企资料整理。

对于项目成功标尺的界定而言，毫无疑问，表1–5体现了企业在多个维度的期望。从L企对项目成功标尺的定义可以看出，项目评价指标中涉及财务视角、运营视角、客户视角、学习视角，该企业关注的是企业长期和短期利益的相互结合，考虑了财务和非财务指标的平衡，也充分体现了项目计划达成率、团队的学习与成长这些非财务指标对最终财务指标（如销售净利润率）的支撑与驱动。而这种绩效指标的设计的根本目的在于，支撑企业对新区域的快速扩张，建立新区域对该品牌的渗透和认知。正是L企构建的与企业自身发展目标相适应的项目绩效体系引领了该企业快速发展，并在行业中不断突破。在当时的发展阶段，L企项目运营在行业内大放异彩。例如，L企初入某市开发的别墅项目，在当时全国楼市处于“调控”的大环境下，仍蝉联该市月度别墅销售冠军，同时荣登该市楼市年度累计成交冠军宝座，创造了别墅销量超越普通住宅销量的奇迹。

时光巨轮滚滚向前，在过去取得成功的绩效体系在今天是否仍然有效？是否依然对项目经营团队有着足够的牵引力？下面看一下L企近几年的经营数据变化，如图1–8所示。

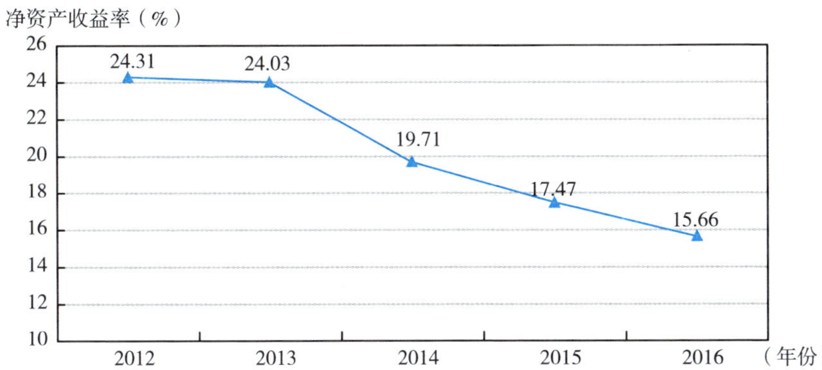

图1–8　L企2012—2016年的经营数据变化

数据来源：Wind、明源地产研究院上市房企2016年年报分析。

从图1–8可以看出，L企在整个行业的剧变中，代表股东回报水平的净资产收益率下降明显，虽然该指标依然领先于众多房企，但是和其行业管理标杆的地位已相去甚远。

从L企规模的增长来看，以营业总收入同比增长率为例，可以看到其近年下降明显，落后于行业同等规模房企，甚至在2015年陷入负增长，如图1–9所示。

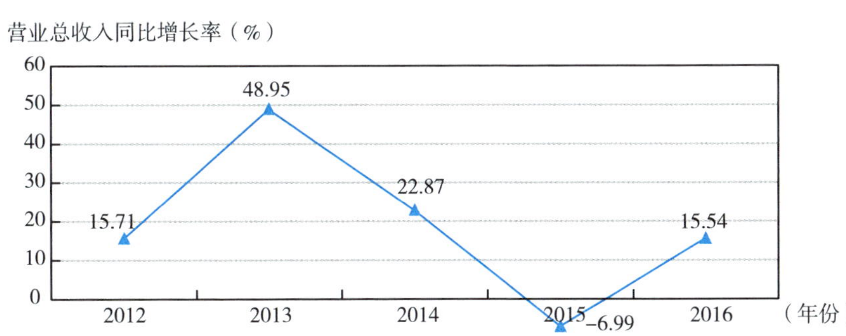

图1–9　L企2012—2016年营业总收入同比增长率

数据来源：Wind、明源地产研究院上市房企2016年年报分析。

当然，这种指标变化的背后，有企业战略选择、运营管控和组织能力等各方面因素的影响，但是，在行业从2014年开始跑步进入“合伙人”时代时，L企绩效模式依然没有大的变革，料想这也是其增长减缓的重要原因之一。

这种“料想”有迹可循。一方面变革创新的激励模式未能及时引入，另一方面传统绩效考核的激励空间也逐渐变得局限。例如，某公司集团副总裁的年薪为120万元，薪酬固浮比为5∶5，年底业绩非常好，但由于业绩系数为2，因而当年年薪为180万元。而采用项目跟投的某企业的区域总经理，在相同的业绩完成比例下，已经拿到了上亿元的年薪，这个差距可谓非常大。

2017年，L企定下销售千亿元目标，并做了重大管理创新。

L企董事长牵头实行合伙人制，其合伙人计划在几个月的筹备期后浮出水面。尽管诸多细节并未公开，但这个合伙人计划的主要内容和方向已经在L企内部得到确认，比如合伙人如何产生、退出，激励计划如何实施，主要解决哪些问题，等等。从侧面了解到，L企合伙人整体结构分为四层：永久合伙人、长期合伙人、高级合伙人和正式合伙人。第一批已经确认的合伙人共计103人，其中永久合伙人为现任首席执行官（CEO），长期合伙人有12人，高级合伙人有30人，正式合伙人有60人。

此后不久，L企在2017年第一季度获得了430.2亿元的签约额，为历史最高额，更被标普、穆迪、中诚信等海内外多家评级机构同时列为投资级，其后续业绩值得期待。

由L企案例可以见证，与绩效管理相匹配的科层制集中管控模式是设计于雇佣模式之上的，基于经营目标的传统激励模式逐渐完成了其历史使命，在当前的行业发展阶段，引入合伙人制，能有力驱动企业进入自组织时代。而自组织正是合伙人制下项目跟投的核心，强调精英团队的自我驱动和自我经营目标的实现。

三、多层级合伙人激励体系，激发自组织时代最大潜能

在当前的房地产行业，以“利益共享”为核心的合伙人制风生水起，继万科集团推出事业合伙人与项目跟投机制后，碧桂园集团、龙湖集团、绿地集团等大型房企纷纷提出各自的合伙人管理模式，培养核心人才，与公司形成利益、事业、命运共同体。多层级激励体系如图1-10所示。

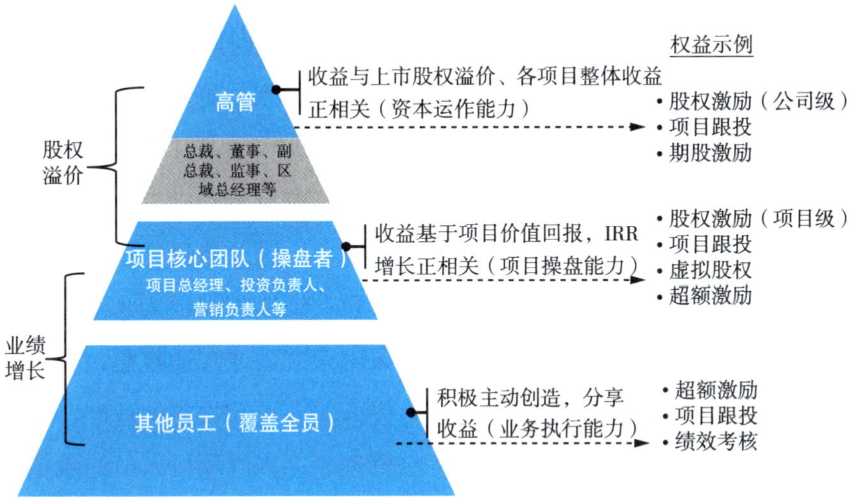

图1-10 多层级激励体系

1. 多种激励模式的特征与差异对比

需要注意的是，我们通常所说的事业合伙人制一般是指在企业层面的合伙或持股计划，以持有公司股份/期权/虚拟股权为代表；而项目跟投机制则是以具体地产项目的开发为载体，以持有具体开发项目的股权/分红权益为代表。除了这两种激励模式外，合伙人

制还常见于与企业利润关联的超额利润激励，以及本质为期权的龙湖合伙人等多种形式。

首先，从短期激励来看，股权激励、项目跟投与超额激励的作用差别并不明显；但是从长期激励来看，股权激励与项目跟投的激励作用明显要好，很大程度上在于股权激励与项目跟投注重前置规则约定的长期经营与项目收益，而超额激励就是拿历史业绩的超额利润的一部分作为奖金。与此同时，超额激励每年年初要制定目标，年中可能会进行修订，对于员工而言，年初对于年末的收益是无法确定的，更不用说预测来年的利润了。

其次，从激励对象的接纳度来看，超额激励由于有叠加激励的效果，且幅度较高，在房地产发展的高增长、高利润时期非常容易被接受。而股权激励与项目跟投机制对于激励对象的约束力更强，不仅仅是激励，后者还与直接的操盘要求及个人努力密切相关，并不是纯粹地发奖金，更多的是提高员工的主人翁意识，使员工主动投入激情去做项目。一方面，对于股权激励和项目跟投而言，因为持股计划或是因跟投的投入资金无法套现，皆有利于在项目存续期内绑定人才；另一方面，相对于超额激励是在项目操盘结果出来之后才知道收益，项目跟投对操盘人员的行为影响更为前置，投入时即可知收益的基准，对未来收益有更明确的期望，对包括中层管理者在内的项目人员的激励作用非常大。

最后，超额激励与激励规则制定相关，会剔除市场影响因素，所以受市场波动影响相对较小。

上述各种激励模式，在激励的中长期效果，受企业、市场的影响，激励对象的接纳度、激励机制的约束力，以及各激励机制对于现金流的影响等方面均有其特征和差异。多种激励模式的特征和差异如图1–11所示。

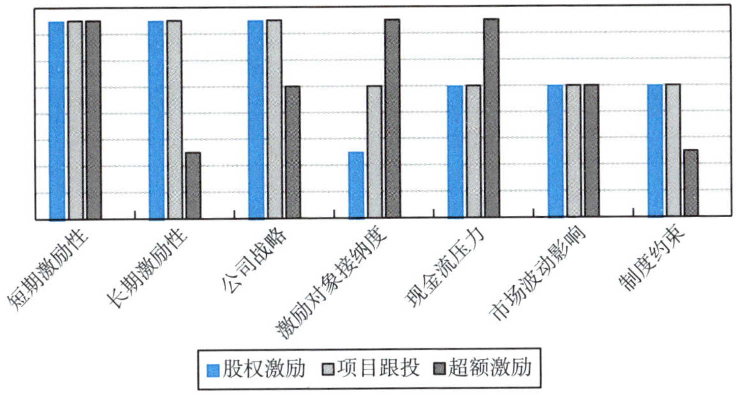

图1–11　多种激励模式的特征和差异

资料来源：明源地产研究院。

2. 多种激励模式互补，极大驱动组织潜能

房地产企业的激励机制种类多样，在行业不同形势和企业不同发展模式下，为了补充单一激励模式的不足，规模房企一般采用多种模式，相互补充，以便更好地驱动组织的潜能。

以万科集团为例，其事业合伙人计划强调“共创、共享、共担，让内部实现创业”，万科集团的事业合伙人分为三个部分：员工持股计划、项目跟投计划、建立任务导向型组织。如图1–12所示。

（1）员工持股计划

作为一家销售规模超过2 000亿元且业绩优良的企业，人们肯定会对其大股东非常感兴趣。事实上，万科集团第一大股东华润集团的股份也不过15%左右，可见万科集团是一家股权分散的公众公司。

在房地产的黄金时代，住宅市场需求旺盛，大家都有钱赚，职业经理人的压力不会太大。然而，当房地产市场进入下行期，投资人与职业经理人的关系则开始变得非常关键。职业经理人能否为投资人的资产尽职尽责，能否获得投资人的充分信任，则成了市场环境日益严苛下企业不得不面对的重要问题。

图1–12 万科集团事业合伙人的三个部分

因此，万科集团事业合伙人计划设计的要务就是能够向投资者、股东表达自己的信誉。第一，通过员工持股，既顺应资本市场的要求，又使员工与股东形成背靠背信任的利益共同体，同时可以学习优秀企业的成功经验，将职业经理人升级为事业合伙人，强化主人翁意识，激活生产力，与志同道合者共同把万科集团事业做大。第二，面对市场挑战，提升自身竞争能力，防范门口的“野蛮人”，掌握自己的命运。第三，创造价值越多，收获越多，共同分享，并设置3年封闭期，从而起到保留人才的“金手铐”作用。

这种创新让万科集团的管理机制从职业经理人变成事业合伙人，实现了“共创、共享、共担”的管理思路转变。目前，万科集团全体员工的持股接近公司总股份的4.6%。

（2）项目跟投计划

在万科集团的业务中，95%的业务来自住宅开发。在事业合伙人制下，万科集团允许员工对每一个项目进行跟投，每一次跟投总额度不超过项目资金峰值的5%。万科给予项目直接操盘人员和管理人员更大的收益，但也要相应承担更大的风险。同时，这个资金是劣后分配，也就是要到全项目开发之后，通过验收确保没有资金、质量等遗留问题后才能进行分配。

对于这些项目，操盘团队必须参与跟投。在房地产的白银时代，万科集团对于拿地非常慎重，毕竟，任何一个错误的项目选择都会给集团整体带来损失，挽回这些损失可能会使一家城市公司花3~5年时间。以往，城市公司的员工总会希望集团在当地有更多的投资，所以呈现的项目前景总是非常完美，一旦投资失误，员工可能会另谋职业，但公司不得不长期面对投资错误所遗留下来的问题，最终受伤害的还是集团整体和投资人的利益。但是，面对全国60多个城市，集团在选择是否拿地时，无论有多大的智慧也很难确保不犯错误。因此，在确定是否获取一块土地时，作为当地的项目主管、操盘团队必须选择是否跟投，因为当地的专业人员才最了解市场，他们的选择会比总部更高效、更准确。事实上，不是员工跟投公司，而是公司跟着员工的选择进行项目投资。万科集团启动项目跟投后，整体的投资灵活性与质量都得到了大幅提升。

同时，以项目为单位允许员工进行跟投也顺应了员工内部创业、创富的需求，让员工在公司的平台上实现创业梦想。项目跟投计划实施后，产生了很多有益的效应，因为目标一致，公司内部的部门壁垒被渐渐打破，项目开发效率得到显著提升。由于采用了劣后分配机制，项目质量也得到大幅提升。大家都希望把事情一次做对，不给未来添麻烦。

项目跟投计划实施至今，各公司士气、员工积极性得到显著提升，员工选择项目的自主权得到尊重，员工对共同参与项目的建议得到重视，各专业的本位主义变得与目标一致，协同性更好。也正是这种上下一心，使得目标可以快速切换到以利润为导向，以前项目团队成员超编、建安成本居高不下、内部协同困难导致的管理成本急剧上升的问题也得到了有效解决。

（3）建立任务导向型组织

一直以来，传统的组织架构像一座山，彼此相邻的两个同事沟通一件事情要经过复杂的层级与流程，好似翻山越岭，内部沟通成本非常高。这就需要解构组织架构，打破传统体系的束缚，让员工更加灵活、自由地与志同道合者共同把事业做大。因此，无论你是总监还是经理，都只代表你过去的成绩，目前万科集团大部分公司都在采用“竞聘”的形式解构传统组织架构与职务体系带来的壁垒。能者举手上，胜则论功行赏，组织活力得到充分释放，中基层员工的积极性普遍高涨。

万科集团将这样的行动称为建立任务导向型组织，以项目工作为单元，围绕项目成立专项团队，设立激励方案。目前，大部分公司的项目操盘手都是由跟投员工来参与选聘，因为大家把钱投向这个项目，会选择自己最信任的团队来操盘，而不再是由原来的“官僚体系”论资排辈。任何员工不论职级都可以“举手”申请成为该事件的负责人，公司氛围从“要我做”变成“我要做”。对于万科集团员工投资自己的事业，无疑是世界上最好的投资。

综上所述，万科集团的事业合伙人计划是以员工持股计划、项目跟投计划、建立任务导向型组织构建的多级合伙人计划。

除了万科集团之外，碧桂园集团、阳光城集团、中梁地产集团等房企，均实行了多级合伙人计划。再以中梁地产集团为例，其构筑了以阿米巴为核心、多层级的激励体系。

中梁地产集团（以下简称“中梁”）成立于1993年，是一家以房地产开发为主业的多元化、综合性的集团公司，具有中国房地产开发企业一级资质，总部位于上海市。凭借卓越的产品品质、优质的客户服务，中梁多年稳居中国房地产百强企业，2017年跻身综合实力前40强，成长性前10强，融资能力前10强。

2015年8月，中梁在“稻盛阿米巴”基础上，结合中国国情、房地产行业和企业特色，以“精总部、强一线、小组织”为原则，划分了控股集团巴、区域集团巴、区域公司巴等多级“阿米巴”。集团总部作为企业发展的神经中枢，负责为区域公司制定标准和规则，整合资源，对区域充分授权；区域作为经营主体，对经营业绩承担第一责任，自主经营、独立核算、自负盈亏。同时，为了保持小组织的灵活性，限定了区域公司的规模，有利于培养复合型人才，给各级人才更多的成长空间。

明确了“分巴”原则的中梁，在随后的一年多的时间里，培植繁育了30多个“区域阿米巴”，在充分授权的基础上，激活了各个“区域阿米巴”的经营活力。2017年，中梁更是开启了土地市场的“扫货”模式，截至2017年年底，已完成拿地近50块，“扫货”区域遍及长三角优质城市。

中梁以阿米巴为核心，构建了多层级的激励体系，在其多级激励体系下，区域公司对自己区域的所有项目经营实行“费用包干”，超出费用部分，由区域公司全体承担，结余部分由区域公司全体进行分享。费用包干制度针对区域集团，将管理费和营销费包干，以销售额为口径，管理费是销售额的1.5%~2%，营销费是销售额的2%，这意味着区域集团的规模越大，获得的管理费和营销费越高。在项目跟投方面，控股集团占股8%，区域集团占股8%，区域公司占股8%，合计占股24%，远高于行业水平。核心管理层强制跟投，其他员工自愿跟投，提供内部1∶4的高杠杆，利润分两次分配：回款达到70%时分配一半利润，回款达到90%时分配全部利润。多层级合伙人激励机制如图1-13所示。

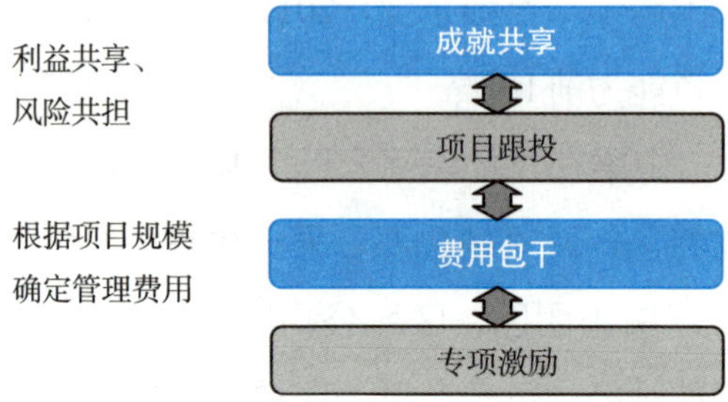

图 1–13　多层级合伙人激励机制

资料来源：明源地产研究院根据百度文库资料整理。

综上所述，每种单一的激励方式都有其优势，也都有其劣势。因此，需要构建多层级的激励体系，彼此互补，扬长避短，以发挥组织的最大效能。本书将以项目跟投机制设计和推行为主要着眼点，结合行业典型房企实践进行阐述。

四、外部竞争加剧，内部竞争提效，“共享”“共担”应运而生

在外部环境剧变的当下，人才争夺是未来市场竞争成败的关键，而随着竞争从外部转向内部，一些关键人才除了经营能力强之外，还自带资金资源、政府资源、项目资源，此时需要基于人性角度进一步释放一线的积极性，鼓励“多劳多得”，而“平均主义”是大忌。

基于上述“抵御外敌”的案例和“内部竞争”的场景，传统激励模式给予人才的想象空间变得十分有限，而如何创新性地设计更具吸引力的激励机制成为这个时代成败的关键。也就是说，一来要给有贡献的人员更多的物质激励，二来要给他们自主的权力和事业发展平台。此时，成就共享、风险共担的机制呼之欲出。

成就共享、风险共担的机制可以总结为极其精练的两个要点。

第一，顺应了有能力、有想法的高管的人性，使他们工作更加稳定，信心更加饱满，由被动式工作自觉转为主动式工作，由惰性劳动转化为富有创造性的劳动。“以收定支”“开源节流”“尽可能少占用股东资金”“尽可能加快卖楼”等关键因素成为项目管理的主旋律。

第二，高调宣传后，为吸引社会上众多优秀人才加入企业发挥了前所未有的作用。一传十，十传百，有想法的职业经理人都会“投怀送抱”，有人加盟时，还会带着项目而来。

五、项目跟投并非新事物，特定阶段登上历史舞台

在新时代、新场景下，合伙人制针对不同对象有不同层级组合的激励手段。正如某企业高管所言：“合伙人制可选择的方式有好多种，或在公司层面，或在项目层面，或在业务层面；可选择认股权证，也可选择送红股，或者实投；可用目标管理来界定，也可将超额利润拿来分享；可逐年兑现，也可在项目结束时再兑现。”

其中，项目跟投是指对于新获取的项目，总部关键员工和区域关键员工要强制跟投，非关键员工可自愿选择跟投，在新成立的项目公司层面占一定的持股比例，大、小股东同股同权、同责同利、同呼吸、共进退。在这种机制下，关键员工和公司的关系不仅仅是员工和老板的关系，也多了一层“小老板”与“大老板”的关系。该机制对于企业的内部管理与运营都有产生质变的推动作用。

实际上，项目跟投从来都不是新鲜事物，其核心在于，解决了公司“长期激励”和“短期激励”之间的平衡问题。长期激励看似有吸引力，但门槛很高，往往会让员工觉得是“水中月、镜中花”；短期激励兑现周期虽短，但往往想象空间有限。由此，项目跟投也就应运而生。

经由前述多种激励机制的对比，可以初步了解到，股权激励与项

目跟投在当前颇受推崇的一个重要原因在于，行业走向和利润下滑倒逼企业发展模式的转型，过往拿地即赚钱、卖楼就有利润的时代一去不复返了。此时，连赚得利润的基础都没有，更不用说超额激励了。所以，激励机制的一个大趋势是，激活项目团队做大蛋糕、做高利润，前期定好规则，在目的地挂满赏金，全体人员朝着目标努力。

那么，项目跟投与股权激励相比（如图1–14所示），优势何在？

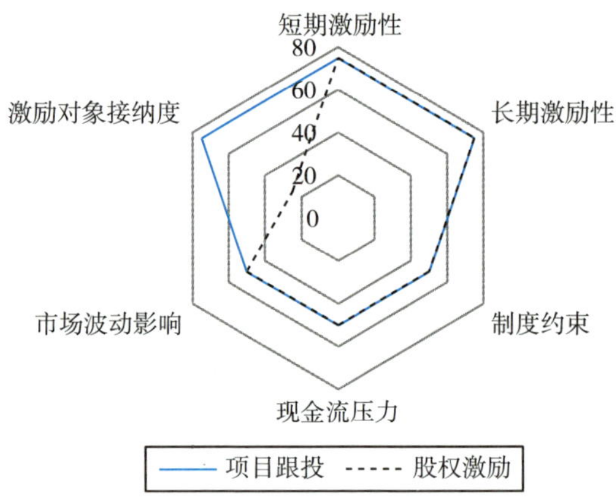

图1–14　项目跟投与股权激励对比图

资料来源：明源地产研究院根据L企公开资料整理。

首先，激励对象接纳度更高。项目跟投通过在拿地、融资、运营方面的努力，赚到更多的利润，在机制设计上跟资金峰值、现金流回正、IRR等密切相关，强调共创、共享、共担。据不完全统计，2016年房企共计有200余位董事、监事及高管人员出现人事变动，涉及万科集团、万达集团、中海地产、绿地集团等多家上市公司及国有企业。过往职业经理人制度能够共创、共享，但是不一定能够共担，股权激励机制难以奏效，比如万科集团内部在2006年和2010年的两次股权激励收效甚微，而在项目跟投机制下，人才与资本的关系转向平衡，两者共享、共担。

其次，激励范围更广。相对于股权激励而言，项目跟投由于及时激励，且跟投范围更大，更容易被激励对象接受。比如某企业半年一次预分红，跟投者不限于持股的核心人员，跟投范围比股权激励的范围要大，甚至面向全员。

再次，驱动人力的作用更强。项目跟投紧紧抓住了房地产业的金融属性和人的能动性这两个特征，前者善于发挥资金的时间价值，后者在激发人才方面的作用非常大。比如典型房企B企项目IRR不到10%，则返本之后没有更多的收益；典型房企M企给员工配资，利息为12%，如果项目IRR低于12%，对于员工个人而言都是显然的亏损。从这个角度来看，高激励性下的人才能力的发挥是房地产行业人力资源的一个重要趋势。

最后，与企业发展战略和策略更为适配。第一，适应企业发展战略。无论是快周转还是持有商业，跟投的设计可以灵活多样。第二，适应企业经营模式。如果是快周转，则考核项目IRR，可快速推动项目；如果是重利润，则考核销售利润率、净利润率等，打磨产品，慢慢出货。第三，适应企业组织和文化。从项目来看，无论是总部直接操盘还是项目公司操盘，跟投设计的差异性也比较大，因此可以根据项目的情况灵活设计跟投，并依据总部负责的概念规划或是负责的扩初设计来匹配相应的人员。

此外，对于常规发展的企业来说，员工如果有变动，股权调整变更较为麻烦，尤其是非上市公司，股权的兑现难以衡量。而项目跟投对公司股权不构成冲击，也不参与公司经营，在退出机制上也更加灵活，而且还有收益留存与滚动跟投方面的独有机制。在项目跟投机制下，不赚钱的项目也能跟投，以“止损”和“减亏”为项目跟投的操盘目标对于项目团队能动性的发挥是股权激励和超额激励都无法企及的。

第三节　项目跟投核心模型和关键环节设计的考量

一、项目跟投机制设计的战略思考和适用范围

什么样的企业适合推行项目跟投体系？

这是一个重要的战略问题。我们不能寄希望于在推行项目跟投体系之后，仍然采用现有的管控体系，层层授权，复杂审批，就能将项目跟投的效用发挥出来；也不能幻想着项目团队能自我激励，总部放手不管，所有的业务都蒸蒸日上。

项目跟投体系的推行，对于组织和管理水平有着更高的要求。在组织层面，需要从传统的管控模式逐步优化和调整为自组织运作模式，赋予项目经营团队更多的权限和灵活性；在管理提升层面，需要以产品、运营和服务三大体系的标准化为核心，夯实组织管控的基础；在运营适配层面，需要重新审视集团、区域和项目团队的运营管控边界，要基于企业的长期经营发展规划，构建清晰的运营体系。

企业在进行项目跟投核心机制设计之前，需要清晰地对企业的当前战略、项目标准工期、组织能力和现有绩效管理现状等做出判断，在战略层面需要回答项目跟投能给组织带来的帮助是什么？期望项目跟投发挥什么样的经营导向？

目前来看，项目跟投适用于追求规模快速增长和提升组织潜能的房企，还适用于组织能力较强的房企，而不太适用于总部权力过于集中、组织整体能力较弱和处于初创阶段的房企。

那么，什么样的项目可以进行跟投？

毫无疑问，快周转的项目最适合进行跟投，因为本金可以快速回

笼，收益可以快速增加。万科集团对于旧改及部分特殊项目不进行跟投，碧桂园集团要求所有新获取的项目都参与“同心共享”计划，越秀集团倾向于对短平快的项目进行跟投。

但随着项目跟投体系的演变与实践探索，商业自持、文化旅游和产业类的项目也可以逐步进行跟投，只是在跟投机制设计的导向上需要进行调整，适当兼顾本金返还的周期，以利润为导向，从而可以更好地牵引项目经营团队朝着公司期望的方向努力，激发潜能。

由此我们可以看到，只有梳理清楚这些组织层面的顶层视角之后，才能真正设计出匹配企业战略发展导向和符合实际运营能力的项目跟投机制。

二、项目跟投通用核心模型和四大关键环节设计

在我们认识到项目跟投与其他激励体系需要相辅相成才能发挥最大效用之后，我们才能有意识地去结合其他激励体系的优劣对项目跟投的设计细节进行换位思考，而不拘泥于或执着于某一个固定的出发点。

项目跟投体系在设计上需要考虑如下核心因素：参与人员的选择、权益占比的确定方式、跟投组织形式设计、收益设计、退出机制设计、奖励机制设计、给员工提供杠杆等。

参考项目通用投资模型和地产开发的关键节点，其核心模型可以用图1-15表示。

在项目跟投体系核心模型中，需要解决如下问题。

①进入：企业拿出多少股份让员工跟投？权益如何设计？让哪些人跟投？是否给跟投员工提供杠杆？如何提供杠杆？通过什么样的跟投载体进行跟投？

②返本：何时返还本金？

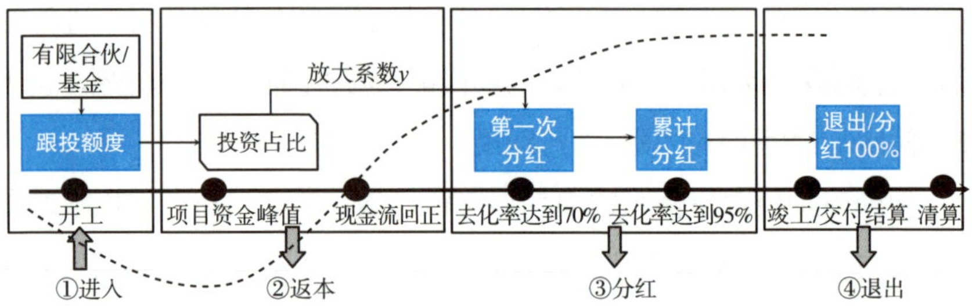

图 1–15　项目跟投体系核心模型

③分红：达到什么条件能够分配利润？如何分配利润？

④退出：何时能够退出？退出后的经营风险是否可控？

现有的跟投机制在多数情况下都是要求核心员工强制跟投，其余员工自愿跟投，并在集团（区域）和项目层面的人员范围做出协调，同时在资金到位及退出时间的机制上有待进一步明确。项目跟投不仅仅是一项激励机制，而且项目跟投的推出与企业的战略选择、项目类型、管理模式及基础等各方面息息相关，不同的战略选择和管理基础决定了项目跟投应跨多大、走多深。

当然，就项目跟投本身而言，其核心逻辑是通过跟投人出资和获得收益的机制设计，强化经营周期内的现金流管理和利润管理。因此，权益确定方式、本金的投入与返还及收益机制的设计便成为一个跟投机制方案能否达到激励效果的关键所在。

在这个模型中，项目跟投涉及四大核心关键环节：进入、返本、分红和退出。我们围绕这几个环节结合典型房企的实践进行探讨和分析。

1. 进入机制设计：完成权益、人员范围和跟投载体三大顶层设计

“进入”这个环节是跟投设计最核心的内容，其主要解决三个核心问题：跟投权益设计、跟投人员选择、跟投载体选择。具体内容如图1–16所示。

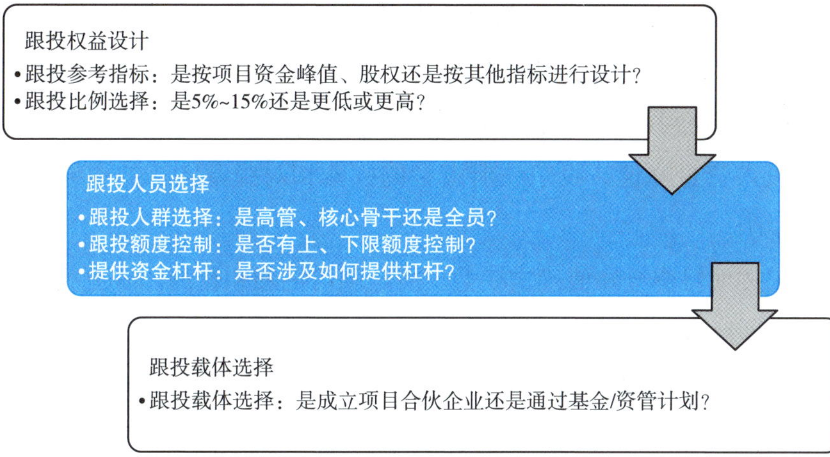

图1–16　跟投进入机制设计的三个核心问题

（1）跟投权益设计

跟投权益设计的核心在于切分多少“蛋糕”给员工，这决定了项目跟投机制对员工的吸引力。

首先，需要界定按什么样的指标进行权益设计。从目前行业跟投的实操来看，有的是以项目占用资金峰值为参考给予一定比例进行跟投，有的是以项目公司的股权为参考给予一定比例进行跟投，还有的是以土地成本、股东投入资金峰值等为参考给予一定比例进行跟投。

其次，在确定参考指标后，需要界定具体的权益比例。按照行业当前的通用情况，如果是按项目资金峰值进行权益设计，一般予以跟投的比例为5%~15%；如果是按股权进行权益设计，一般予以跟投的比例为2%~10%。跟投比例不宜过低，因为跟投的金额太少容易导致项目跟投失去吸引力。同时，跟投比例不宜过高，否则一方面会导致员工资金筹措困难，另一方面也容易导致股东利益受损。

每种权益设计的背后都有企业基于自身实际运作环境的考量。一个好的权益设计应该能够积极引导项目经营团队，点燃经营团队的热情。下面我们对常见的权益设计参考指标——项目资金峰值、股东投入资金峰值、股东注册资金的权衡和对经营团队的引导进行阐述说明。

①按项目资金峰值确定权益。引导项目拓展和管理团队更关注如何降低项目资金峰值，即减少和延后资金流出、提高和加快资金流入。具体手段包括：选择土地成本占比更低的项目，分期支付土地价款，提高首期货量，加快开盘去化速度，加快回款速度，延缓成本费用支出，等等。例如，某企业规定："项目可跟投总额（包含杠杆额度）不超过项目资金峰值的10%。若为合作项目，还必须同时满足跟投额度（包含杠杆额度）所占项目股权不超过跟投前集团占股的20%这一条件。"

②按股东投入资金峰值确定权益。除了受项目资金峰值影响外，外部借款的金额、借入时间也会对项目产生影响。此时，项目管理团队为了提高权益占比加大杠杆，除了前述举措外，还会有更大动力积极拓展融资渠道，提高外部借款额度。除了传统的开发贷款外，还可以考虑在拿地时引入基金、信托等债权融资手段。

③按股东注册资金确定权益。例如，某企业的跟投机制是跟投资金与大股东同步、同比例投入注册资金以及前期项目启动和开发建设所需要的股东借款，这可以认为是与股东投入资金相似，将投资的员工视为同等权益的股东，他们也享受公司平台带来的财务杠杆和经营杠杆，从而更好地实现了同股同权、同责同利。该企业是由集团、区域分别成立一个投资平台，跟投人员通过投资平台参与跟投，项目股权跟投的比例是15%，其中总部跟投5%，区域跟投5%，项目团队跟投5%。

项目跟投权益设计的常见参考指标如表1–6所示。

表1–6　项目跟投权益设计的常见参考指标

<table>
<tr><th>选择类型</th><th>差异</th><th>对团队经营导向</th><th>注意事项</th></tr>
<tr><td>以股权比例进行跟投</td><td>员工为股东身份，享受公司平台带来的财务杠杆</td><td>鼓励团队以股东的身份，发挥最大主观能动性去争取融资、节点达成、快速开盘和销售</td><td rowspan="3">1. 股权比例的上限设计需要注意避免公司控制权受到影响
2. 需要结合员工的年度收入、融资便利性等，设计合适的比例，不宜过低或过高</td></tr>
<tr><td>以项目资金峰值比例进行跟投</td><td>员工为合作身份，不享受或较少享受公司平台带来的财务杠杆</td><td>鼓励团队聚焦于资金峰值、经营性现金流回正等核心工作，保障关键节点、开盘和销售业务的顺利达成</td></tr>
<tr><td>以其他方式（如以土地成本、项目股东投入资金峰值等方式）进行跟投</td><td>享受公司平台带来的财务杠杆，但低于股权比例所享受的财务杠杆</td><td>赋予一定“色彩”的股东视角，在融资、节点达成、开盘和销售等环节有较好的主观能动性</td></tr>
</table>

一般情况下，项目资金峰值大于项目股东投入资金峰值，而项目股东投入资金峰值一般又大于股东注册资金。资金募集一般一次性募集完成，对于地价支付时间跨度较大（如地价支付时间间隔超过6个月）、工程建设周期较长的分期项目，跟投资金可以分次募集。

企业在设计项目跟投体系时，应该结合企业的实施环境，当项目管理团队比较成熟且有全面的经营管理能力（包括拿地、融资等能力）时，可以考虑按股东注册资金进行界定；当项目团队在融资方面有较大自由度和贡献空间时，可以按照股东投入资金占比来确定权益，这样会有更好的激励性；当公司具有较强的品牌效应，但依赖项目团队进行经营管控时，可以按项目占用资金峰值进行权益设计。

（2）跟投人员选择

在跟投人员选择这个细节上，需要解决如下问题。

①跟投人群选择：核心是只针对高管、核心骨干进行跟投，还是针对全员进行跟投？从行业的实践来看，项目跟投重点倾斜高管和核心骨干，但同时也要拿出一小部分兼顾普通员工予以跟投，这样有利于企业树立内部良好的文化氛围和较高的协同效率。

②跟投额度控制：是否有上、下限额度控制？从当前行业的实践来看，可跟投的项目资源有限，员工筹措的资金也有限，因此一般倾向于设定跟投的上、下限额度以便控制员工跟投的总体规模。

③提供杠杆：是否涉及如何提供杠杆？这与企业的性质、规模有一定的关系。国有企业由于体制所限，一般不会给跟投的员工提供杠杆；而民营企业一般会根据企业的融资能力给员工提供1~5倍的杠杆，对关键业务部门骨干（如投资拓展部、营销部等）往往会给予更高的杠杆，以实现和项目风险紧密锁定。

在跟投人群、额度和杠杆的设计上，要结合总体的跟投权益份额、集团/区域/项目的人员数量、薪酬水平等进行综合考量，需要有针对性地加大核心人员的跟投金额，还要避免因员工认购能力不足导致后期的推行阻碍等。

在人员范围上，一般是一线管理层及核心员工强制跟投，其他员工自愿跟投，并设有资金跟投的上限。万科集团规定，一线公司占跟投总额的80%，集团其他员工占跟投总额的20%。而某企业规定，项目跟投的上限为15%，即总部高管设立平台投资公司，每个项目不高于5%，区域平台及项目团队对自己区域的项目投资占比不超过10%。跟投人群、额度和杠杆的设计如表1-7所示。

表1–7 跟投人群、额度和杠杆的设计

类别	职位	跟投金额（%）	单项目最低跟投金额（万元）	配资比例
集团层面	董事长、总裁	20	25	1 : 4
	常务副总裁、营销副总裁、投资副总裁、设计中心总经理		20	1 : 3
	财务副总裁、招采副总裁、人力副总裁、成本中心总经理		15	1 : 2
	新项目规划设计部负责人、投资发展中心市场调研部负责人		8	1 : 1
城市公司	城市总经理	55	50	1 : 5
	项目总经理		30	1 : 3
	副总经理		20	1 : 3
	营销总监		15	1 : 2
	总经理助理、部门经理（总监）		10	1 : 1
	普通员工（自愿选投）	25	2	无

资料来源：明源地产研究院。

表1–7中，企业处于跨区域发展的早期阶段，因此城市公司的城市总经理是核心“驾驶员”，对于项目的拿地、运营成败有着决定性的影响，在设计跟投金额上的最低跟投额度是50万元，并且提供了高达5倍的财务杠杆。另外，在集团层面、城市公司和普通员工的跟投份额上也进行了针对性设计，总体额度倾向于城市公司。

（3）跟投载体选择

跟投载体选择，即通过什么样的组织形式进行项目跟投，是成立项目合伙企业还是通过基金/资管计划？跟投载体的选择往往和企业的性质有一定关系。

对于民营房企来说，以成立项目合伙企业进行跟投为主流形式，每个项目都需要成立一个合伙企业进行跟投，如图1–17所示。这种形式的项目跟投有很多优势：可以避免对公司的控制权、控股权产生影响；可以避免重复征收；跟投员工作为有限合伙人，不参与公司决策管理，仅按投资额承担有限责任；等等。

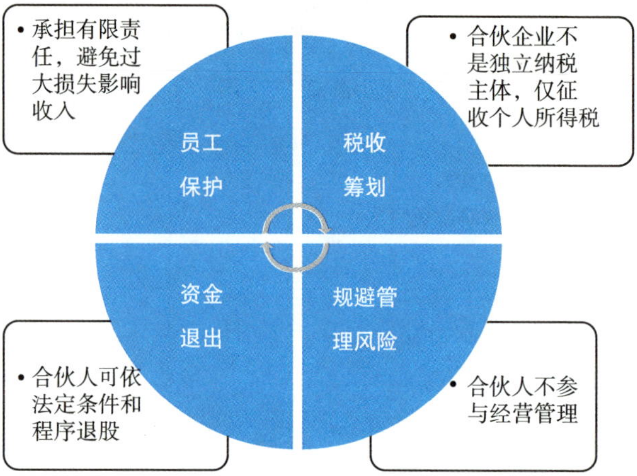

图 1–17　成立项目合伙企业进行跟投的形式

对于常见的有限合伙企业，其一般的构成形式如图1–18所示。

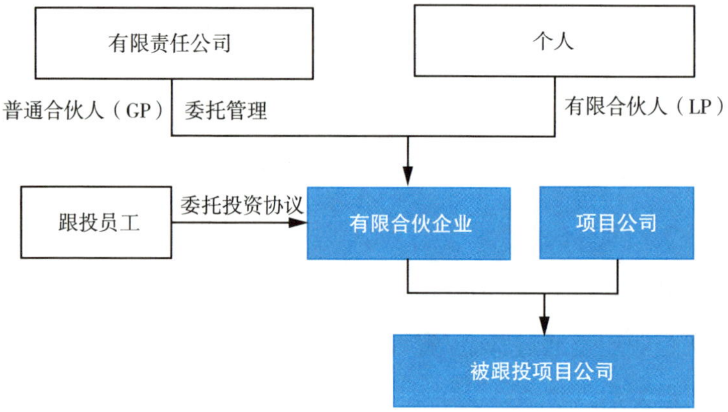

图 1–18　常见的有限合伙企业的一般构成形式

一般而言，企业的高管会发起成立有限责任公司或指定机构作为普通合伙人来管理“有限合伙企业”，而公司中核心且稳定的员工则作为有限合伙人进入。每个项目公司对应成立一个有限合伙企业，对被跟投项目进行投资。跟投员工与“有限合伙企业”签订《委托投资协议》，跟投员工通过其实现对被跟投项目的投资并取得收益，由其向税务机关代扣代缴跟投员工应缴纳的个人所得税。

从有限合伙企业到项目公司，常见的跟投形式有两种：一种是常见的股权跟投形式，即约定跟投员工间接享有被跟投项目的收益权，但不得干预项目公司正常的经营决策，不享有表决权等其他权利；另一种是通过债权的方式进行跟投，此时有限合伙企业和项目公司之间是借债关系，约定目标借贷利率，可以根据实际的IRR指标进行最后的实际借贷利率分红，通过债权可以减少项目公司的所得税，并且根据项目运作情况会有一定的土地增值税抵扣空间。

需要注意的是，少部分企业则针对高管出资采用了成立投资平台的形式，封闭运作，对其所属的所有项目进行持续跟投。

对于国有房企来说，由于体制所限，往往会选择通过基金/资管计划进行跟投，即募集资金委托基金公司定向投资于开发项目，根据约定回报进行分红。部分国有房企则是通过有限合伙的借款形式进行跟投。

综上所述，在进入机制设计环节时，需要解决跟投权益设计、跟投人员选择和跟投载体选择三大核心问题，这个环节是整体跟投体系的顶层设计，这三者之间关系密切，影响员工跟投的回报水平。

那么，如何判定一个项目跟投的顶层设计是否成功呢？其实可以选择具有代表性的企业项目进行测算。假如一个项目最终的IRR低于10%，则吸引力不够；如果IRR在10%~20%，略有吸引力；如果IRR大于30%，那么就会有较好的吸引力。

2. 返本机制设计：重视返还本金时点设计，提升员工投资安全感

从员工的视角来看，合理安排返还本金的时点对于提升员工的投资安全感十分重要，同时有利于员工进行多个项目跟投时的资金高效利用。如果这个环节处理不好，就容易影响跟投体系推行的成败。返本机制设计关注的问题如图1–19所示。

图1–19　返本机制设计关注的问题

项目跟投资金一般是通过两个渠道进入被投项目——注册资本金和股东借款。因为股东投入资金或资金峰值远大于项目公司注册资本金，所以除了按项目公司注册资本金进行跟投权益设计的模式之外，在大多数模式下，跟投资金中的绝大部分都是通过股东借款形式进入被投项目。此时，常说的本金返还的实质是跟投员工的注册资金及借款的本息返还。

本金返还一般是在项目达到资金峰值后，在保证后期经营的情况下逐步安排返还，在现金流回正时点前后返还完毕。

例如，某企业约定：“在项目整体开发或分期开发时，资金均按‘债务 > 本金 > 利息 > 利润’的优先次序返还，还需满足项目开发过程中的相关合作协议的约定。达到资金峰值后，每季度末，跟投业务管理小组计算可返还的跟投本金（预留部分安全资金），并按季度返还跟投本金；强制跟投员工优先偿还杠杆资金，杠杆资金本金全部返还完毕后，偿还员工本金。”

常见的本金返还有两种设计思路：一种是在项目达到资金峰值后，大、小股东同步返还，逐步归还本金；另一种是一旦有富余资金，即可安排与大股东同步返还。相比而言，前一种思路对项目管理团队的经营管理目标导向性更明确，可以激励项目团队加快项目本身的经营性现金流净流入，通过项目开盘货量、开盘去化率达到总货值的一定比例，并且能够与开工面积和资金支出很好地匹配，使项目尽快达到资金占用峰值。而后一种思路则更强调大、小股东同股同权、同责同利，可以充分发挥财务杠杆的作用，使本金快速回笼，并持续滚动投入，从而取得更丰厚的回报。

本金返还的时点设计是以经营为导向，引导项目经营团队将优先保障跟投员工的本金返还作为短期目标。当然，也有企业围绕开发贷款到位、经营性现金流回正等经营节点进行本金返还的设计，其核心目标是激发项目经营团队的潜能，从而实现跟投员工和公司的双赢。

图1-20为本金返还设计的示例，其在开发贷款到位后，即可返还50%本金。

另外，对于项目富余资金是否能供跟投员工使用，不同的模式存在着差异。按照某企业模式，跟投人可以按照权益占比与大股东同比例调用项目富余资金，而万科集团与越秀集团的跟投机制中都未做这一设计。其根源在于，前述某企业的跟投模式是由集团、区域分别成立一个投资平台，跟投人员通过投资平台参与跟投，而投资平台是按等权益比例的投资来管辖范围内所有项目，因此在不同项目上参与跟投的人员和份额（包括强制参与和自愿参与）构成是相同的。万科集团与越秀集团等企业的跟投是一个项目一募集，在不同项目上参与跟投的人员和份额构成不同。某企业的跟投平台调用项目富余资金后，并未分配给参与跟投的个人，而是用于投资其他项目；而在万科集团与越秀集团的模式下，跟投企业调用富余资金，并不能用于投资其他项目，也不能分配给个人。

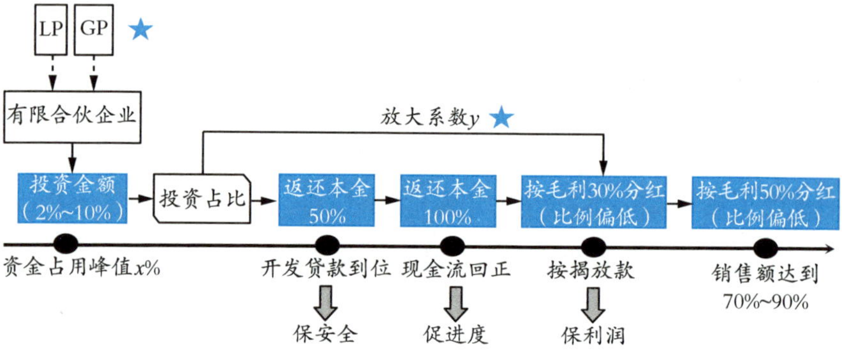

图1-20　本金返还设计示例

3. 分红机制设计：合理安排分红条件和进度，让员工尽快感知回报

在这个环节，需要回答，在什么情况下跟投的员工可以有对预计收益进行分配的资格？预计收益在什么时候可以分配？ 核心内容如图1-21所示。

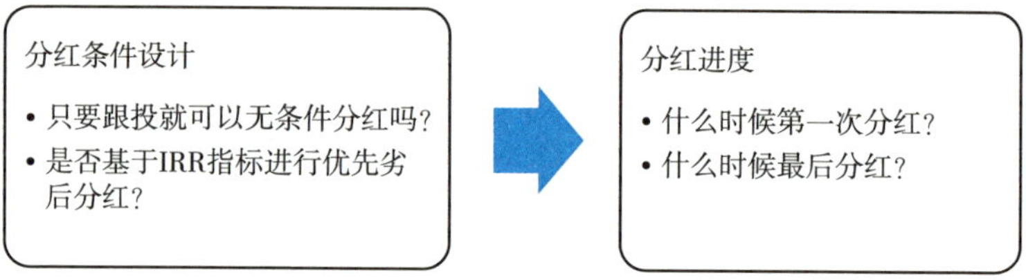

图1-21　分红机制设计的核心内容

（1）分红条件设计

分红条件是只要跟投就可以无条件分红，还是基于IRR指标进行优先劣后分红呢？

所谓无条件分红，即员工只要进行了项目跟投，项目有收益，就可以按约定的所占股权比例进行分红，如碧桂园集团和招商蛇口的项目是股权跟投，强调同股同权，跟投人和上市公司共同承担风险。

少部分企业采用了“优先劣后”的模式。例如，万科集团的项目跟投最早，只要项目有收益，跟投员工就可以获得相应的分红。但2017年1月，万科集团对项目跟投进行了调整，参考了私募基金的模式，要求跟投人以收益为限对万科集团承担劣后责任，股东收益优先；而且，万科集团还明确了跟投项目内部收益率不高于门槛收益率、高于门槛收益率但不高于超额收益率、内部收益率高于超额收益率的三种不同算法。

①当跟投项目内部收益率不高于门槛收益率时，需优先保障万科集团享有门槛收益率的收益，剩余收益（如有）再分配给跟投人。

②当跟投项目内部收益率高于门槛收益率但不高于超额收益率时，跟投人按出资比例分配收益。

③当跟投项目内部收益率高于超额收益率时，超额收益率以内的收益部分，跟投人按出资比例分配收益；超额收益率以外的收益部分，跟投人按其出资比例对应收益的1.2倍分配收益。

据行业人士对万科集团年报数据的分析得知，2014年万科集团实现净利润192.9亿元，以跟投员工为主体的少数股东分走35.42亿元，占净利润比例为18.36%；2015年，万科集团实现净利润259.49亿元，其中少数股东分走了78.3亿元，分走的净利润占比提高至30.17%。据多位业内人士指出，员工分走上市公司净利润比例的提高是万科集团在

2017年1月修订跟投机制的主要原因。

从当前行业的主流来看，大多数房企推行项目跟投还属于逐步试水期和完善期，因此大多数的项目跟投都采用了无条件分红的模式。

（2）分红进度设计

对于分红，主要考虑什么时候第一次分红？什么时候最后分红？

针对收益的分配时点，目前，大多数实施跟投的企业都会在项目销售阶段对预计收益进行一部分预提，以实现激励的及时性，但通常会设置限制条件，并将预提比例控制在一定范围内。例如，某企业规定的预提条件为分期货值去化率达到80%，且现金流回正；越秀集团规定的预提条件为累计经营性现金流回正，并按照回款比例预提等。

各企业可根据成本和利润管理能力、预算准确性、风险偏好对预提比例进行平衡设定。一般第一次预提分红在20%左右；后续多次的预提在竣工备案之前累计的分红比例一般在60%~80%；剩余部分在跟投退出前通常也会设置剩余部分的兑现条件和兑现比例，一般在项目结算或清算阶段完全兑现。

以某企业为例：

在本金100%返还的前提下，在项目可售商品房（不含车位、商铺）销售去化率（可售面积口径）达到90%时，分配项目跟投权益利润的30%；在项目分期竣工交付完成时，分配项目跟投权益利润的60%；在项目跟投清算时，分配项目跟投权益利润的10%。

由于涉及多项目的税收筹划，对于单项目跟投的利润分配，一般均是以预计利润口径进行前期的预分红分配。

分红预提设计机制的核心在于，让跟投员工尽早感知投资回报，树立对跟投的信心，从而激发员工的跟投热情。

需要说明的是，当项目亏损时，当前的主流做法是由跟投员工根据自己所投的股权比例承担对应部分的亏损，也会有少部分企业是由大股东承担亏损，以保障员工本金的全额返还。

4. 退出机制设计：围绕经营团队完成经营任务的标识点进行设计

退出是项目跟投的最后一个环节，也是项目风险控制的最后一个环节，其内容如图1–22所示。

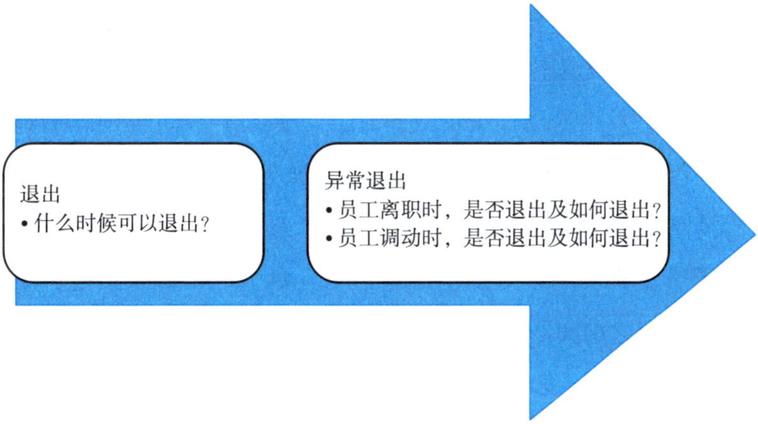

图1–22　跟投的退出机制设计

综合当前企业的实践来看，有以下几种退出机制设计模式。

①以去化率为导向：一般可以在完成去化率95%以上后，安排退出。

②以交付为导向：可以在竣工或交楼后安排退出。

③以共担风险为导向：可以在结算或清算后安排退出。

因此，在项目跟投的退出环节，我们需要结合内部的客户服务品牌和服务体系的成熟度进行综合考量，以项目经营团队的任务完成标识来进行针对性的设计。

在退出时，对项目的资金进行清算，也是必不可少的一个环节。

此时，需要对未售存量资产或持有型物业进行评估。

以某企业对清算时的资产评估原则为例，其约定在项目跟投清算时，留存销售型物业和持有型物业的处理如下：

销售型物业（车位、住宅、销售型商业）库存货值按成本的6折计算收入；

持有型物业按成本的7折计算收入；

特殊有争议的部分，提交集团跟投决策委员会审批。

对于跟投项目的异常退出，一般有两种情形：一种是所跟投的项目的异常状况导致退出；另一种是跟投员工的调动或离职导致退出。

对于项目发生变动情况的处理，当项目在开发过程中即被收购或转让时，若有转让收益，则按跟投权益占比分配收益；若有亏损，则按跟投的股权比例承担对应部分。

对于员工离职的异常退出，有以下几种情况：如果跟投员工在第一次收益分配之前离职，即使在项目赢利情况下也不享有收益分配权，原有本金无息退还；如果跟投员工在第一次收益分配之后、竣工交付之前离职，已获取部分收益不返还，但不享有剩余未分配收益；如果跟投员工在竣工交付之后离职，享有项目的本金及收益。由于员工的跟投真正退出的周期较长，一般情况下可以由公司和员工进行谈判，约定一定的收益率之后进行退出处理。

对于员工由于岗位变动带来的异常退出，则视情况而定。当员工发生升、降职或其他岗位变动时，若其未离开公司，则原项目跟投及其收益继续保留，后续跟投项目按照变动后的岗位执行新项目跟投方案。当有新岗位（强制跟投员工）到岗时，新到岗人员在第一次收益分配之前到岗的，若额度未满，可直接增补认购；若额度已满，可特批额度，但补认购人员需缴纳前期相应产生的利息（项目综合融资成本），利息在利润分配时抵扣。

综合而言，对于员工离职或调岗时的跟投权益处理，主要考虑三大因素：对项目经营结果是否有贡献、本金投入时间长短、对股权比例影响及处理。

三、国有房企推行项目跟投体系的差异化设计

1. 国企推行项目跟投面临的三大障碍

如果说民企推行项目跟投更多的是受外部大环境的影响，其推行与否取决于老板的心胸和格局，那么国企则更多的是受限于体制。

从当前的行业发展情况来看，项目跟投已经逐步成为行业的潮流，实施了跟投体系的房企在企业的发展速度和吸引优秀人才加盟等方面，都有着明显的优势。越来越多的国企都感受到了压力，都在谋求符合体制框架内的变革。当前，越来越多的国企都在逐步开始试点推行项目跟投。

诚然，相比民企而言，国企实施跟投有着更多的壁垒和障碍。综合来讲，主要体现在制度壁垒、国企自身特点和实际推行阻力三大方面，如图1–23所示。

（1）制度壁垒

为了防止国有资产的流失，国资委对国企职工持股制定了较多的约束措施，主要体现在以下三个方面。

第一，上级不能持有下级企业股权。国资发改革〔2008〕139号文明确规定，职工不得直接或间接持有本企业所出资各级子企业、参股企业及本集团公司所出资其他企业的股权，如图1–24所示。而项目跟投会涉及集团总部人员持有城市公司项目股权，这就容易触犯上级不能持有下级企业股权的制度规定。

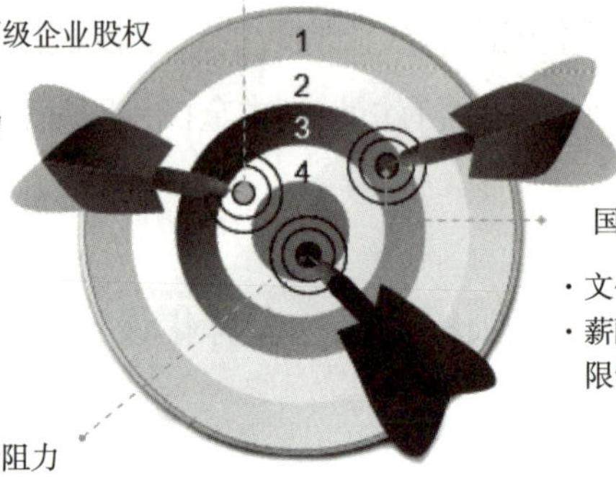

图 1–23　国企实施跟投的三大障碍

> **国务院国资委实施《关于规范国有企业职工持股、投资的意见》有关问题的通知**
> **国资发改革〔2008〕139 号**
>
> （四）严格控制职工持股企业范围。职工入股原则限于持有本企业股权。国有企业集团公司及其各级子企业改制，经国资监管机构或集团公司批准，职工可投资参与本企业改制，确有必要的，也可持有上一级改制企业股权，但不得直接或间接持有本企业所出资各级子企业、参股企业及本集团公司所出资其他企业股权。科研、设计、高新技术企业科技人员确因特殊情况需要持有子企业股权的，须经同级国资监管机构批准，且不得作为该子企业的国有股东代表。

图 1–24　国企跟投上级不能持有下级企业股权的制度规定

资料来源：国务院国有资产监督管理委员会官网。

第二，同股同权。国资委相关规定要求持股员工与国有股东和其他股东同股同权，外部审计时一般会特别审查这一点，当出现不一致时，外部审计可能会问责。例如，员工占项目公司股权的5%，分红时为什么分6%？多出的1%是不是侵吞国有资产？

第三，不允许财务资助及杠杆融资。国资发改革〔2016〕133号文明确规定，试点企业、国有股东不得向员工无偿赠予股份，不得向持股员工提供垫资、担保、借贷等财务资助，持股员工也不得接受与试点企业有生产经营往来的其他企业的借款或融资帮助。此外，通过资产管理计划方式持股的，不得使用杠杆融资，如图1–25所示。在项目跟投实践中，不少民企会给跟投员工提供资金杠杆，而这一做法在国企中则不被允许。

国务院国资委、财政部、证监会关于印发《关于国有控股混合所有制企业开展员工持股试点的意见》的通知

国资发改革〔2016〕133号

三、企业员工入股

（一）员工范围。参与持股人员应为在关键岗位工作并对公司经营业绩和持续发展有直接或较大影响的科研人员、经营管理人员和业务骨干，且与本公司签订了劳动合同。

党中央、国务院和地方党委、政府及其部门、机构任命的国有企业领导人员不得持股。外部董事、监事（含职工代表监事）不参与员工持股。如直系亲属多人在同一企业时，只能一人持股。

（二）员工出资。员工入股应主要以货币出资，并按约定及时足额缴纳。按照国家有关法律法规，员工以科技成果出资入股的，应提供所有权属证明并依法评估作价，及时办理财产权转移手续。上市公司回购本公司股票实施员工持股，须执行有关规定。

试点企业、国有股东不得向员工无偿赠予股份，不得向持股员工提供垫资、担保、借贷等财务资助，持股员工不得接受与试点企业有生产经营业务往来的其他企业的借款或融资帮助。

（六）持股方式。持股员工可以个人名义直接持股，也可通过公司制企业、合伙制企业、资产管理计划等持股平台持有股权。通过资产管理计划方式持股的，不得使用杠杆融资。持股平台不得从事除持股以外的任何经营活动。

图1–25 国企不允许给跟投员工提供资金杠杆

资料来源：国务院国有资产监督管理委员会官网。

（2）国企自身特点

长期以来，国企在文化习性和薪酬体制方面存在一些固化的特征，对国企激励体制的创新构成了极大的内部阻力。张江高科总经理葛培健对此有比较深刻的体会，他表示：

在文化习性方面，国企内部存在“无过便是功”的心态，内部积极性不高，干劲不够，得过且过，特别是非市场化的“三铁”思维——“铁交椅、铁饭碗、铁工资”已成为国企最顽固的恶疾之一。人才使用按资排辈，干部使用能上不能下，员工聘任能进不能出，薪酬分配平均大锅饭，严重影响了经营团队的士气和基层员工的积极性。

在薪酬体制方面，国企一直存在“工效挂钩总额限制、薪酬分配差异限制”的“双限制”。具体而言，就是没有激励创利的工效挂钩机制，没有建立劳动与资本相结合的新公有体制，职业经理人制度转换通道不畅通，管理层限薪等。由此，造成激励机制不明确，内部活力不够。而激励机制的失灵和对人才的视而不见，直接导致核心团队与专业人才的严重流失。

（3）实际推行阻力

国企在实际推行跟投的过程中，也遇到了一定的困难和阻力，主要体现在内部管理体制的适应性、员工的抗性和跟投项目的选择上。

第一，内部管理及员工心理障碍。跟投机制在推行时，可能会面临内部管理机制不适应、内部员工意见不一致等问题。例如，在国企组织权限体系中，项目经理的权限比民企要小得多，无法控制成本、掌控利润，因此如果要求其强制跟投，就容易出现抵触情绪，而员工的反抗就有可能产生内部举报的风险，对跟投机制的顺利推行构成极大阻力。

第二，跟投项目选择难。对于国企而言，因为肩负着一定的社会责任，所以有些项目并不是企业自身想选择的，在营销和成本控制上有比较大的难度，因此很难让员工将个人财产拿去进行跟投。

综上所述，国企推行项目跟投，因制度约束、自身特点等因素确实面临很多壁垒和障碍，在实践过程中也遇到了不少实际困难和阻力。

2. 国企推行项目跟投体系的六大核心策略

对于国企跟投的几大障碍，在项目跟投的核心模型的设计上，会和民营房企有着比较大的差异。国企在设计跟投体系之初，应该和公司董事会、上级主管部门反复沟通，传递行业趋势和推行跟投体系的重要意义，以便获得董事会和上级部门的充分理解和支持。在此基础上，再在内部推行跟投，从而逐步推进既有激励体制的转型变革。

国企的项目跟投体系设计中常见的一些策略如下。

第一，对于上级不能持有下级企业股权的问题，可以通过基金结构或有限合伙的债权投资作为载体进行跟投。

在项目跟投时，由于上级不能持有下级企业股权的制度限制，多数国有房企采取市场资本与国有资本成立基金的模式，通过基金结构进行项目跟投。从股权关系上来说，是基金持有项目公司的股权，通过基金结构跟投，需要一定的基金通道费用，通过基金收益可以免交20%的个人所得税，这也是通过基金结构跟投可行的优势。

另一种比较通行的方式是成立有限合伙企业，但有限合伙企业是通过债权的方式进入，而不是股权的方式进入，即跟投员工与跟投合伙企业签署借款合同，约定跟投员工按项目实际IRR计算跟投收益，跟投合伙企业与项目公司签署借款合同。这种方式的优势比较明显，通过债权可以减少项目公司的所得税，并且能根据项目运作水平获得一定的土地增值税抵扣空间。

目前，这两种跟投载体方式都是较好的方式，国有房企可以根据自身的实际情况进行选择。

需要注意的是，对于上级机构任命的高管，一般不允许进行项目跟投。有些国有房企为了规避风险，要求其总部的所有员工均不得参加项目跟投，但辅之以其他方式的有效激励。

另外，如果涉及同股不同权的问题，应该在公司的章程里进行明确约定。

第二，不能给员工提供财务杠杆和融资便利。

这需要符合国资发改革〔2016〕133号文的明确规定："试点企业、国有股东不得向员工无偿赠予股份，不得向持股员工提供垫资、担保、借贷等财务资助，持股员工不得接受与试点企业有生产经营业务往来的其他企业的借款或融资帮助。"因此，国企在设计跟投体系时，要确保不触碰这条红线，做到合法、合规，不给员工提供财务杠杆和融资便利。

第三，本金返还，可以预留部分本金到清算阶段，以凸显风险共担的责任心。

除了对员工项目跟投的本金投入不能提供财务杠杆之外，国有企业在本金的返还上也需要做一定的差异化设计。

不同于民营房企的跟投机制设计，国有房企更需要强调风险共担。因此，可以预留10%~20%的本金，这部分本金可以一直到项目跟投的退出阶段再进行返还。对于此本金返还的机制设计，需要反复给员工传递、解释，以便得到员工的充分理解。

第四，加快试点"一企两制"，加快落地职业经理人制度，革新人才及薪酬体制。

首先，在二级以下子公司层面尝试推行市场化机制的改革试点，要基于"组织配置组织价、市场配置市场价""市场、体制自愿选择"

的原则，将人才用当其时、用在其位。具体而言，通过市场化配置的企业领导，在薪酬上要高于组织配置的企业领导，拉开差距，但同时也要对其有更高的绩效要求，且不能享有组织保护，一旦完不成绩效目标就要受到相应的处罚，而一旦超额完成绩效目标，也要同比例给予超绩效份额的额外奖励。

其次，在政府职能转变的基础上，充分发挥企业市场化选择的权力，推动国企职业经理人制度的真正落地，从而畅通现有经营管理者与职业经理人身份转换通道，解决人才“长期内部流动”“能上不能下、能进不能出”等旧有问题。

第五，梳理跟投的项目类型，符合市场化原则。

对于跟投项目选择难的问题，可以通过在内部对项目进行科学的分类来解决，对于承担有社会责任及政治意义的项目不纳入跟投范围。例如，项目是以销售为主体，且销售超过90%的，就规定全员跟投，如果项目是沉淀资产，且为企业未来发展所用的，那就不能进行跟投。

第六，在内部做好员工传递和引导工作。

对于推行跟投机制后国企的内部管理及员工心理障碍的问题，首先，要相应地调整企业内部管理机制，以适应跟投机制推行的需求；其次，对员工展开相关培训活动，合理引导，使其尽快融入角色，提升相应能力，以适应跟投机制。总体上，将机制合理与员工引导相配合，在先试先行的过程中，做到合法、合规，并把谋取私利与锐意先行明确区分开来。

越秀集团是较早推行项目跟投机制的国企之一，2015年年初就推出了“雇员奖励计划”，要求地产项目的地方管理团队及核心员工跟投的持股总额不超过项目股权的10%。那么，越秀集团在实施跟投机制的过程中，是如何突破国企跟投面临的难点呢？

对于上级不能持有下级企业股权，越秀集团的做法在早期是通过基金通道进行项目跟投，后期逐步调整为有限合伙企业对项目提供借款，即跟投员工与跟投合伙企业签署借款合同，约定跟投员工按项目实际的IRR计算跟投收益，跟投合伙企业与项目公司签署借款合同。这种方式可以有效地避开成立有限合伙企业/投资公司而出现的上下层级的问题。在不得使用资金资助和融资杠杆这一点上，越秀集团则严格遵循，不触碰红线。

对于内部管理障碍，越秀集团通过优化内部管理体制予以解决。第一，将组织管理结构从金字塔式转变为扁平化结构，使其适配跟投机制。第二，在对项目公司的放权管理上，越秀集团制定了两个关键点：一是必须要基于标准化的前提，标准化是基本的规则，公司的组织架构、官方的授权以及业务流程等都要相对标准化；二是差异化的放权节奏，不是一刀切，越秀集团不同的城市公司成立阶段和发展阶段不一样，各自的能力也有明显差异，因此总部核心业务部门、职能部门因地制宜，分别确定对区域干预度的多与少、深与浅。

对于员工心理障碍，越秀集团展开"星汇计划"，加强企业文化建设，从人才培养和能力提升方面让员工更快地进入角色。"星汇计划"是专门针对员工的一整套培训体系，教员工如何运营，如何站在投资股东的角度去看问题，如何从关注项目的开发节点变成关注股东资金内部收益率。

对于跟投项目的选择，越秀集团倾向于在短平快的新项目中执行跟投计划，因为该类项目回报周期较短，投资金额较小，便于跟投操作，有利于降低跟投风险。

另外，以招商蛇口为例，2017年5月31日，公司董事会全票通过项目跟投机制，在由城市公司操盘开发的、通过市场化的方式获取土地的销售型项目中进行跟投。

招商蛇口的项目跟投机制较为灵活。据招商蛇口公告，跟投人员按照岗位职责及其对跟投项目负责任的关联程度与重要程度，分为强制跟投和自愿跟投。对项目负有主要责任的核心管理人员须强制跟投。除强制跟投人员外，允许区域总部、城市公司、项目部的其他正式员工自愿跟投。该公司公告指出，跟投人员将通过信托计划或资管计划等合规的投资结构实施跟投，单项目跟投总金额上限不超过该项目资金峰值的5%。

四、典型房企项目跟投核心模型解构及两大主流跟投模式

我们根据企业规模的大小，按行业龙头、全国布局、区域龙头、区域规模等不同类型，选取了一些有代表性的房企样本进行对比分析。从跟投金额上限、跟投对象、返本分红、退出、跟投载体等多个视角进行了分析，如表1–8所示。

从表1–8中可以看出针对权益设计、收益条件、返本分红和跟投载体这些跟投关键因素的差异化思路，每个思路的背后反映的是企业的导向。以下为通用特性。

①跟投金额上限。从行业主流来看，权益设计主要以股权比例、项目资金峰值两种模式为主。采用股权比例模式的房企，体现的是给予跟投员工“同股同权”的地位，可以充分享受企业财务杠杆、运营杠杆带来的投资回报的放大效应，引导跟投员工以股东的身份对项目进行全盘经营。采用项目资金峰值模式的房企，弱化了财务杠杆的作用，但是可以享受企业本身的运营杠杆作用，引导跟投员工专注于项目的快速运营。当然也有少数房企采用土地成本、股东资金峰值作为权益设计的参考，在此不予列出。

表 1–8　代表性房企跟投样本的对比分析

企业类型	名称	性质	跟投金额上限	跟投对象	返本启动点	分红启动点	退出时点	跟投载体	点评
行业龙头	A	民企	股权 15%~20%（区域拿地，可以配 20%）	1. 核心骨干强投 + 全员自愿选投 2. 提供杠杆	达到资金峰值	项目公司盈利，富余资金可再周转	封闭 5 年	投资公司	行业先行试水者，通过形成投资平台，封闭运行，核心骨干享有同股同权的待遇，企业获得超常发展
行业龙头	B	混合制	资金峰值 10%	1. 核心骨干强投 + 全员自愿选投 2. 提供杠杆（后取消）	达到资金峰值	1. 现金流回正 2. 优先劣后，需要 IRR 指标达到一定条件	项目清算	有限合伙企业	行业先行试水者，效果凸显。后该企混改后，已经逐步取消杠杆
全国布局（1 000 亿元）	C	混合制	股权 10%	1. 核心骨干强投 + 全员自愿选投 2. 无杠杆	现金流回正	1. 现金流回正 2. 基于 IRR 指标，采取优先劣后	销售面积 90%	有限合伙企业	带有国企血统，项目跟投方案获得通过，预期未来企业规模获得快速发展
全国布局（500 亿 ~800 亿元）	D	民企	资金峰值 5%	1. 核心骨干 2. 提供杠杆	项目整体已达到资金峰值，项目现金流持续 3 个月回正	工程竣工，销售去化率 95%	项目清算	有限合伙企业	加快全国布局，项目跟投对于风险的控制有积极意义，目前仅允许核心骨干跟投
全国布局（500 亿 ~800 亿元）	E	国企	资金峰值 5%	核心骨干强投 + 全员自愿选投	不详	不详	项目结算	信托计划 / 资管计划	资源处于行业优势地位，需要激发团队激情，项目跟投处于尝试阶段
全国布局（500 亿 ~800 亿元）	F	民企	土地成本及前期费用的 6%	1. 核心骨干强投 + 全员自愿选投 2. 提供杠杆	自有资金平衡	去化率 90%	项目交付后 3 个月	有限合伙企业	通过竞聘项目操盘手、路演，将项目跟投对团队的刺激作用发挥得淋漓尽致
区域龙头（300 亿 ~500 亿元）	G	国企	股权 10%	核心骨干	股东投入资金回笼	项目交付	项目结算	基金投资	当前正处于谨慎试点尝试阶段，后续拟加大力度
区域龙头（300 亿 ~500 亿元）	H	民企	资金峰值 10%	1. 核心骨干强投 + 全员自愿选投 2. 无杠杆	达到资金峰值	利润为正	项目清算	有限合伙企业	深耕区域，跟投不提供杠杆，推行跟投后，士气激昂
区域龙头（300 亿 ~500 亿元）	I	民企	资金峰值 5%	1. 核心骨干强投 + 全员自愿选投 2. 提供 1.5 倍固定杠杆	不约定	累计净现金流为正	1. 销售面积 90% 2. 收购跟投权益对应的净资产，按 1.5 倍退出	有限合伙企业	不约定返本时点，通过收购跟投权益对应的净资产，按 1.5 倍溢价收购退出
区域龙头（300 亿 ~500 亿元）	J	民企	股权 15%	1. 核心骨干强投 + 全员自愿选投 2. 无杠杆	现金流回正	现金流回正	销售面积 90%	总部和区域通过合伙平台投资	激励幅度较大，对团队的刺激也较大，规模快速增长，未来黑马
区域规模（100 亿 ~300 亿元）	K	民企	资金峰值 8%	1. 核心骨干强投 + 全员自愿选投 2. 提供杠杆	达到资金峰值	销售面积 90%	项目清算	有限合伙企业	高层比较大气，若项目亏损，由大股东兜底
区域规模（100 亿 ~300 亿元）	L	民企	资金峰值 5%~10%，和项目规模有关	1. 核心骨干强投 + 全员自愿选投 2. 提供杠杆	销售回款后，满足 6 个月资金要求	现金流回正	销售面积 90% 并交付完成	有限合伙企业	项目跟投设计参考万科集团模式，较为典型

资料来源：明源地产研究院。

②跟投对象。以“核心骨干强投+全员自愿选投”为主，在充分刺激企业内部核心骨干贡献的同时，让全员自愿选投，可以构建内部良好的全员协作和上下同心的氛围。个别企业由于处于试点阶段，暂时没有推行全员的自愿选投。

③返本启动点。毫无疑问，返本是跟投员工非常关注的环节。在典型房企的实例中，返本时间最快的是达到资金峰值启动返本，最慢的则是要求销售去化率达到85%，处于二者之间的是现金流回正。目前，达到资金峰值逐步启动返本，已经成为行业的主流。

④分红启动点，即分红的时间节点。首先是在现金流回正之后逐步进行分红，其次是销售去化率达到某个比例，最后也有达到利润为正的内部核算节点后进行分红。部分企业为了引导经营团队关注后续的客户满意度，需要在工程竣工或项目交付后才能进行分红。值得注意的是，目前“投资模式”已经在行业内部成型，因此基于IRR指标的达成情况实行“优先劣后”，也在一些企业逐步得到实践。可以预期，未来的项目跟投，其回报将逐步和项目团队的经营结果相挂钩。

⑤退出时点。以项目结算时点为主，部分企业是和销售去化率相关。通常，项目结算的周期一般会超过18个月，因此以项目结算为时点，可以引导项目经营团队关注客户服务和交房质量。有些房企之所以选择销售去化率这个时点退出，考虑到其项目跟投的完整结束周期可以缩短很多，另外需要内部有较好的交房标准化体系，否则容易带来客户质量和满意度的下降。

⑥跟投载体。以资金峰值进行权益设计的民营房企，一般选择有限合伙企业为主流模式。部分以股权比例进行权益设计的民营房企，倾向于成立总部、区域的投资平台，对所属的项目进行持续跟投。另外，对于国企而言，由于政策法规的限制，往往倾向于选择基金或资管计划

进行项目跟投，以避免“同股同权”的限制。

由典型房企跟投模式的实例可以看出，对于项目跟投模式的设计，需要结合企业本身的管理水平、团队能力、未来经营导向等多个因素对细节进行反复选择和考量。项目跟投的设计和人性息息相关，再小的细节，处理不慎，也容易引发风暴。

就上述案例而言，对于行业主流的项目跟投模式，可以总结为两大模式，如表1–9所示。

表1–9　行业两大主流的项目跟投模式

名称	进入	返本	分红	退出	载体
单项目跟投模式	将钱募集到合伙企业；由合伙企业对指定项目跟投；资金可以一次或分期募集	按项目约定条件（如达到资金峰值）	达到约定条件即可分红（如去化率达到一定比例）	达到项目约定条件后即可退出	有限合伙企业/基金公司
投资平台/资金池模式	资金可以一次或分期募集到指定投资平台；由投资平台自行决定对下属项目进行跟投；一般以股权居多	项目公司有富余资金即可返还本金到投资平台	由投资平台定期分红（半年或年度）	资金返还到投资平台后，投资平台可以持续对项目进行滚投。一般封闭运行，如5年	投资平台（也可以是有限合伙企业）

资料来源：明源地产研究院。

1.单项目跟投模式

模式：针对每个项目进行跟投资金的募集，通过项目合伙企业或基金进行跟投，每个项目都有跟投员工的认购、本金返还与分红等业务过程。

这种模式本质是在单项目上将核心经营团队和大股东的经济效

益保持一致，激发员工的潜能，降低代理成本，实现共创、共担和共享。

特点：一般是基于项目资金峰值的特定比例进行跟投，跟投员工主要享受公司平台的运营杠杆，对单个项目管理团队的经营管理目标导向性更明确，面向全员的跟投管理更适合激发全员的经营责任心与激情，一般周期偏短。这种模式以万科集团、建业地产、合景泰富等为代表，更倾向于“跟投”的内涵。

2. 投资平台/资金池模式

模式：针对集团强投员工、区域强投员工成立不同的投资平台，由投资平台对其所属的项目进行持续跟投，资金封闭运行，定期分红。

这种模式基于永续经营的定位，与大股东形成战略联盟共同进退，除了“权”由大股东牢牢掌控外，“责”与“利”尽最大可能实现对等。

特点：一般基于股东注册资金的特定比例进行跟投，大、小股东同股同权、同责同利，可以享受公司平台的融资杠杆、运营杠杆，更适合高层和管理层，作为绑定核心人员与企业利益的中长期发展。这种模式更倾向于“合伙”的内涵。

上述两种模式各有优劣势，其针对的侧重点存在着差异，如表1–10所示。

表1–10 两种跟投模式优劣势对比

跟投方式	优势	劣势
单项目跟投模式	操作方式简单，只盯项目；除了项目强投人员，其他跟投人员可自愿选择项目；跟投本金退出受限	挑肥拣瘦，好项目超投；容易成为高级管理团队为自身打造的福利

（续表）

跟投方式	优势	劣势
投资平台/资金池模式	集团强投人员无法挑选项目，项目信息不对称被规避，符合集团定位，即与整个公司的利益目标绑定。资金池封闭运作，个人的跟投本金限制性提取，返本后自动进入资金池用于滚动跟投新项目，公司与员工绑定得更紧密	自愿跟投人员参与度不高，一方面跟投本金在资金内滚动除非离职无法拿走；另一方面资金池享受不了个别优质项目的超额收益，只能享受所有跟投项目的平均收益。操作方式相对复杂，资金池需要单独操作

资料来源：明源地产研究院。

目前，对于打造跟投氛围和激发经营团队的热情而言，单项目跟投模式占据主流位置；但对于规模较大房企而言，当面临数十个甚至上百个项目的跟投要求时，选用投资平台/资金池的模式，可以更好地将核心高管和企业的中长期发展紧密捆绑，形成牢固的命运共同体。

上述不同规模的房企，其项目跟投模式的核心环节、推行跟投后的效果，我们将在后续的章节中选择几家有代表性的房企进行深入解读。

五、跟投体系的组织搭建和业务流程八大关键审批点控制

1. 项目跟投的组织体系与构建

项目跟投既然是一个体系，那么在企业内部应该配备相应的组织，以保障这个体系的良好运作和持续优化。

通常，项目跟投涉及人力资源、项目运营、资金核算往来等，因此一般需要企业内部的人力资源部、财务部、运营部三大核心部门牵头，组建相关的部门，讨论并形成相关制度，在内部推广运行。

很多房企的项目跟投体系，其牵头部门往往存在着很大的差异。

有些房企是人力资源部牵头，有些房企是财务部或运营部牵头。不同的部门牵头，都各具有优劣势，如表1–11所示。

表1–11　房企项目跟投体系牵头部门优劣势对比

牵头部门	协同部门	优势	劣势
人力资源	运营、财务	善于处理事务性细节工作，如协议签署等，同时权威性较足；对于员工的薪酬体系可以综合性进行设计	业务能力弱，协调业务部门困难
财务	人力资源、运营	及时掌握项目经营数据，指导业务部门的经营意识转变	协调业务部门困难
运营	人力资源、财务	善于协调推动业务部门，具有熟悉项目运营的优势	细节事务性工作精力不足

资料来源：明源地产研究院。

为了保障项目跟投的有效运转，企业内部一般会设有多级决策部门，一般由企业经营决策层形成项目的跟投决策委员会，由总部业务部门形成跟投管理小组，然后由区域和项目形成跟投工作小组，这样的多级机构负责体系方向的决策、工作的开展和执行的落地等。

某企业在集团运营管理中心下设集团跟投管理小组二级部门，该部门设有跟投事务管理岗和跟投资金管理岗两个专业岗位。其组织架构如图1–26所示。

①跟投决策委员会为决策机构，负责审批集团跟投管理制度和跟投细则，审核各一线公司提交的项目跟投方案和跟投收益分配方案，等等。人员主要由董事会主席、执行董事、首席执行官、首席财务官、各分管专业线（人力资源部、财务部、运营部、风控部等）负责人、区域总经理代表等组成。

②集团跟投管理小组主要负责有限合伙企业/基金公司的管理、资金调拨、跟投收益计算及信息披露等事宜。主要由总部指定的专人负

责，人员主要来源于人力资源、财务和运营。

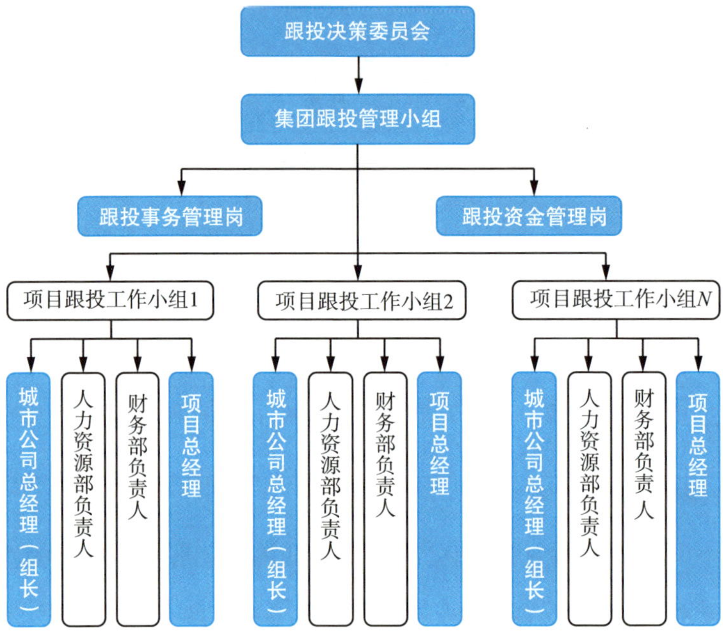

图 1–26　跟投组织架构

③跟投事务管理岗和跟投资金管理岗则分别管理与跟投事务和跟投资金相关的事宜。

④项目跟投工作小组负责项目跟投方案的编制及提报，跟投资金募集，跟投过程中项目经营信息披露，以及协调投资收益分配等事宜。人员主要由城市公司总经理、人力资源部负责人、财务部负责人、项目总经理等人员组成。

在项目跟投前期，集团跟投管理小组岗位可以由人力资源部、财务部或运营部的人员兼任，但在后期逐步推动后，则需要专人进行负责。对此岗位的综合能力要求比较高，需要懂业务、经营，并且具有较强的体系推动和自我优化能力。

2.项目跟投业务全流程及关键审批点

企业在组建内部的跟投多级组织机构之后，针对项目跟投方案发布、员工认购、付款、返本与分红等各项内容，需要梳理清楚内部的管理流程，以保障跟投业务的有效协作和运作。

图1-27为房企项目跟投的全景业务流程图示例，包括跟投发起、项目认购、项目分红三大阶段，共16个业务节点。

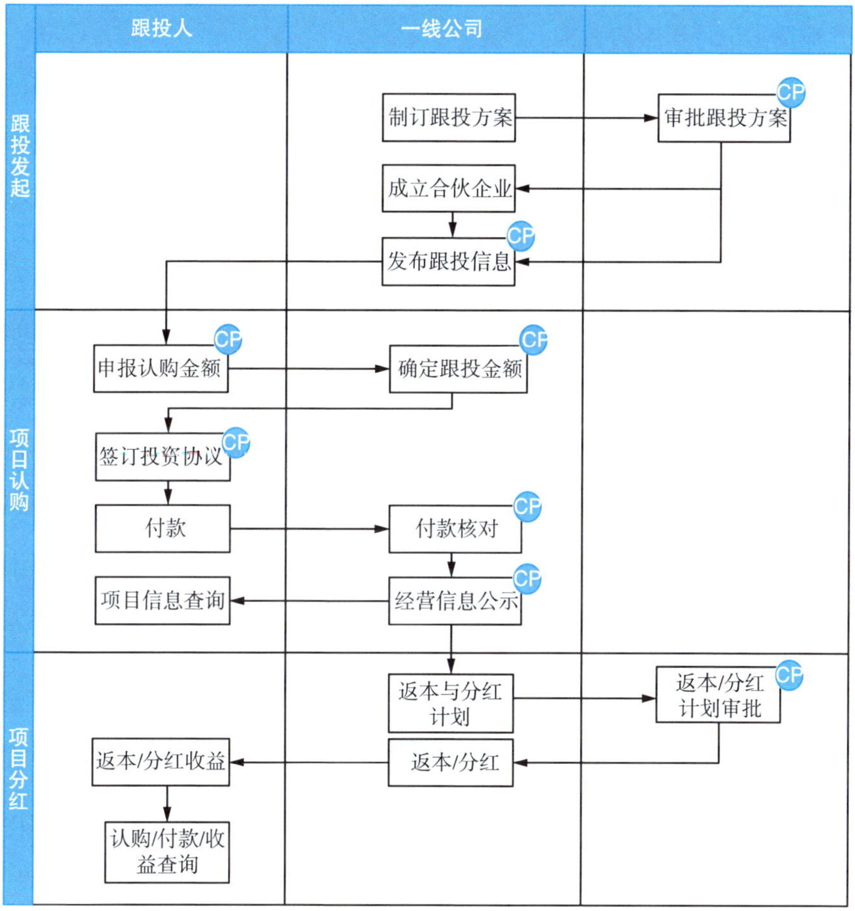

图1-27　项目跟投全景业务流程图示例

针对项目跟投全景业务流程图，我们重点对八大关键审批点（CP）的业务要素进行说明。

①审批跟投方案：一般而言，在新项目获取（以签订土地出让合同或项目合作协议为准）或分期项目启动会后一个月内，城市公司项目跟投工作小组（财务）按照项目地块实际成交及获取情况制订相应的项目跟投方案，集团跟投管理小组（跟投事务管理岗）协助方案的制订，集团跟投管理小组审核项目跟投方案，确认无误后，在项目启动会递交并提请审批项目跟投方案。

②发布跟投信息：项目跟投方案审批通过后，项目跟投工作小组（财务）通过办公自动化（OA）、内部邮件或内部跟投App（计算机应用程序）等形式发布跟投信息，从而启动跟投认购工作。

③申报认购金额：员工收到信息后，在规定时间内，通过邮件或跟投App申报认购金额。

④确定跟投金额：项目跟投工作小组在收到员工认购信息之后，对认购金额进行汇总、统计，并结合员工可跟投总额进行协调、调整；将核定后的跟投认购金额以邮件或跟投App的形式回复每一位跟投员工，最终跟投认购金额以项目跟投工作小组回复为准。

⑤签订投资协议：在跟投认购申报结束后的3个工作日内，集团/区域人力资源部组织完成相关法律文书的签订；协议签订完成之后，人力资源部在5个工作日内对文件进行归档，并建立台账管理（需要说明的是，企业也可以在员工完成认购之后再签订协议）。

⑥付款核对：项目跟投工作小组根据员工实际交款金额，核算并确认员工跟投股权比例；认购期结束后，集团跟投管理小组将全部跟投资金转入项目公司/基金公司账户。

⑦经营信息公示：项目跟投工作小组于每季度/月刷新一次项目整

体动态效益及未来现金流数据，并将信息通过邮件或跟投App的形式发送至每一位跟投员工。

⑧返本/分红计划审批：在达到返本/分红条件之后，项目跟投工作小组编制返本和分红方案，并提交集团跟投管理小组审核；集团跟投管理小组审核方案无误后，提交跟投决策委员会审批，后续进行发放。

当然，每个企业的具体跟投流程，会因为跟投组织、跟投模型的不同，而导致内部的职责边界、业务协作过程存在差异。企业在实际运作的时候，需要结合实际业务情况进行流程的梳理和持续优化。

六、推行项目跟投体系面临的误区与挑战

1.案例现场：项目跟投为何成了“甜蜜”的负担

某大型房企以房地产开发业务为主，范围涉及物业开发、酒店经营、物业管理、商业管理、投资等多个领域。近年来，该企业继续扎根于主流的经济区域，通过多种渠道、多种方式拿地，扩大区域影响范围，逐渐实现布局一、二线城市、深耕区域的战略布局。

2014年和2015年，行业逐渐兴起项目跟投的热潮。在日趋激烈的竞争下，该企业高管带队对率先推行项目跟投的多个典型房企进行考察交流，于2015年年底推出了项目跟投机制，并在2016年启动项目跟投，目前试点超过了5个项目。

该企业的项目跟投核心机制是，以股东自有资金投入的10%~15%进行项目跟投，以每个项目成立合伙企业的形式进行项目跟投，并对管理层员工提供1~5倍的杠杆，按14%的利率计算。

在现金流回正且预计持续回正时，分红30%，同时返本40%；在竣工备案时，累计分红达到70%；在去化率达到90%和总包合同结算完成时退出，完成分红和所有本金的返还。

为了更好地匹配项目跟投，该企业运营中心制定了“3569”的项目运营标准（3个月开工，5个月开盘，6个月回款，9个月回正）。

推行现状：

在推行项目跟投之初，跟投方案的发布，员工的认购、交款、催款等密集的业务过程，复杂的协议模板制订、签署等，消耗了人力资源、财务和运营部门大量的精力。在完成项目跟投程序后，众多跟投员工满怀期待，准备迎接丰收的喜悦。

然而，由于所跟投的多个项目在二线热点城市，除部分项目因为进度低于预期外，其余项目受到政策调控的影响，开盘日期一再延迟。在目前的跟投项目中，只有一个项目分红30%、返本40%。

目前，内部员工对项目跟投的印象是：“投没投，一个样！”在推行项目跟投后，项目经营团队逐渐失去了热情，项目经营团队在面临政策调控时，压力重重。

目前，内部项目的强投员工害怕再继续进行项目跟投，面临较大的资金压力，并且对于杠杆利率为14%颇有微词。

原本期望推行项目跟投给企业带来的跨越式发展，逐步演变成了“甜蜜”的负担。

点评：

从上述案例可以看到，该企业推行项目跟投主要有如下方面问题需要反思。

①跟投机制的设计缺陷：对于返本时点、返本力度考虑不够，导致员工的跟投资金返还延迟，影响后续跟投项目的资金投入。

②运营体系的错误适配：预设的运营节奏不符合企业实际运作能力，对于会遭遇的政策限制，没有明确的经营选择，是选择“快周转”及时回笼现金还是选择“利润”延后开售，由此给项目经营团队造成困

扰，也影响了跟投项目的经营结果。

③经营信息的透明度差：在项目跟投机制的推行过程中，企业内部没有对跟投机制进行清晰地传递和解读，没有让员工对跟投机制形成正面理解；在跟投后没有及时地经营信息传递，形成了信息的黑洞，给员工带来一系列的误解。

2. 推行项目跟投体系面临的常见挑战

（1）大环境限制因素：民企的老板野心与国企的国资委红线

房地产行业进入发展拐点，整体发展放缓，高利润时代结束，同时人才流失日趋严重。项目跟投激励机制的出台，正是希望通过共担风险和共享利润解决人才流失问题，同时激发组织活力，提升企业的运营效率。

在行业大背景下，对于不同企业来说，大环境的限制因素有所分化。对于民企来说，大环境是老板具有企图心，且能持之以恒。如前文所述，项目跟投本的核心逻辑在于跟投人出资和获得收益的机制设计，其中一方面考验老板的野心和决断力，下定决心推行跟投；另一方面更考验老板的心胸与格局，与员工分享收益。

从另一个角度来看，企业文化是企业核心软实力之一。在房地产行业，企业文化往往是老板文化。优秀老板带领下的企业文化就像“阳光”一样，可以普照到企业各层级员工，指导和影响员工对企业发展的看法，以及做事的方式和效率。

对于国企来说，更多的是受限于体制。大环境是国资委的红线限制，制度设置的关键在于防止国有资产的流失。例如，上级不能持有下级企业股权，国资发改革〔2008〕139号文明确规定，职工不得直接或间接持有本企业所出资各级子企业、参股企业及本集团公司所出资其他企业的股权；又如“同股同权”，如果同股不同权，外部审计可能会问责。

相比民企而言，国企实施跟投有着更多的制度壁垒与推行难点。

（2）业务多元化的挑战：如何区别化、针对性地进行跟投设计

单一住宅业务不能带来长期稳定的现金收入，同时风险和不稳定性加剧，越来越多的房地产企业走向业务多元化，从住宅地产到商业地产，再到养老、物流等产业地产，都主动开拓新的业务领域，如健康、教育等。

就住宅业务而言，多数企业仍然追求快周转的策略，这降低了项目跟投的门槛和风险，员工自有资金的快进快出和较为丰厚的收益具有足够的吸引力。但是，随着综合性项目（住宅+商业）越来越多，并且商业地产的比例在不断加重，同时，商业地产完全不同于住宅地产，资金往往是长周期投入，无法快进快出，对于养老、物流等产业也是如此，因此，如何跟投（是部分跟投还是整体项目跟投）以及未来如何结算退出成为跟投必须考虑的因素。

就拓展新业务而言，我们建议企业作为孵化平台，甚至脱离跟投的范畴，采用类似的风投机制，占有一定股份，给予一线员工足够的权限和激励，与员工形成共创局面。

（3）挑肥拣瘦：部分项目“趋之若鹜”，部分项目“无人问津”

在已实行项目跟投的企业中，常常发现项目存在冷热不均的问题。举个例子，同一企业的不同项目跟投认购可能会出现两极分化，有些项目认购率可能会超过90%，有些项目的认购率可能会低于20%，而许多三、四线城市的部分项目跟投无人问津。

一方面，需要从跟投体系的设计和实施上进行前置管控。对于周转快、利润高、现金流充沛的项目，其财务特征是销售量大、利润率高、负债比率低，可以为企业提供资金，是企业回收资金、滚动投资的

主力，也往往成为跟投者的“香饽饽”。这带来的直接挑战是，究竟是部分项目跟投还是全部项目跟投？对于某些特殊性项目，如业态比重过大的项目，需要因地制宜，可以选择部分项目跟投；而对于跟投体系已经较为周全的企业，或是追求规模发展且各专业线有成熟管理机制的企业，除特殊项目外，建议全部跟投。

另一方面，在“挑肥拣瘦”的利益驱使下，促使房地产企业必须在区域策略上做出改变。进一步聚焦核心一、二线城市和重点城市，随着未来区域一体化的发展，仍然有较大的需求空间，而区域深耕能够帮助企业在建立更好地解读区域需求能力的同时，逐步建立更强的品牌基础和优势。

（4）管理基础的挑战：跟投配套机制、跟投理念宣贯、经营信息公示

一是跟投机制不健全。没有从员工的视角考虑返本的时点，而是将本金和分红混在一起分批次返还，导致员工的不安全感增加。在项目跟投中，权益的确定方式、本金的投入与返还以及收益机制都是一个跟投机制方案能否达到激励效果的关键所在。许多企业实施项目跟投，往往从公司出发，在项目跟投上缺乏完善的配套机制，比如没有从员工视角考虑，本金返还与分红没有清晰的界限，在返还时点上也模糊不清。

二是跟投理念的导入不够充分。在跟投的细节上，例如对集团的借款利率为15%没有做好充分的解释和准备；在线下的路演环节上，没有予以充分的重视，导致员工对跟投存在着一定程度的误解，对于项目跟投的认知停留在表面，传达性与鼓动性往往不够，难以调动员工的跟投积极。

三是过程没有进行经营信息公示。例如，员工跟投1年多，企业没有公示过一次跟投项目的经营情况。对于许多企业而言，项目的经营信息公示也往往做得不够，员工跟投后，对于项目的情况毫不知情。此

外，大多数非上市房地产企业，尤其是中小型房地产企业，它们的财务体系并不透明，很多还保持着家族企业的操作模式。员工和老板之间往往缺乏足够的信任基础，在这种情况下推出项目跟投机制，能否起到“散财聚人”的激励效果，存在较大变数。

四是运营能力较低。在当前城市限购和限售的情况下，项目的开盘节点一误再误，在没有获得内部跟投员工认同的情况下，容易带来更大的误解。

（5）防止利润从指缝间溜走：费用与成本之间的“利润游戏”

跟投机制在房地产行业尚属新生事物，对于新生事物而言，机制不完善在所难免。例如，跟投收益的获得，如果仅依据企业收益区间来定级，会有相应的漏洞，比如企业IRR在12%~15%时可以拿到1.1倍分红收益，那么如何激励团队将企业IRR从12%提高到15%呢？如果在这个过程中，企业没有其他的考核维度，则一线团队是否只会将企业IRR做到12%，乃至将多出来的利润作为“费用”花掉而变成“成本”呢？如果达不到更高的利润目标，一线团队是否会想方设法通过“费用”“成本”等来“偷”利润呢？

因此，项目跟投在跟投项目范围、人员范围、跟投载体、跟投额度、跟投资金、跟投监管、跟投收益分配方面均需做出明确的规定，并在未来的实践过程中不断修正，以期获得激励最大化。例如，调整奖励和分红比例，或加入成本导向，通过管理成本，带来更大回报，辅以更高的分红收益等。此外，在项目资金方面考虑资金的来源，比例应尽量和员工薪酬挂钩，防止跟投资金过高或过低。

上述在项目跟投实践中的诸多问题，我们将在后面进行详细探讨。

第二章

云涌

项目跟投设计与落地的“七宗罪”

从实践来看，项目跟投设计与落地存在七大难点，我们称之为“七宗罪”，具体如表2–1所示。

表2–1　项目跟投设计与落地的“七宗罪”

七宗罪	焦点内容
第一宗罪：内讧	职业经理人是否侵占了股东利益？项目跟投是否只针对核心骨干而不能开放给普通员工？
第二宗罪：误解	只要跟投就能躺着赚钱吗？跟投员工是否只能在项目清算时才能退出？同股不同权有何风险？
第三宗罪：狐疑	按项目资金峰值还是股东资金峰值跟投？应不应该给员工提供资金杠杆？
第四宗罪：积弱	跟投之后，是否发布项目经营动态？发布哪些信息？运营不强的企业能否进行跟投？
第五宗罪：自卑	中小型房企要不要进行跟投？国有房企如何进行跟投？
第六宗罪：浮躁	高利润、慢周转项目能否进行跟投？如何避免跟投中的“挑肥拣瘦”？
第七宗罪：浅薄	自持项目，商业项目，一、二级项目和旧改项目如何进行跟投？项目跟投能否包治百病？

接下来，我们针对这“七宗罪”一一进行分析。

| 第一节　第一宗罪：内讧 |

一、项目跟投的实质是否是职业经理人侵占了股东利益

在以往的职业经理人制度下，所有权与经营权分离，股东与职业经理人的利益博弈是天然存在的。而在项目跟投机制下，职业经理人转变成了项目公司的少数股东，从原来的“打工者”变为“老板”，从而在一定程度上实现了与股东利益的捆绑，但是双方对于要不要进行跟投仍存在分歧。随着行业利润不断下滑，股东更加看重所投企业的利润表现，不少股东质疑跟投会侵占他们的利润而反对进行跟投，而对于国企而言，进行跟投更是容易被质疑侵吞国有资产。职业经理人除了考量利润外，还要考虑如何扩大规模、留住人才等问题，他们希望通过跟投来激发员工斗志和团队活力。

例如，金地集团在推出项目跟投机制时，经历了两次“东家与掌柜之争”。2014年，金地集团首度推出合伙人制，就因生命人寿和安邦保险两大股东的反对而匆匆流产，在行业内引起极大震动，并掀起了一波讨论，即跟投究竟能不能做？是否会损害股东利益？

再以某企业为例，在推行项目跟投机制之初，因跟投员工占据的权益和利润分配增加，对上市公司收益和归属母公司股东净利润的影响越来越明显，股东与员工利益冲突加剧。

我们应该如何正确、辩证地看待项目跟投对股东利益的影响？又应该如何有效平衡股东利益，以便推进跟投机制的落地呢？

从典型房企的实践来看，可以从两方面着手：第一，辩证地看待跟投对股东利益带来的影响，通过各项业绩指标和运营效率的提升同样可以平衡股东的中长期利益；第二，修订跟投机制，适度降低跟投人权益占比，减少对股东利润的侵蚀，完善收益分配机制，加大跟投人的收

益和风险系数，激励跟投人创造更多超额收益。

1. 辩证看待，跟投推动项目收益的提升，同样符合股东的中长期利益

对于跟投机制对股东利益的影响，我们不应只看利润分红单个因素的影响，应该以多维视角来全方位、辩证地看待。摊薄股东利润，这只是跟投的B面，我们更要看到企业因为敢于分钱，换来企业员工与组织活力被快速激活所带来的效益增量，这是跟投的A面。事实上，在多数情况下，A面大于B面。反过来讲，在今天的地产微利时代，行业竞争激烈，如果企业组织活力和能力没有被激活，人浮于事，房企必将不进则退，经营绩效便很难有出色的成绩。

具体来讲，如果跟投机制推行后，房企的销售规模得到快速增长，项目净利润大幅提升，净资产收益率、存货周转率等指标明显好转，那么就是符合股东的中长期利益。而事实上，诸多房企因推行跟投都实现了经营绩效的明显好转，例如跟投机制先行者A企、B企，在实行合伙人跟投机制后，都大幅降低了成本，缩短了开盘周期，提高了净利率，并实现了业绩的高速增长，如图2–1所示。

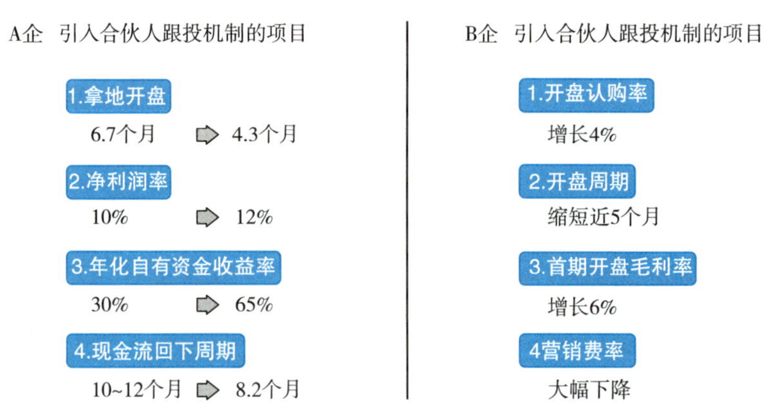

图2–1 实行合伙人跟投机制后的成效

资料来源：明源地产研究院根据百度文库资料整理。

新城控股通过跟投机制迎来了近年来的最佳时期，2014年之前，新城控股与典型房企中海地产的净利率有较大差距。2015年，新城控股开始推行跟投机制，随后其跟投项目数量达到十余个，2016年业绩呈现爆发式增长，利润率逐步提升，净资产收益率、存货周转率都明显好转，如图2-2所示。据新城控股公告，其2017年1~12月累计合同销售额首次突破千亿元大关，约1 264.72亿元，比上年同期增长83.9%，累计销售面积约928.28万平方米，比上年同期增长61.44%。

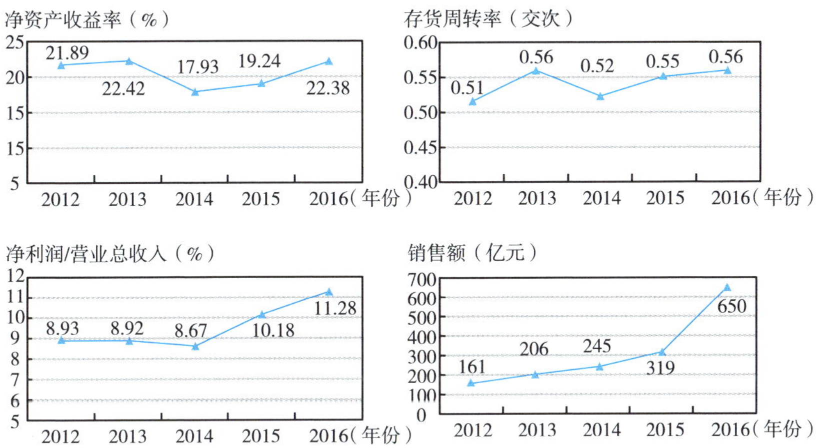

图2-2　新城控股推行跟投机制后的效果

资料来源：房企年报、明源地产研究院。

尽管跟投机制在一定程度上侵蚀了股东利润，但总体来看，企业将员工利益与项目利益深度绑定，有效地激发了员工斗志，在拿地、开发、销售等各个环节都实现了运营效率的大幅提升，业绩也快速增长，这些对于股东而言显然都是极大利好。

2. 修订跟投机制，适度降低权益占比，完善收益分配机制

为了平衡股东利益，房企在跟投机制设计时会不断调整、修订和

完善，在跟投人的权益占比、分红的优先劣后方面会有所限定。

例如，万科集团先后多次修订了项目跟投议案，以缓和股东和公司、员工之间的矛盾，鼓励跟投人员为公司和股东创造更大价值。万科集团在2016年年底的第二次修订案中对相关条例做了重大变更。

第一，取消追加跟投，降低跟投总额，将此前“一般情况下的跟投总额不超过项目资金峰值的10%，追加投资时不超过13%”修订为“跟投总额不超过8%”；

第二，参考优先劣后的分配理念，设置门槛收益率（IRR=10%）和超额收益率（IRR=25%），保障万科集团优先于跟投人获得与门槛收益率对应的收益，大股东优先分红，跟投人劣后分红（如表2–2所示）。

表2–2　万科集团项目跟投议案第二次修订后的规定

IRR	分红依据	分红说明
IRR＞25%	超额收益率	达到25%以上，超过25%的部分，员工收益率按出资比例的1.2倍分红
10%＜IRR≤25%	门槛收益率	达到10%以上，员工才能分得相应收益，按出资比例分红
IRR≤10%	劣后分红	保证股东收益，跟投人劣后分红

资料来源：万科集团官网。

通过制度的修订，使风险更多地转移到跟投人身上，这有利于跟投员工在拿地和拿项目的时候更加谨慎，在项目管理的时候更加严谨，能通过缩短开盘周期、降低营销费用为公司创造更多的超额收益，从而保障公司股东的权益。

再如典型房企C企，为了通过项目跟投的方案，从三个方面对其进行了限定：一是降低持股比例，将跟投员工持股总额从10%降到8%；

二是要求有限合伙企业不能是项目公司大股东，不参与项目管理，不向项目公司派驻董事及管理人员，不影响项目的对外合作，且放弃项目公司股权的优先购买权，并需办理工商登记和验资；三是将跟投人的收益与亏损的计算与项目IRR挂钩，等比例承担亏损。总体来看，C企与万科集团的修订方向类似。

对于国企而言，基于股东利益的平衡考量，在跟投权益占比的设置上更要小心谨慎，例如越秀集团的跟投持股比例不超过项目股权的2%（这是个非常低的比例），同样作为目前为数不多同时推行员工持股及项目跟投的国有上市房企——招商蛇口负责人表示，公司的跟投机制创新处于实施初期，比例不会太高。除了权益占比外，在分红方面，为了通过国资委审批，国企一般也会考虑大股东优先分红，员工劣后分红。

3.选择合适的项目进行跟投是跟投成功的前提

项目跟投基于企业中长期的发展规划和经营导向，因此在设计符合企业运营能力的跟投机制时，选择合适的项目进行跟投就显得非常关键。

有非常多的企业的大股东、老板不愿意分享利润，本质上还是跟投对应的项目没有选对。如果从现有的项目资源来考量一个项目，老板会认为地、钱、关系都是自己搞定的，职业经理人只需把项目兑现即可，可以很轻松地实现高额收益，不需要采用跟投的形式。

另外，还有一些基于长期战略考虑，短期内低润很低、周期长，或者受宏观大环境影响、在短期内难以实现收益的项目，如果让员工进行跟投，也会面临跟投失败的可能。

因此，在推行项目跟投机制时，选择合适的项目进行跟投非常重要，企业应该选择跟投那些员工在通过努力并激发潜能之后可以带来更大收益的项目。

4. 本着“做大蛋糕”的方式来推动项目跟投，而不是“分蛋糕”的模式

如果仅仅是采用“分蛋糕”的模式，那么是可以分一定比例的项目给一线员工，但是对于企业的整体收益是不会有任何促进作用的。因此，项目跟投机制的核心应该是“做大蛋糕”。

除了以IRR指标进行优先劣后的结果牵引之外［如设置门槛收益率（IRR=10%）和超额收益率（IRR=25%），保障大股东优先于跟投人获得门槛收益率对应的收益，大股东优先分红，跟投人劣后分红］，还需要对运营的各个环节进行优化和提效（例如，从拿地开始就要激发大家去拿适合项目跟投的地，在土地款和大额工程支付节奏、融资进度、销售溢价等方面，也需要提升运营效率，激发大家为股东赚取更多的利润，要基于未来的视角审视现状，并进行改善，而不是基于现状来看未来）。

总体而言，好的跟投机制的推行，往往能激发团队活力和员工斗志，显著推动运营效率的提升和业绩的增长。同时，在分红机制的设计上，通过将收益或亏损与项目收益率挂钩，激励员工创造更多的超额收益，能为股东创造更大的价值。此外，设置合适的跟投权益占比和大股东优先分红等也是平衡股东利益的重要方式。

二、项目跟投是否只针对核心骨干而不能开放给普通员工

对于项目跟投体系的推行和落地，有一个逐步尝试、优化和大规模推行的过程。因此，部分房企在项目跟投最开始推动的时候，确实会只针对项目层面的核心骨干进行试点项目的跟投，在试点项目的跟投中，逐步优化和调整项目跟投机制。并且，在项目跟投前期推行时，一线员工对跟投机制会有一定的犹疑心态，容易处于观望状态，同时一线员工的财力往往也会限制员工参与跟投的决定。

随着项目跟投机制的不断优化和调整，员工对项目跟投已经有比较强的信心和兴趣。此时，从企业内部长期的氛围构造来看，一定要开放给普通员工跟投。因为在项目经营权大幅下降的背后，一线员工的执行力将直接影响项目收益的兑现，同时也会避免造成不同群体之间心态和情绪的对立。

当然，一线普通员工跟投的份额不宜过高，一方面要向重点经营人员倾斜，另一方面主要也是基于普通员工的财力考量。针对普通员工可跟投的份额不宜过高，建议占单项目可跟投总额的15%~30%。

| 第二节　第二宗罪：误解 |

一、是否只要跟投就能赚钱，项目做好、做坏一个样

是否只要跟投项目能赚钱，项目做好、做坏一个样？

这是一个焦点问题。

如果让员工跟投一个正常的项目，最终员工赚不了钱，那么这个项目跟投的体系是失败的。好的项目跟投体系应该能让员工和企业达成各自的目标，员工赢利，企业规模得到发展。

此问题的实质是跟投收益分配过程中有两大问题：一是项目收益差也能获取高额收益，项目做好、做坏一个样，员工认为只要进行跟投就能躺着赚钱；二是容易出现高额收益漏洞，跟投员工赚取短期暴利。

跟投先行者万科集团在跟投初期的收益分配上就曾出现过这些问题，后续通过制度的屡次修订逐步堵住了这些漏洞。万科集团的实践经验表明，在设计跟投机制时，分红机制的设计非常关键，包括分红比例、分红条件、分红的优先劣后以及超额收益的分配等设置。有了良好

的分红机制，才能在分红环节堵住高额收益漏洞，更加合理地分配项目收益，通过与项目IRR挂钩，让跟投人在享有超额收益的同时，也要承担超额的责任。

我们给出的参考策略如下。

1.明确分红权益的计算基准，界定分红比例

分红比例依据跟投权益占比进行约定，可以同股同权，也可以进行特殊约定。在跟投权益占比的核算基准上，如前面章节所述，一般有项目资金峰值、股东投入资金峰值、项目注册资本金（项目股权）等方式，也有少数是依据土地成本进行核算的。一般而言，项目资金峰值大于股东投入资金峰值，而股东投入资金峰值又大于项目注册资本金。不同核算方式在融资杠杆和项目收益杠杆的利用程度、跟投项目收益率和企业跟投的着眼点上有所区别。以项目资金峰值进行计算，表明企业强调项目实际投入，跟投更多的是从融资角度考虑；而以项目注册资本金进行计算，则表明企业更看重项目控制权。

目前，在实施跟投的房企中，以项目资金峰值、项目注册资本金为权益计算基准的居多，例如万科集团、合景泰富、中南集团、招商集团等依据项目资金峰值计算权益，碧桂园集团、蓝光发展、金地集团等依据项目注册资本金计算权益。项目资金峰值是指在项目开发期间，累计负向净现金流量的最大值，也就是资金的最大缺口。一般而言，当实际资金峰值大于预测资金峰值时，须相应调减跟投部分的股权比例。当实际资金峰值小于预测资金峰值时，若跟投额度未满且不超过跟投限额的，按实际跟投金额计算股权收益权；若跟投总额超出跟投限额，须按股权比例调整出资额度，在首次本金返还时，通常优先无息返还跟投员工超比例出资部分。

2. 明确分红条件，分步返还红利，堵住高额收益漏洞

跟投资金晚到先走是出现高额收益漏洞的直接原因，除了需要在跟投资金进入环节阻止资金晚到和在退出环节阻止资金提前退出外，在分红环节避免提前分红和一次性分红也是防止跟投人攫取短期暴利的重要一环。例如，金地集团为了堵住产生超高收益率的漏洞，在跟投设计中规定了三项措施：第一，跟投资金在项目投资决策后一个月内到位，且必须在支付第一笔土地出让金（保证金除外）之前；第二，必须达到现金流回正且适当留存时才能进行利润分配；第三，已销售面积完成拟销售面积的90%时才能退出。

在分红环节避免提前分红和一次性分红，具体要做到两点。首先，需明确分红条件，明确什么时点才能启动分红，与企业经营节奏保持一致。在此基础上，还应满足五个层面的基本条件：一是项目盈利，有利润；二是现金流回正，并通常预留3~6个月安全资金；三是项目去化率达到80%~90%；四是保证3~6个月的项目运营所需资金；五是无重大经营风险，如图2-3所示。其次，分批、分步返还红利，而非一次性分红。由此，充分发挥与员工利益捆绑的“共担”效果。

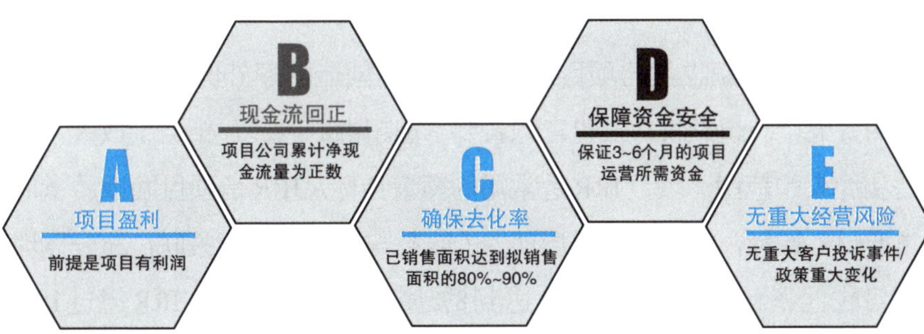

图2-3　启动分红的五个基本条件

不同房企的分红条件和严格程度会有所区别：一种是首笔开发贷

款到位即可返还本金，首期销售去化率达到85%之后即可分红，甚至在项目期间或封闭期结束后可以随时退出，这种对于分红和退出的规定相对没有那么严；另一种是公司本金收回且投资收益收回15%之后返还本金，剩余本金要等到项目清算之后返还，并按超额利润来分红，这种对于分红的要求比较严格。但实际上，房企的分红，一般采取上述两种情况的折中做法，在"严"和"松"之间进行一个权衡，比如万科集团，一般会在现金流回正后进行分步分红。

不得不提的是，万科集团的分红方式也是目前行业内大部分企业采用的分红形式，在利润分配上设定节点，分步、分批次进行，尽可能把员工绑定到项目的最后。万科集团在结算前最多分配利润的60%（考虑到车位及持有商业的影响），结算后最多分配已实现利润的80%，清算或待现有债务解决后才将100%的利润分配完。

对于此点，需要注意避免在推行跟投之后，一切都是以利润为导向，从而导致很多管理底线成为摆设。虽然项目跟投是为了将员工利益和公司利益进行深度绑定，一切都是为了赚更多的钱，但是需要经营者严格要求自己，也需要员工恪守各项经营的底线。

3. 项目收益与IRR挂钩，等比例放大收益或承担亏损

对于有超额收益的项目，建议按照其创造的额外价值进行超额收益的分配。有超额收益，也意味着要承担超额的责任，相当于放大了权益和约束的范围。项目IRR是常用的衡量指标，IRR是项目回报质量的重要财务指标，能够把项目周期内的收益与其投资额相关联，充分体现项目收益率。一般来说，IRR达到8%属于行业限定值，IRR超过18%为行业优秀值。金地集团和万科集团对项目超额收益的分配机制值得行业借鉴。

金地集团将跟投人的收益/亏损与项目IRR密切挂钩，同等比例放大收益或承担亏损，具体如表2-3所示。

表2-3　跟投人的收益/亏损与项目IRR密切挂钩

	IRR	分红或承担亏损
分享收益	IRR＞25%	按实际占股比例的1.8倍分红
	18%＜IRR≤25%	按实际占股比例的1.5倍分红
	12%＜IRR≤18%	按实际占股比例的1.2倍分红
	0＜IRR≤12%	按实际占股比例分红
承担亏损	-12%＜IRR≤0	按实际占股比例承担亏损
	-18%＜IRR≤-12%	承担1.2倍亏损
	-25%＜IRR≤-18%	承担1.5倍亏损
	IRR＜-25%	承担1.8倍亏损

资料来源：百库文库、赢商网。

万科集团同样将超额收益的分配与项目IRR挂钩。在万科集团跟投机制的第二次修订案中，设置了门槛收益率（IRR=10%）和超额收益率(IRR=25%)。在超额收益的具体核算上，划分为三个区间：第一，当跟投项目IRR未达到门槛收益率时，要求优先保障股东门槛收益，跟投人劣后分红；第二，当跟投项目IRR高于门槛收益率但不高于超额收益率时，跟投人按出资比例分配收益；第三，当跟投项目IRR高于超额收益率时，超额收益率以内对应的收益按出资比例分红，超额部分按1.2倍分红。通过这种分红机制的设计，激发跟投员工创造更大的项目收益。

总体来讲，为了避免项目做好、做坏一个样，防止跟投人获取短期暴利，在收益分配机制的设计时要做到三点：第一，在分红比例方面，要明确界定分红权益的核算基准，这通常是依据项目资金峰值或项目股权；第二，明确界定分红条件和分红时点，分步返还红利，在分红环节堵住超高收益的漏洞；第三，将项目超额收益与IRR挂钩，更加合理地分配项目收益，同时激发员工创造超额收益，避免项目亏损，在项目收益率未达到一定比例的情况下，可要求跟投人劣后分红。

二、跟投员工是否只能在项目清算时才能退出

跟投员工是否只能在项目清算时才能退出？

这是跟投员工非常关注的一个问题。

这里的“退出”涉及单项目跟投的退出机制设计。

一个完整的项目开发周期从拿地开工开始，历经开盘、竣工、交付、结算和清算等诸多环节，短则2年，长则3~5年。如果要让跟投员工经历完整的周期，那么会给员工带来一定的抵触心理。

这个问题的实质就是在项目开发过程中，“驾驶员”什么时候可以下车？或者换人？如果我们赋予“驾驶员”的主要目标是完成去化，那么销售达到一定去化率之后即可“下车”，在“驾驶员”下车后，内部的客户服务团队可以快速接手，为用户提供优质的入伙和后期服务，那么项目跟投可以在完成一定的销售去化率目标之后即可退出。当然，在退出时，对项目的资金进行清算，也是必不可少的一个环节。此时，需要考虑对未售存量资产或持有型物业进行评估。

所以，在设计项目跟投机制时，第一批参与跟投的项目可以选择让员工尽快获得现金回报，员工在尝到甜头后，往往会自愿滚存跟投至新的项目。如果第一批参与的项目都严格限制跟投收益兑现，那么员工不仅不会自愿滚存跟投，甚至会认为公司只是在变相集资，这样就完全曲解了跟投的本意，得不偿失。

目前，有部分企业采用“资金池”的跟投模式，这种模式是将每

次已跟投项目的返本和分红资金再滚动投入到公司新的项目，一线项目经营团队也会利用这些资金来撬动新的项目，力求获得更高的回报。从公司角度和一线项目经营团队的角度来看，如果有更多的赚钱机会，会将现在赚的钱悉数投入到新的项目中。

当然，这种模式需要让跟投员工从关注“我需投多少钱”“公司为我加的杠杆是多少”“我投入的资金的年化收益率是多少”“我的钱什么时候回本”“我的分红什么时候兑现”等视角脱离出来，让一线员工真正意识到这种“资金池”持续投入带来的是“利滚利”式的回报，员工自然会选择将一期跟投回报的资金继续追加投入到新的项目中。

此问题已经在本书第一章第三节的“项目跟投通用核心模型和四大关键环节设计”中进行了说明，可以详见“退出机制设计”中关于如何退出的相关内容。

三、同股不同权在实际操作中有何风险

同股不同权在实际操作中有何风险？

这个问题在以股权的形式进行项目跟投时经常会遇到。

第一，目前，大多数的房企跟投采用的是有限合伙企业或基金公司的方式，其股权往往都是由有限合伙企业中的通用合伙人进行代持或者由基金公司进行管理，跟投员工只享受有投资对应的收益权，而没有经营权，因此不会对企业的正常运作带来干扰。

第二，对于国有企业来说，国资委相关规定要求持股员工与国有股东和其他股东同股同权，外部审计时一般会特别审查这一问题，当出现不一致时，外部审计可能会问责。这种情况可以在公司章程中约定，同时还可以引入劣后机制，优先保障国有大股东的根本利益。

因此，在进行项目跟投时，一般建议同股同权。如果涉及同股不

同权，此时应该在公司章程中特别约定清楚，以保障合规性，这样，在后期的税务处理上才不会产生其他的风险。

第三节 第三宗罪：狐疑

一、如何确定项目跟投金额

如何确定项目跟投金额？按项目资金峰值还是股东资金峰值设计？

这是一个重要的问题。此问题已经在本书第一章第三节的“项目跟投通用核心模型和四大关键环节设计”中进行了说明，可以详见“进入机制设计”相关内容。

无论是项目注册资本金（项目股权）、项目资金峰值还是股东投入资金峰值，都需要注意员工可跟投的份额比例，即不能让员工跟投额度过高，以免带来较高的投入资金压力，但要注意针对核心岗位，如项目总经理、投资拓展等相关岗位，要给予一定的资金投入要求，使其真正和项目的成败形成“命运共同体”，这样才能更好地避免“驾驶员”风险。

如果最终是以占有一定比例的项目股权来跟投，那么一般情况下是IRR不能超过30%，这样可以避免给项目企业的控制和经营带来干扰；有些上市公司考虑到对外信息披露的要求，IRR可以不低于10%。

在此特意强调一点，判定一个项目跟投的顶层设计是否具有吸引力，可以选择具有代表性的企业项目进行测算。除了能够快速回本的诉求之外，一般是以预期的收益率进行评判。假如一个项目最终的IRR低于10%，则吸引力不够；如果IRR为10%~20%，则具有一定吸引力；如果IRR大于30%，则有比较大的吸引力。

二、企业是否应该给跟投员工提供资金杠杆

从目前来看，尤其是民营房企，为跟投人提供资金杠杆是跟投资金募集时相对比较主流的一种模式。有些观点认为，给员工提供资金杠杆会对房企的融资、现金流造成影响，股东利益也会受损，尤其对于中小型房企而言，本身融资的难度就大，跟投员工提供资金杠杆更是难上加难，因此房企在推行跟投机制时给员工提供资金杠杆没有必要。那么，房企到底是否有必要给跟投员工提供资金杠杆呢？如果有必要，又应该怎样合理地提供资金杠杆呢？

房地产行业之所以成为一个很有吸引力的行业，是因为财务杠杆带来的巨大效应。同样，如果让员工进行项目跟投，是否应该给员工提供杠杆呢？其实即便企业不给跟投员工提供杠杆，跟投员工也可以自行找融资渠道，只是会消耗一定的时间和精力。

提供资金杠杆并非多此一举，一方面，能给跟投员工减轻资金负担，有利于跟投的快速推行；另一方面，对于房企而言，不仅利益不会受损，还能起到放大激励效果、规避项目风险和倒逼业务提升的作用，但前提是必须有相应的规则约束。

1. 视企业规模和发展阶段考虑是否提供资金杠杆

作为员工跟投的激励措施，给员工提供贷款杠杆，无论对企业还是对跟投员工而言，都有好处，主要表现在以下几个方面。

首先，减轻跟投员工资金负担，有利于快速推行跟投。一般而言，让员工一次性拿出较多的自有资金投入项目会比较困难。如果公司给予员工一部分贷款，那么员工跟投的资金压力就会减轻不少，相应的跟投积极性也会提升，尤其是在同时跟投多个项目的情况下。这样，在跟投

资金募集阶段就不会因为员工资金紧张而无法顺利推进。

其次，放大对员工的激励作用，规避项目风险。除了投入自有资金外，一旦员工还投入了杠杆资金，在投资拿地、项目选择上必然会更加谨慎和精挑细选，有利于房企在拿地阶段就选取收益高、风险低的项目。

最后，倒逼业务提升。员工借杠杆是否能真正赚取收益还需要与项目内部收益比对，如果杠杆成本比内部收益低，就可以赚取收益；如果杠杆成本比内部收益还高，相当于借一分钱亏一分钱。例如，大型房企M企给强投员工4倍杠杆，杠杆利率为12%，其实就是在倒逼跟投人一定要把项目IRR做到12%以上。因此，给员工提供资金杠杆事实上也是倒逼业务提升的一种方式。

总体上，提供资金杠杆的好处不言而喻，但在实际推行中，也要具体区分不同的企业。中小民企因项目少、融资难度高，容易面临资金瓶颈，跟投多是出于募集资金的目的，难以给员工提供资金杠杆；规模型民企因资金渠道宽，普遍都会给跟投员工提供资金杠杆，放大激励的作用；国企则应按制度要求不得提供资金杠杆。

2. 设置限定条件，明确杠杆使用规则

提供资金杠杆有好处，但也不能随便提供，应该怎样合理地提供资金杠杆呢？这里就需要设定相应的约束机制或限定条件。

第一，设定相应的贷款利率，且利率比银行要高，一般在10%左右，如M企设置了12%的杠杆利率。但杠杆利率也不能比银行利率高出太多，以防员工抗性，如金地集团规定，在土地整理阶段杠杆利率不得高于银行同期贷款基准利率的2倍，摘牌后不得高于银行同期贷款基准利率的40%。

第二，限定资金杠杆的使用范围。例如，房企普遍只给强制跟投员工提供杠杆，而不给自愿跟投员工提供杠杆，如合景泰富、中南集团等；万科集团还进一步限定，跟投员工投自身区域公司的项目才能使用资金杠杆。

第三，限定提供资金杠杆的最高倍数，配资比例向核心人员倾斜。例如，华南典型企业K企给强制跟投员工配备最高3倍杠杆，D企给城市总经理最高5倍杠杆，C企按1∶2提供杠杆。

第四，分配原则上有明确的优先次序要求，一般遵循“先债后本，先息后利”的原则，即分配顺序依次为：对外负债 > 杠杆资金 > 本金 > 利息 > 利润。对于杠杆利息来说，一般都在跟投利润分配时抵扣。

3. 典型房企的资金杠杆模式：杠杆向核心岗位倾斜

我们再以典型房企的资金杠杆模式进行举例介绍。

K企为强制跟投员工提供最高3倍杠杆，加入杠杆后的总额度控制在资金峰值的10%以内，不给予自愿跟投员工杠杆。杠杆资金根据使用时间按项目综合融资成本计算利息，杠杆利息在第一次跟投利润分配时（在本金分配完成后）抵扣。对于杠杆资金和员工本金的优先劣后关系，K企的规定是优先偿还杠杆资金，待杠杆资金本金全部返还完毕后，再偿还员工本金。

大型房企M企也仅对强制跟投员工提供杠杆，其提供资金杠杆的最大特点在于固定贷款杠杆。固定贷款杠杆由跟投类型决定，达到规定金额后可免投其他项目，如表2–4所示：对于操盘项目设1∶4的固定杠杆，跟投满5倍下限后免投其他项目；对于不操盘项目设1∶2的固定杠杆，跟投满3倍下限后可免投其他项目。此外，M企还明确了杠杆资金的计息日期，规定杠杆计息始点为项目地价支付日期，计息终点为项目累计现金流回正日期。在分配顺序上同样遵循“先债后本，先息后利”的原则，杠杆利息的支付在本金分配完成之后，与上述K企类似，同样用跟投利润先行抵扣。

表2-4　大型房企M企对强投包提供杠杆的规定

<table>
<tr><th></th><th>跟投类型</th><th>杠杆比例</th><th>免投情况</th><th>计息起始点</th></tr>
<tr><td rowspan="2">固定杠杆</td><td>操盘+强投</td><td>1∶4</td><td>跟投金额达到跟投金额下限的5倍，则可以免投其他项目</td><td rowspan="3">始于项目地价支付日期，终于项目累计现金流回正日期</td></tr>
<tr><td>不操盘+强投</td><td>1∶2</td><td>跟投金额达到跟投金额下限的3倍，则可以免投其他项目</td></tr>
<tr><td>无杠杆</td><td>非强投（选投包）</td><td>无</td><td></td></tr>
</table>

资料来源：明源地产研究院。

D企的资金杠杆模式更为细化，且设定了更多的限制约束条件，主要表现在以下三点：第一，对集团和城市公司的不同岗位均设定了相应的单项目最低跟投额和配资比例，级别越高的人，给予的杠杆越高，其中给予城市总经理的杠杆比例高达5倍；第二，对于集团强投人员，要求在已投足最低投资额的50%的前提下，才可按配资借款，且借款额度不能超过单项目最高借款额，对于城市公司强投人员，必须按要求在最低跟投额度投完一个项目之后，从第二个项目开始才可按配资比例借款，配资同样不能超过单项目的借款额度；第三，明确规定基于杠杆的内部激励性质，比如相关人员离职或严重违反相关规定，取消该激励部分的分红收益。D企集团和城市公司不同岗位的最低跟投额和配资比例如表2-5所示。

表2-5　集团和城市公司不同岗位最低跟投额和配资比例

类别	职位	单项目最低跟投额（万元）	配资比例
集团	董事长、总裁	25	1∶4
	常务副总裁、营销副总裁、投资副总裁、设计中心总经理	20	1∶3
	财务副总裁、招采副总裁、人力副总裁、成本中心总经理	15	1∶2
	新项目规划设计部负责人、投资发展中心市场调研部负责人	8	1∶1
城市公司	城市总经理	50	1∶5
	项目总经理	30	1∶3
	副总经理	20	1∶3
	营销总监	15	1∶2
	总经理助理、部门经理（总监）	10	1∶1

资料来源：明源地产研究院。

在利息率的规定上，D企明确要求按10%的利息率向杠杆认购人员收取资金利息；在计息日期上，杠杆计息始点、终点与M企相同；在杠杆利息支付时间上，D企则有所区别，要求在第一次返还员工跟投本金时扣除借款利息。

综合比较来看，各典型房企在提供杠杆配资方面基本都面向强投人员，且向核心岗位倾斜，这主要是为了放大对核心人员的激励效果，同时在更大程度上规避风险。

三、项目跟投是通过有限合伙企业还是基金公司进行跟投

项目跟投是通过有限合伙企业还是基金公司进行跟投？

这个问题是必须要做出决策和选择的，涉及操作的便利性和税负。

目前，业界最流行的项目跟投载体有两种：一种是有限合伙企业，另一种是基金公司。

针对有限合伙企业的跟投载体，具体操作形式有两种：一种是常见的股权跟投形式，即约定跟投员工间接享有被跟投项目的收益权，但不得干预项目企业正常的经营决策，不享有如表决权等其他权力；另一种是通过债权的方式进行跟投，此时有限合伙企业和项目企业之间是借贷关系，约定目标借贷利率，可以根据实际的IRR指标进行最后的实际借贷利率分红，通过债权可以减少项目企业的所得税，并且根据项目运作水平有一定的土地增值税抵扣空间。

另外，有些房企，尤其是国有房企，由于其体制所限，往往会选择通过基金/资管计划进行跟投，即募集资金委托基金公司定向投资于开发项目，根据约定回报进行分红。当然，国有房企通过有限合伙的借款形式进行跟投也是目前的一个重要选择。

当然，需要注意的是，无论通过有限合伙企业还是基金公司进行跟投，跟投员工都需要在内部开展认购、付款，并签署大量的协议和文档等，过程漫长、细节繁多，会消耗较多的精力。因此，目前规模房企已经逐步通过建设项目跟投管理信息系统，来实现内部快捷、透明化的跟投业务协同。

关于此问题的具体内容，已经在本书第一章第三节的“项目跟投通用核心模型和四大关键环节设计”中进行了说明，可以详见“进入机制设计”中关于跟投载体的相关内容。

丨第四节　第四宗罪：积弱丨

一、是否可以由跟投人员对项目总经理进行票选

是否可以由跟投人员对项目总经理进行票选？

这个问题的本质在于，一线跟投人员除了关注所跟投的项目本身外，还高度关注项目的管理团队，因为管理团队是自己的投资回报得以兑现的关键。解决这个问题的关键在于以下三点。

第一，“适合跟投的项目”和“适合跟投的团队”二者缺一不可，对于进行了项目跟投的管理团队，需要特意安排精兵强将，才能保障内部广大跟投员工的投资回报。

第二，如果出现一线员工跟投不积极的情况，要么是对项目前景持不乐观态度，要么是对管理团队不信任。一线员工可以在一定程度上说明一线管理团队的管理能力的高低。

第三，从目前来看，部分房企的项目总经理关键岗位，已经逐步结合“推荐+竞选+任命”的形式进行选拔，甚至有些企业进行大规模、公开地竞演，选拔出项目总经理后，再赋予项目总经理一定的自由度，由项目经理组建项目经营班子。

这种自组织的新形式，仿佛给组织造成了一定的混乱，却能带来颠覆式的组织革新，唤醒组织团队的活力，从而真正激发组织潜能。

二、跟投之后，是否给跟投人发布项目经营动态以及发布哪些信息

因为项目开发的周期较长，所以在项目开发过程中要及时公开相关项目的经营信息，让跟投员工及时了解项目的经营情况，这是十分有必要的。

以某企业为例，其针对跟投后的项目经营信息公示，要求：“在项

目开发过程中，项目经营信息指定由集团跟投管理专员以'项目跟投季报'形式每季度第1周定期向项目全体跟投人公开披露，具体披露信息包括但不限于项目开发进度情况、成本情况、售价情况、现金流情况、利润情况等。”

当然，对于公示的时间节奏和信息内容，不同企业有着不同的理解。部分规模房企的运营能力较强，每个月均会进行经营信息的公示。对于信息公示的内容，部分上市房企受相关上市公司制度约束，主要以项目开发进度情况、销售整体情况为主，并不会过多地公布核心的财务指标。

但是，对于规模房企而言，由于项目数量巨大，如何在长期的运作过程中，构建一个公开、透明、具有公信力的跟投平台则显得非常重要。因此，一定要确保定期发布项目经营信息，并且要确保所发布的项目经营信息的及时性、真实性和准确性，一旦信息失真，那么整个跟投机制都将面临巨大的挑战，容易导致“大坝溃堤”。

从当前众多规模房企的实践来看，在企业内部实现ERP（企业资源计划）系统直接自动输出核心经营指标到项目跟投管理平台，让跟投员工及时了解所跟投项目的最新经营情况，对于企业内部构建高效、透明、具有公信力的平台是非常必要的。

三、运营不强的企业能否进行跟投

企业推行项目跟投的最终效果是和运营能力息息相关的。

大多数的项目跟投机制，一般参考现金流回正时间节点、销售去化率达到一定比率、项目结算等不同阶段，逐步拿到利润分红。然而，很多参与项目跟投的员工反馈，因为大多数的项目开发周期短则2年，长则3~5年，所以在项目开发过程中会面临一系列难题，很难及时掌握项目动态收益情况，对于项目开发过程中的重大、关键事件基本处于不知情的状态。另外，项目收益如何分配、何时分配也是难点。一些项目开发周期短、盈利空间不高的房企，跟投收益率低，部分试点项目的预估年化收益率仅在10%左右，难以引发员工跟投热情；有些分红时间过长，超过18个月，无法起到激励作用。项目利润规划区和项目利润实现区如图2-4所示。

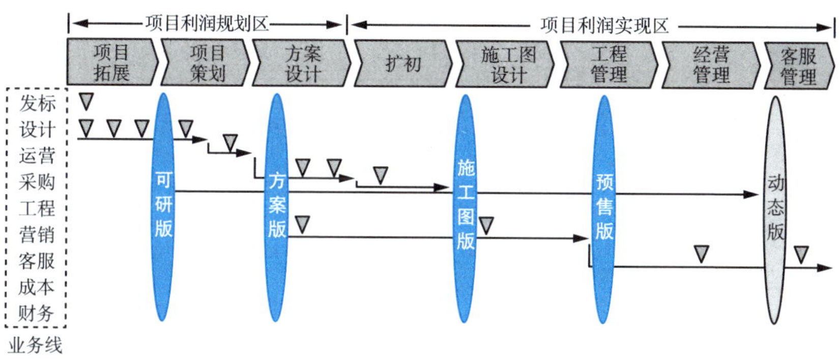

图2-4　项目利润规划区和项目利润实现区

以某房企为例，由于开发周期长、效率低、成本高，一方面难以结算，另一方面利润分配节点也无从达至，违背跟投的初衷，而即便能够进行利润分配，年化收益率过低也不具有激励性。

运营能力不强和动态利润算不准正是很多企业难以执行和推进跟投的原因所在。当前房企往往重视目标收益，对于过程的收益动态跟踪尚显薄弱。以立项、投资决策、目标决策、项目清算四个阶段的目标收益控制为主，过程偏业务执行，缺少收益动态跟踪，难以为相关投资者及时提供预测的收益数据。由此可见，对于跟投者而言，不断提高的项目利润管控水平无疑是信心来源。

与此同时，现金流回正周期、资金占用峰值、IRR等核心指标的背后，也都要求企业有较强的精细化管理进行支撑。

因此，在项目跟投的趋势下，对企业利润监控提出了更高的要求。建立具有扩展能力的项目投资收益管控平台，实现收益目标管控、过程动态跟踪和关键风险管控，帮助团队提升项目经营管理能力，成为项目跟投模式落地的核心基础支持，如图2–5所示。

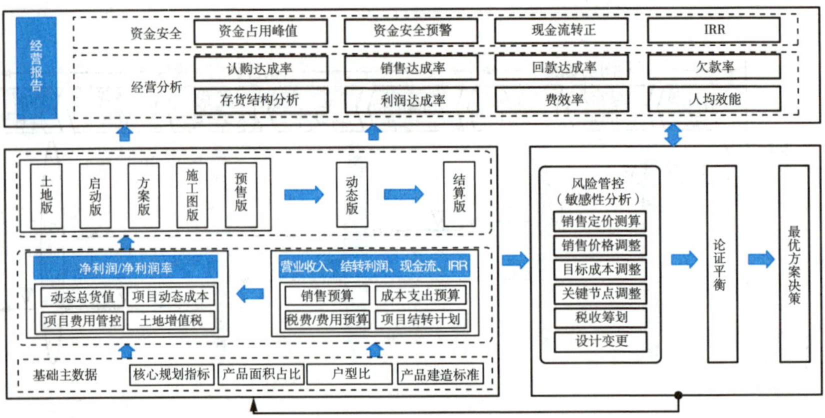

图2–5　建立具有扩展能力的项目投资收益管控平台

某企业每年有几百个项目，各区域及投资团队要拿“能够获得成就共享的地”，高管强制跟投，那么判断土地是否“能够获得成就共享”就要提前进行测算。举个例子，在每个项目团队拿完地以后，成本是多还是少已经不太重要，只需看整体收益和现金流情况，如果整体收益能匹配成就共享的要求，就没有问题。跟投对利润的管控要求非常高，要求企业内部有清晰的规则、模板，在跟投过程中获取最新的动态数据，包括可售货值、去化率、现金流、促销措施等，投资收益管控倒逼每个业务板块提速，使业务变得更加高效。

那么，对于项目跟投而言，如何快速形成项目跟投测算模板？如何实现项目投资收益的可知、可控、可预测？如何前置测算与管控投资收益，从而实时预知项目利润与动态现金流情况？如何在项目开发过程中对现金流和利润做到心中有数，进而提升项目溢价和防控未知风险？

最核心的策略是：要在企业内部逐步构建基于项目全生命周期的动态收益跟踪体系。

通过对项目投资进行收益跟踪，内部项目和外部项目均实现对净资产收益率、利润、现金流管控，将每一个管理动作转化为对“分钱”的预期，有效激发项目团队潜能。而通过在内部构建与项目跟投机制相匹配的项目投资收益管理体系，可通过跟踪项目多阶段收益目标，及时回顾动态利润，在项目开发过程中对关键事件进行分析和决策，实现对项目全生命周期的投资收益管理。

具体而言，实现动态过程控制，一是对业务进行标准化和规范化管理，及时沉淀历史业务数据，梳理项目标准流程岗位，以支撑项目开发过程中的标准运营；二是通过构建对投资项目的标准化运营管控体系，有效承接源于项目成功标尺的驱动力；三是管控关键事件风险，比如在后续项目开发过程中经常会遇到的销售价格规划与调整、目标成本调整等突发事件，应针对性地梳理应急规范机制，以便及时应对。此外，还包括通过税收筹划来规避费用虚高等问题。

1. 层层分解收益目标，标准梳理了然于心

以2015年阳光城集团的投资收益整体规划蓝图为例。首先，统一各业务板块语言，包括面积管理、进度、主项计划、成本、采购等，这是规范和基础；其次，构建跟投测算模板系统，在拿地时就可以快速测算地块价格，开发过程中结合最新数据来预判利润。

近两年，阳光城集团开展大量并购，扩张非常快，构建了“体检报告”指标体系，要求每个区域、项目统一指标，集团指令和标准要求大多可与项目每个末级颗粒度达成一致，上行下效，快速执行，反馈结果。其内部统一标准梳理出29个集团管控关键节点和43个区域管控关

键节点，主项非常清晰，定期看节点是否达成、有无风险。在项目开发过程中，还可以把主线上常见的报告整理出来，统一项目管理视角。

根据每个业务板块把各自业务口径整理出来，形成多版本收益跟踪体系，可以很清晰地看到每个项目的可研版、方案版收益指标是什么样的，同时动态版收益指标与原来的目标差异也一目了然。与此同时，一个项目在拿完地后建立内部划分标准，如在哪个时点用哪个版本，如何协作，谁来输入这些数据，等等，从大的体系到版本划分进行责任落实。由此可清晰地揭示项目开发过程中的哪个阶段是导致利润损失的重要因素，可以倒逼业务部门提高效率，促进上、下游的业务协同。

2. 分阶段分业态模拟测算，预知收益指导决策

模拟测算对于销售型业态和持有型业态皆适用。例如，销售型物业投资收益测算，其核心指标为销售利润率（静态指标）和内部收益率（动态指标），经由项目利润表、现金流量表、资金计划表等得出，以项目核心关键节点表、销售回款进度表、投资估算及投资进度表、成本分配表等作为依据；持有型物业投资收益测算，其经营期评价指标一般包括销售利润率、投资利润率、投资回收期、现值系数、内部收益率等，其核心指标为投资回收期，通过经营期的利润预测和现金流量预测进行测算。

项目收益管理要贯穿于项目拿地、策划、方案、定价、结案等重要阶段。例如，在拿地阶段，应全面理解目标项目的规划条件和设计要求，纳入价格调研范围的项目，要了解实际成交价格、价格计算口径、是否赠送地下室、产品附加值多大、是否赠送车位等；在项目投资上，要关注地块内房屋拆迁成本、项目红线外市政设施及周边环境整治成本等隐形成本。又如，在定价阶段，应注意在收入方面按产品形态予以反映。同时，如果动态成本能实时反映项目定价时点上最精确的成本，则

直接以每类产品的动态成本作为定价环节的成本依据，否则可用最新版本的目标成本加（减）最新的目标成本变动金额，作为定价环节的成本依据。此外，对于推盘区域，要特别关注预测阶段面积与方案阶段面积的变化情况。

同时，可运用地块规划配比测算器，输入已选择的户型名称、比例等少量必要参数，即可快速生成户型面积、容积率等基本参数，自动算出可规划套数、占地比例及亩产利润等重要参数。或者，通过不同组合下的各产品建造成本、销售价格、推售周期、去货速度、净利润、内部收益率、成就共享金额等指标进行综合分析，采用可以平衡销售与开发速度和获得项目最佳效益的方案。

3. 管控关键事件风险，梳理应急规范及时应对

风险管控就是针对影响收益的关键事件进行模拟分析和决策。例如，D企内部梳理了五大关键事件，以此启动了对项目投资收益管理影响的敏感性分析，主要包括：项目基础数据调整、重大关键节点调整、销售价格规划调整、重大设计变更调整和项目目标成本调整。

例如，项目重大关键节点调整，需要对影响项目实际收益进行测算和分析，主要关键节点包括：土地获取时间、项目启动会召开时间、项目开工时间、项目开售时间、项目毛坯交付时间、项目精装交付时间。

又如，项目目标成本调整，由于设计、政策、产品定位、市场环境等不同因素会导致目标成本发生变化，当市场环境不好时，可能需要考虑减配置以支持销售价格的调整，此时应对项目的投资收益进行重新测算，以保障收益的实现。

D企最为常见的是销售价格与目标成本的调整，因此对这两大关键事件必须进行收益的模拟分析，并在销售价格调整审批流程和目标成本调整审批流程中，对电子审批表单进行改造，如表2-6所示。

表 2–6　目标成本调整审批表

<table>
<tr><td>主题</td><td colspan="2">目标成本调整场景</td><td colspan="2">项目名称</td><td colspan="2">× × 花园 – 北区</td><td colspan="2">调整总金额（元）</td><td colspan="2">–9 000 000.00</td></tr>
<tr><td>调整比例（%）</td><td colspan="2">–1.26</td><td colspan="2">原目标成本金额（元）</td><td colspan="2">717 016 971.17</td><td colspan="2">调整后目标成本金额（元）</td><td colspan="2">708 016 971.17</td></tr>
<tr><td>成本消化方法</td><td colspan="2"></td><td>调整原因</td><td colspan="6">目标成本调减处理</td><td></td></tr>
<tr><td>版本</td><td>预计销售收入（万元）</td><td>目标成本（万元）</td><td>公建分摊调出（万元）</td><td>税金及附加（万元）</td><td>土地增值税（万元）</td><td>企业所得税（万元）</td><td>预计净利润（万元）</td><td>计划利润率（%）</td><td>建筑单方造价（元/m²）</td><td>可售单方造价（元/m²）</td></tr>
<tr><td>调整前（A）</td><td>0.00</td><td>71 701.70</td><td>0.00</td><td>0.00</td><td>0.00</td><td>–17 925.43</td><td>–53 776.27</td><td>–75.00</td><td>4 394.89</td><td>4 382.80</td></tr>
<tr><td>调整前（B）</td><td>0.00</td><td>70 801.70</td><td>0.00</td><td>0.00</td><td>0.00</td><td>–17 700.43</td><td>–53 101.27</td><td>–75.00</td><td>4 339 .72</td><td>4 327.79</td></tr>
<tr><td>差额（C=B–A）</td><td>0.00</td><td>–900.00</td><td>0.00</td><td>0.00</td><td>0.00</td><td>225.00</td><td>675.00</td><td>0.00</td><td>–55.16</td><td>–55.01</td></tr>
</table>

又如，某企业“双享”制度强调利润共享，允许在保证利润率的前提下，适当提高项目成本，但方案版的目标成本（开工前）不允许被突破，且除了以下四种情况之外，不允许调整目标成本：一是集团审批通过的规划方案的调整；二是政策调整；三是政府违约；四是合作条件有调整。市场变化一般不允许调整目标成本，即不允许市场价格调差。

第五节　第五宗罪：自卑

一、中小型房企要不要进行跟投

在当前新时代的房地产行业发展背景下，中小型房企确实面临着比较尴尬的境地。

移动互联网时代对传统的组织状态是一大冲击，而找到有能力的员工、去中心化、成就共享、多元激励，成为当前企业提升组织效能通用的法则。从短期来看，跟投机制有助于绑定利益、保留人员、激发动力，暴露企业内部问题，达成经营目标，提升业绩；从长期来看，有助于推动内部组织变革、去中心化，有助于创新业务模式，培养具有企业家视角管理者，乃至提升企业内部员工对企业战略的理解。

当然，跟投也并非所有房企都适用，譬如需要集成利润的中小型房企在扩张阶段就不该贸然尝试，或应避免沦为变相的内部融资。对于中小型房企而言，推行跟投存在较多困难，首先，企业的发展存在天花板，由于土地储备较少，老板是否愿意分享利润是最大挑战；其次，由于中小型房企的运营能力弱导致项目周期较长，员工进入跟投的时间较长，退出比较困难；再次，企业难以给予跟投员工较好的资金杠杆。

中小型房企不能一味地用快周转指标进行跟投体系的设计，但可以参考利润率来关联利润，从而设计相关的机制。

在此，我们推荐的核心策略是：中小型房企可以通过推行项目跟投，以此倒逼企业运营能力的提升，同时引入基金等外部投资者，以利润率为导向进行项目跟投的机制设计。

首先，需要承认的是，跟投机制在激活组织活力上有多重正向作用，这对于中小型房企的发展具有积极的借鉴意义，包括项目跟投的激励作用、淘汰功能、辅助决策、绑定人才等，如图2–6所示。

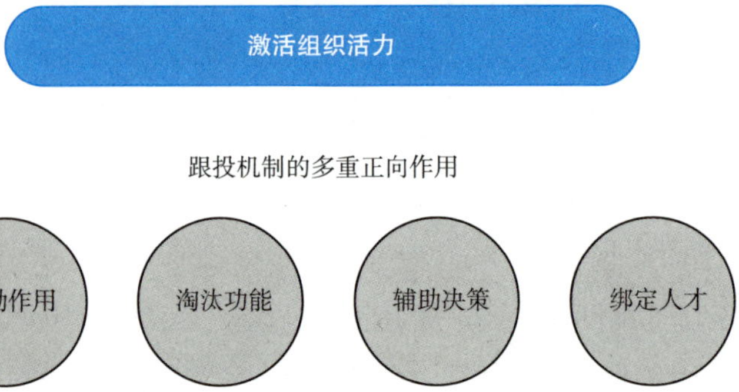

图2–6　跟投机制在激活组织活力上的多重正向作用

其次，受到其自身发展阶段和规模限制，大多数中小型房企运营管理能力都比较弱，而跟投体系的设计与投入资金峰值、本金投入、节点达成、现金流回正、收益分红等相挂钩，因此，通过实施项目跟投可倒逼企业运营能力提升，也是中小型房企在运营管理上弯道提速的重要途径。基于此，中小型房企在跟投体系设计上，应该以利润率为导向，可参考本书关于高利润、慢周转项目的跟投设计思路。

最后，对于大多数中小型房企而言，拿地的往往是老板自己，如何通过分享企业收益来留住人才，激励人才，一方面，有赖于老板自身的慷慨，共创、共享；另一方面，需要通过一些机制来分享利润、分担风险，比如可以通过建立基金结构的方式，进行内部员工自愿跟投和外部资金募集，同时对外部资金募集赋予杠杆，吸引更多的外部资金加入。

当然，我们也要审视中小型房企是否真正有必要推行项目跟投机制，即使不推行项目跟投机制，也可以采用其他的效绩管理机制以实现组织的有效激励。

二、国有房企如何进行跟投

国有房企如何进行跟投？

这个问题对于国有房企而言，具有普遍意义。从当前的情况来看，很多国有房企已经在内部推行了项目跟投机制。

国有房企面临着制度壁垒，例如为了防止国有资产的流失，国资发改革〔2008〕139号文明确规定，职工不得直接或间接持有本企业所出资各级子企业、参股企业及本集团公司所出资其他企业的股权。

针对国有房企推行项目跟投的问题，已经在本书第一章第三节的“国有房企推行项目跟投体系的差异化设计”中进行了说明。

第六节　第六宗罪：浮躁

一、高利润、慢周转项目和文旅类项目能否进行跟投

高利润、慢周转项目和文旅类项目能否进行跟投？

这个问题值得重点探讨。

项目跟投相对于持股计划来说，范围更广，且兼具长期与短期激励性，易于被员工接受。但在实际操作中，快周转项目往往成为跟投者眼中的“香饽饽”，项目跟投对于快周转的项目具有天然的、良好的支撑。跟投者倾向于跟投快周转、现金流回正快的项目，如快速扩张中的万科集团、新城控股等，就是跟投机制的巨大受益者。

与快周转的现金流项目相比，高利润项目的开发周期往往比较长，如规模型大盘项目、一线城市住宅项目、高端住宅项目、复合型业态项目、持有型商业占比较大的项目等。

其中，一线城市地价高，项目资金峰值较高，去化率要达到较高的百分比才能保证现金流回正，此时难以实现快周转；而大盘项目开发周期比较长，往往存在分期开发的问题，在项目分阶段推进与现金流滚动下，对于跟投者而言是个不小的挑战。而对于一些开发周期长但利润高的项目，相比之下则黯然失色、无人问津。那么，针对此类项目，如何设计跟投细则呢？

我们要意识到，对于利润型项目的跟投往往更重于本金分次返还，与利润实现节点关联；而对于长周期项目的跟投则需要根据项目的实际情况，对跟投机制进行相应的调整。参考策略如下。

1. 针对大盘项目，分整体开发和分期开发，分期跨度大可分次募集

大盘项目分整体开发和分期开发，对于整体开发的项目，因前期投入较大、地价支付时间较短，更适合一次性募集。

而对于分期开发的项目，即各期地价支付时间跨度较大，如若超过6个月，则城市公司在制订跟投方案时，可以采用一次认购、分期付款和约定资金分次募集的方式。

对于不同项目，可以报特定的项目跟投方案，这点可借鉴某企业一个项目一个方案的做法，但是需要重点考虑现金流回正的时间和跟投收益，现金流回正会决定跟投者回报的时间，这也是大盘项目分期开发后续几期跟投者的信心来源。而跟投收益的高低决定了其激励性，也是判断跟投是否成功的重要依据。

另外，如果内部没有清晰的核算和费用分摊规则，一般不建议拆分项目进行跟投。如果拆分项目进行跟投，一方面核算起来过于复杂，人

员离职等问题也会增加这种复杂度；另一方面，在费用上牵扯不清，比如营销费用可能在前期投入较大，主要用于打开市场和提升知名度，但可能在后续几期项目开盘时会降低。

对于分期开发的项目，跟投资金是分期募集的，但需要注意的是，在拿地时，如果大股东是一次性付出资金，则会产生一定资金成本，这部分资金成本可以由跟投者来承担，从跟投者后期的收益分红里扣除。

2. 针对一线城市住宅或高端住宅项目，分次返还跟投本金，关联利润实现节点

大多数房企的项目跟投机制一般参考现金流回正时间节点、销售去化率达到一定比例、项目结算等不同阶段，逐步拿到利润分红。

然而，对于一线城市住宅或高端住宅项目而言，不强调快周转，返本周期长，兑现慢，其项目跟投的相关标准需要针对性地进行设计。一是基于统一的标准，独立设计跟投细则；二是不再强调快销售，拉长本金返还周期；三是不再强调快周转，最终分红与利润率挂钩。

（1）分红与利润率挂钩，明确利润计算的口径与依据

分红与利润率挂钩，除了前面所述的以项目IRR为依据，同等比例放大收益或承担亏损之外，具体还可综合借鉴房地产项目超额利润激励模式，以便增强跟投的驱动力。

房地产项目超额利润总额，即项目实际利润与目标利润的差额。根据房地产行业数据与市场普遍实践，可制订房地产项目超额利润的基准提成比例，并根据房地产不同项目固有特点、项目重要程度和实现超额利润的难易程度等，设置提成比例的调整系数，以体现激励的合理性。其中，要充分考虑市场重大变化给项目超额利润带来的影响，在计算超额利润额时，需根据市场因素对原定目标利润进行调整。

（2）返本周期拉长，合理设计配资比例与贷款杠杆

对于跟投者而言，本金返还周期拉长，可能会对自己产生巨大的资金压力。一方面，可以为员工配资或协助联系第三方贷款，合理放大跟投收益杠杆，如万科集团、旭辉集团、金科集团都会提供贷款杠杆，杠杆比例从1∶2到1∶4不等。其中，大型房企C企除了按1∶2提供杠杆外，还规定在土地整理阶段杠杆利率不得高于银行同期贷款基准利率的2倍，摘牌后不得高于银行同期贷款基准利率的40%。另一方面，可以与经营业绩IRR挂钩，比如某些房企如果8% ≤ IRR < 15%，则按公司分红比例减半；如果IRR < 8%，则无分红，仅返还本金。

二、“瘦狗”项目能否进行跟投以及如何避免跟投中的“挑肥拣瘦”

“瘦狗”项目能否进行跟投以及如何避免跟投中的“挑肥拣瘦”？

这个问题是很多推行项目跟投机制的房企普遍会遇到的问题。应该说，“挑肥拣瘦”是符合人性的。员工跟投，青睐“金牛”项目，摒弃“瘦狗”项目也是非常正常的现象。

著名哲学家莱布尼茨说过：“世界上没有两片完全相同的树叶。”同理，没有哪两个房地产项目是完全相同的，规模大小不同、所处环境不同、运营定位不同、操盘难度不同……面对如此多的差异，这个问题的核心是，企业该如何保障项目跟投的相对公平性？

举个例子，同一企业不同项目的跟投认购可能出现两极分化，有些项目的认购率可能会超过90%，而有些项目的认购率可能会低于20%。如图2-7所示，近半数项目的认购率超过90%，约27%的项目认购率低于20%，认购率在20%~90%的项目较少，仅占到约24%。而城市间的分化也尤为显著，比如某房企在北、上、广、深的项目，大多数项目的认购率超过95%，而三、四线城市项目的跟投差别极大。

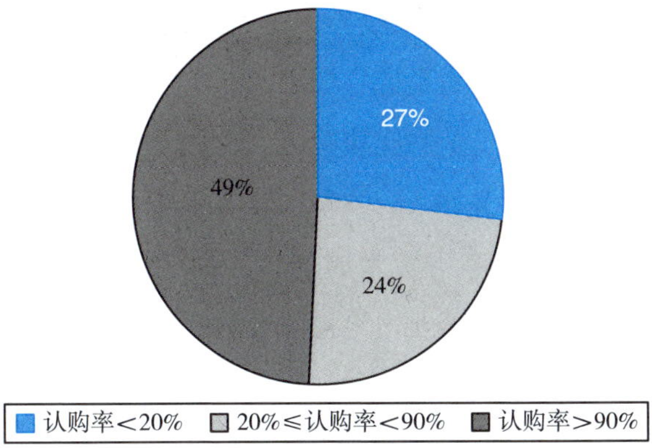

图 2-7　某公司项目认购比例分布图

是选择部分项目跟投还是全部项目跟投？或者，只在新项目中进行跟投？不同的方式各有优劣，对于稳健且适合进行跟投的部分项目，跟投者往往会出现“挑肥拣瘦”的现象，倾向于跟投“金牛”项目，而摒弃“瘦狗”项目。

“金牛”项目可以理解为快周转、高利润、现金流充沛的项目，其财务特征是销售量大、利润率高、负债率低，可以为企业提供资金，是企业回收资金、滚动投资的主力。

而“瘦狗”项目的特征则恰恰与“金牛”项目相反。此时，借用“波士顿矩阵”（市场增长率-相对市场份额矩阵）中针对“瘦狗”产品的另一种解决方式，即整顿产品系列，将“瘦狗”产品与其他事业部合并，进行统一管理，这映射到房地产项目，可以将“瘦狗”项目与“金牛”项目捆绑跟投，但这对项目经营与组织权责提出了额外的要求，企业可因地制宜地进行选择。例如，某些房企通过设立基金公司的形式跟投多个项目，而非一个项目一投，在这种情况下可以进行“金牛”项目与“瘦狗”项目的组合搭配。当然，如果拿地的权力下放到一线，那么跟投项目可默认为没有“瘦狗”项目，从而共担风险、共享收益。

除了选择部分项目进行跟投外，还可以选择针对所有项目进行跟投，这类方式从表面上来看是倡导公平，而实际上对某些特殊项目的处理不够灵活。例如，持有业态比重过大（比如大于20%）的项目或是项目分期，跟投需谨慎。又如，旧改型项目要求从净地开始。

对于跟投体系已经考虑较为周全的企业，或是追求规模发展且各专业线有成熟管理机制的企业，除特殊项目外更建议全部跟投。当前的实际情况是，这些企业也更倾向于践行全部项目跟投，这也正是这些企业跟投实践中的显著特点。

我们推荐的核心策略是：逐步从拿地环节开始深入贯彻跟投意识和管理要求，通过大比例强制跟投提高拿地质量，采用跟投回报加权系数实现“肥瘦相间”。

可以看到，跟投的“挑肥拣瘦”往往来源于有所选择，一方面，对于强制跟投而言，不存在“挑”的问题，所以对于不同项目的不同倾向性往往来源于自愿跟投的选择权。而从企业跟投人群的范围来看，过去更可能是包括集团、区域、项目高管，以及投资负责人、营销负责人等在内的核心人员才能参与跟投，而当前基于激励一线的目的，跟投人员的范围也有扩大的趋势，某些企业实行的是全员跟投，因此减少有选择权的跟投者或许是一个方法。另一方面，如前所述，“选择”往往在于项目间的差异性，如果通过激励拿好的地块或是通过加权系数来平衡不同项目的跟投收益，从而降低不同项目间的差异，亦是可取之策。

1. 大比例强制跟投，小比例自愿跟投，鼓励提高拿地质量

对于项目跟投而言，首先强调企业的拿地与布局是有依据、有章法的，充分权衡项目收益。例如，金地集团的做法是，坚持城市深耕策略，未来投资的项目都围绕一、二线城市，对于其他城市来说，更多的是机会性进入，收益较高时才会去投三、四线城市的项目。

而对于既定项目的跟投，针对项目认购的跟风现象与“挑肥拣瘦”现象，可通过扩大强制跟投人员范围来应对。例如，K企的跟投机制规定，集团总部、城市公司和项目公司高层（含项目总经理和业务负责人）要求强制跟投，占比高达70%，其余30%才是自愿跟投，如表2-7所示。部分项目存在“挑肥拣瘦”的现象是正常的，可以从侧面看出项目质量的好坏，而项目团队未来是拿地的主要发起部门，由此可驱动其拿高质量的土地。

表2-7　K企跟投机制关于强制跟投的规定

类别	层级	人员	总额度占比指导（%）	单项目个人跟投金额下限（万元）	单项目个人跟投金额上限（万元）	杠杆比例
强制跟投包	集团总部	首席执行官	15	15	40	1：3
		首席财务官、副总裁、总裁助理、部门总经理		10	30	
		土储、营销、运营、人力资源部门负责人		10	30	
		其他总监及以上人员		5	20	
	城市公司	区域总经理	55	30	100	
		总经理		30	100	
		副总经理		15	40	
		土储、营销、运营部门负责人		15	40	
		其他副总监及以上人员		5	30	

（续表）

<table>
<tr><th>类别</th><th>层级</th><th>人员</th><th>总额度占比指导（%）</th><th>单项目个人跟投金额下限（万元）</th><th>单项目个人跟投金额上限（万元）</th><th>杠杆比例</th></tr>
<tr><td rowspan="2">强制跟投包</td><td rowspan="2">项目公司</td><td>项目总经理</td><td rowspan="2">55</td><td>20</td><td>50</td><td rowspan="2">1 ∶ 3</td></tr>
<tr><td>项目核心团队</td><td>5</td><td>30</td></tr>
<tr><td rowspan="2">自愿跟投包</td><td>集团总部</td><td>其余正式员工</td><td rowspan="2">30</td><td>2</td><td>20</td><td rowspan="2">无</td></tr>
<tr><td>城市公司及项目团队</td><td>其余正式员工</td><td>2</td><td>20</td></tr>
</table>

资料来源：百度文库、明源地产研究院。

对于哪些人员应该强制跟投的问题，主要取决于管控模式，一般绑定对项目价值影响大的成员，比如一把手的区域总经理、城市总经理、项目总经理，业务线的投资和营销负责人，职能线的人力资源和审计负责人等核心成员，如图2–8所示。

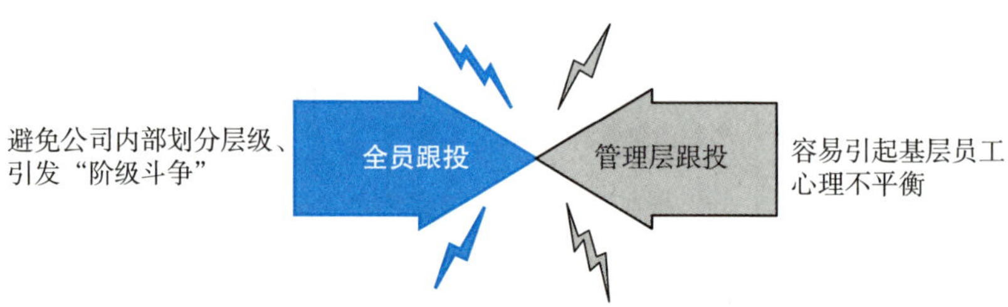

跟投人员范围：建议全员跟投，其中以管理层跟投为主，放出小部分额给基层员工
强投人员范围：取决于管控模式，建议绑定对项目价值影响大的成员

图2–8　强制跟投应绑定对项目价值影响大的成员

资料来源：百度文库、明源地产研究院。

例如，金地集团要求，与项目的投资拿地、营销、运营管理直接相关的核心骨干成员都强制跟投；集团管投资的高管和部门负责人对全集团所有项目都要跟投；各区域负责人及各区域管投资和营销的负责人

对其所属区域的所有项目都要跟投。

2. 区别对待跟投本金方案，“金牛”项目承担更多责任，激励机制倾向于“瘦狗”项目

除了在强制跟投部分进行设定外，还可以区别对待跟投本金方案，比如“金牛”项目可以承担更多责任，“瘦狗”项目可以在激励机制上有所倾斜。

跟投本金方案不同，其优缺点及适用企业也有所不同，主要分为两类。

一是以项目资金峰值来计算本金规模和返还时间。优势在于员工将承担更多责任，有助于提升项目质量，适用于既重视规模也不放弃利润的企业；但是在这种模式下，并非同股同权，对员工收益和积极性有一定影响。

二是以股东注册资金来计算本金规模和返还时间。优势在于同股同权，员工收益率和积极性高，适用于追求规模的企业，对各专业线的管理水平有要求；但是在这种模式下，可能会因为多用杠杆而忽视项目质量，带来潜在风险。

由此可见，一旦觉得某个项目好，大部分人都会把钱投进去。从另一个角度来看，如果项目团队都在加倍投这个项目，说明大家对这个项目非常有信心，跟投肯定没有问题。从制度体系上来说，跟投也是一种优胜劣汰，是留住人才还是变相裁员？如果跟投的人每次拿的项目收益都不好，奖金必然也会很少，奖金少了就意味着要从自己的口袋里拿钱出来跟投，长此以往，自然“淘尽黄沙始见金”。

第七节 第七宗罪：浅薄

一、自持项目和商业项目如何进行跟投

自持项目和商业项目如何进行跟投？

在开发和存量并举的行业新时代，这个问题有着典型的代表性。

目前，从行业的认知来看，持有型商业项目都是大股东的优质资产，核心收益是资产的增值，因此这部分一般不会纳入跟投的范围，即使是采用项目跟投机制，也只是象征意义大于实际意义。销售型商业项目则和销售型住宅项目跟投逻辑差不多，可以纳入跟投的范围，但是跟投机制可以进行适当调整。

针对复合型业态项目，可根据城市能级和区域发展情况，通过拆分业态或分解规模来进行跟投和独立核算。

例如，项目主要业态为公寓或是销售型商业办公业态、规模在50万平方米以上，或主要业态为别墅且规模在30万平方米以上，可以对项目进行拆分。针对拆分后的项目进行类似单个项目的跟投，实行相应的单独认购、交款、本金返回、收益分红等。

在这些项目的具体拆分方案中，可进行相应的地价成本均摊、项目经济指标测算以及明确过程管控措施等，并提前提交方案的审批。具体的拆分方案应该跟随跟投方案一同确定，由当地工作小组提报，跟投委员会进行审核。针对合作开发的项目，若为合作不操盘项目，可以不进行跟投；若为合作并操盘项目，具体拆分与跟投同自有项目的操作方式保持一致。

但是需要注意的是，持有型物业一般是项目开发后的中长期才能见到明显的经济效益，在进行项目跟投时容易被置于不利境地。因为住

宅更好卖，所以在规划设计阶段就要有所倾斜，将住宅规划在更好的地段和方位，给予更多的资源和关照，等等。这样对于中长期物业的发展和营业收入会有很大损害。因此，在涉及持有型物业的复合型项目的分解和跟投设计上，要综合考虑，并进行制度的约束。

针对持有型商业项目或商业占比较大的项目，因为其运营是一个长期过程，会影响跟投的短期收益，所以需要灵活设置分次返还节点。这类项目的特点是在进入正常运营期之前，现金流压力较大，现金流回正周期较长；在开业后，回报率也是前低后高，比如前三年的回报率为5%左右，三年之后稳定到7%~8%。

以某房企项目跟投机制为例，在进行跟投金额设计时，要求商业部分不超过估值的三分之一，持有部分不超过50%。此时，商业管理的负责人要求进行强制跟投，并分摊建造成本。

然而，对于商业管理负责人而言，其可能更关注能否成功开业、本金返还的节点，等等。如果前期按照开发模式，以资金峰值现金流回正的时点作为节点，开业的时候分红，出租率达到80%再次分红，时间漫长，短则18个月，长则3~5年。如果再加上出租率的强制指标，难度非常大。

因此，在针对此类项目进行项目跟投时，要针对性地调整跟投机制，返本和分红时间可以经过综合评估后进行灵活设置；返本时间不能太晚，比如资金峰值是3年后才到，可以不用等到3年后才开始返还，可以人为设置一些分次返还本金的节点，如可以和关键节点达成、开发贷款到位等进行关联设计。

由此可见，自持项目和商业项目依然是可以进行跟投的，只是需要结合运营的特点，针对性地设计项目跟投机制，在返本、分红等环节进行差异化设计。

二、一、二级项目和旧改项目如何进行跟投

一、二级项目和旧改项目如何进行跟投？

这是很多开发商所面临的一个常见问题。

当前越来越多的房企进入一、二级项目开发，或者旧改项目等领域，这些项目的一个突出特点是周期很长，很难从拆迁开始进入。

我们结合典型房企实践认为，针对一、二级项目开发和旧改项目，应该将项目分段，真正的项目跟投应该从净地开始。

对于前期漫长的一级土地整理、旧改的拆签和谈判等，未必一定要采用项目跟投的机制，可以采用超额激励、发放奖金等措施。另外，对于奖金的发放，可以采用一些技巧，比如一半以现金进行发放，一半直接纳入后续项目的跟投。这样，既保障了对团队的有效激励，也能保障前期拿地的质量，以免对后续项目的开发造成影响。

所以，针对不同类型的项目，对于跟投的具体机制，可以做差异化的灵活设计，以便更好地实现对组织的激励。

三、项目跟投是灵丹妙药，是否能包治百病

目前，项目跟投对于快周转的住宅开发项目见效明显，给部分规模房企的跨越式增长带来了非常好的助力。

但是，我们确实要清晰地认识到，对于很多项目，如商业类、高利润的项目，对于项目跟投机制在进入、返本、分红和退出等层面的要求有着比较细微的调整，对于体系设计的能力要求是非常高的。房企针对此类项目，要以逐步开展试点为主，打造自组织的精英小团队，反复摸索最适合的机制，以保障企业的平稳发展。

其实，在规模房企中除了项目跟投机制外，往往会有多层级的激

励体系。例如，万科集团、阳光城集团、中梁地产集团等房企，除了推行项目跟投体系外，还有超额激励、公司层面的合伙人等机制。

以中梁地产集团为例，其构筑了以“阿米巴”为核心、费用包干、项目跟投等多层级的激励体系。通过多层级的激励体系，以实现对企业全组织的有效激励。此问题已经在本书第一章第二节中进行了说明，可以详见“多层级合伙人激励体系，激发自组织时代最大潜能”中的相关内容。

总之，“前有黄金、后有猛虎”的制度才是优秀的企业制度，对于各类规模或性质的企业皆是如此。而房地产项目跟投设计与落地的“七宗罪”的提出，不是为了“审判”或妄加揣测，而是为了提振市场对项目跟投的信心，了解跟投的发力点，直面跟投的难点，将项目跟投的应对策略运用于实际的项目操盘和组织激励过程中。

第三章

争流

项目跟投体系下重塑组织权责和运营管理

虽然项目跟投机制的建立是自组织兴起的“推进剂”，但是在实际的操作过程中，项目跟投作为潜在的经营导向，不应该脱离，甚至背离组织当前的实际运营能力。

因此，需要从组织权责、运营体系与人才结构等相关的配套措施上支撑项目跟投体系的落地，否则迎接决策层的可能是员工不温不火的反应，甚至是一盆意外的冷水。

对于总部来说，要敢于放权，否则一线虽有利好，但无权力，处处掣肘，仍然无法有效施展，最终可能还是不赚钱，空欢喜一场。但是，总部在放权的同时，也需要在内部逐步构筑标准化的管控体系，从而确保项目经营团队在拿地、设计、成本控制、运营等各个环节的基本管理动作不变形，能够达到企业的管理规范和质量要求。

对于项目团队来说，利益分享、权力下放与责任承担要相匹配，在企业规范化的统一运作管控体系下，有能力且有意愿承担起项目开发的任务，并在项目开发的过程中积极听取和吸收总部给予的辅导，在此前提下最终获得项目跟投的良好收益和回报。

在此，我们认为需要从组织重构、管理提升和运营适配三个方面进行提升，如图3-1所示。

在组织重构层面，需要从传统的管控模式逐步优化和调整为自组织运作模式，赋予项目经营团队更多的权限和灵活性；在管理提升层面，需要以产品、运营和服务三大体系的标准化为核心，夯实组织管控的基础；在运营适配层面，需要重新审视集团、区域和项目团队的运营管控边界，基于企业的长期经营发展规划，构建清晰的运营体系。

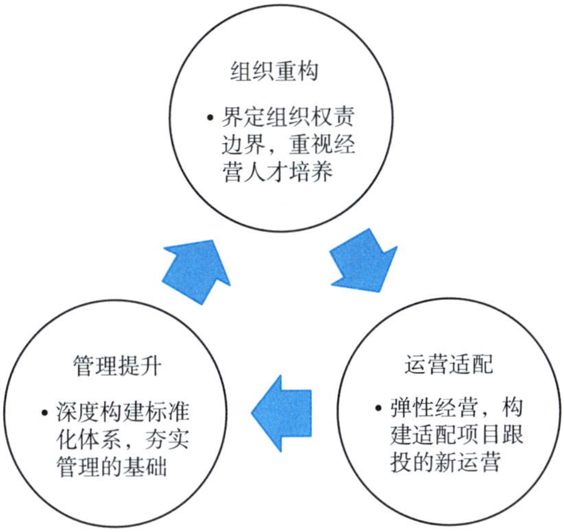

图3-1　匹配项目跟投体系需要提升的三个方面

第一节　组织重构：界定组织权责边界，重视经营人才培养

一、驱动自组织，重新界定组织管控和权责边界

跟投模式下的总部职能需要重新定位，从管控到服务，需要为区域提供资源支持，包括提供管理标准、资金资源、供应商资源、信息化工具、经验与知识服务等；从例行管理到例外审批与异常监控，需要赋予区域团队投资拿地、设计方案、采购招标、销售策划等更多的权限。

企业各职能部门专业能力体系的建设是跟投体系能够有效推行的关键，如果职能部分的能力太薄弱，权限下放反而会造成管理混乱，那就适得其反了。所以，总部在筹备项目跟投体系期间，应审视企业各职能部门是否具备相应的能力，如果是一放就乱的状态，宁可先建设专业能力，再推行项目跟投。

在组织权责边界中，需要逐步将以职能为中心转变为以项目（效益）为中心，如图3–2所示。

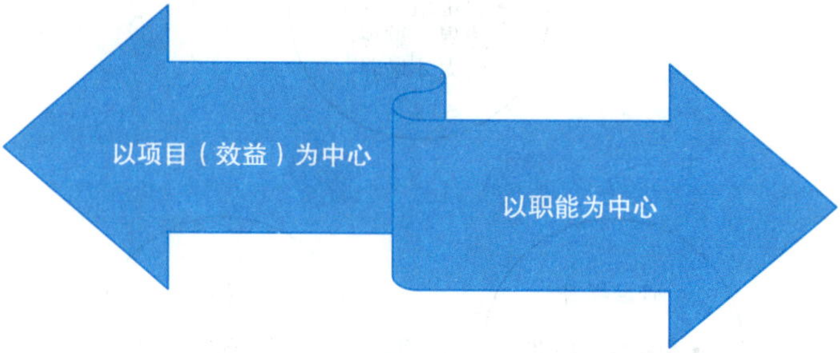

图3–2　项目跟投下组织权责边界的转变

在传统的以职能为中心的体系下，所有企业经营活动通过在公司职能管理层面进行有序分解，按职能条线开展工作，通过完成各条线工作以实现效益目标。该模式以公司总经理为核心，以各职能条线为抓手。

而在项目跟投体系推行后，企业经营活动将逐步演变为以项目（效益）为中心，以有利于项目整体效益提升为原则进行开发方式的选择和经营行为的决策。该模式以项目总经理为核心，项目总经理是项目效益的总负责人，统筹项目开发各项工作，对项目效益负责，享有项目整体效益提升的收益。

B 企采用集团、区域和项目三级管控模式。以前，一线绝大多数项目都要到总部审批，效率是比较低的；现在，一线的规模扩大了，需要不断地得到总部授权，并做大、做强，并且需要根据工程分类与区域分级进行招标与合同的差异化授权，如表3–1所示。

表3-1　根据工程分类与区域分级进行招标与合同差异化授权

工程分类 / 区域分级	1类	2类	3类	4类
非一级区域	总部终审	总部终审	100万元以上且超标底，总部终审；否则，区域终审	
一级区域	总部终审	总部终审	300万元以上且超标底，总部终审；否则，区域终审	
特级区域	所有项目区域终审			

工程分类：1类是项目首期总包工程和酒店装修；2类是项目的2期、后续的总包工程，再加上装修、桩基础等与地基相关的工程；3类工程是针对示范区的装修工程，主要是售楼部和样板房工程，速度要求比较快，但是工程量比较少；除了前3类工程，其他工程都是4类工程。第4类工程的相关授权在总部，效率较低。

区域分级：非一级区域、一级区域和特级区域。非一级区域的权限比一级区域低一点，这是根据区域管理的成熟度和实力来划分的。2016年，B企还成立了一个特级区域，就是莞深区域，特级区域的所有审批都不用经过总部，都是由区域总经理负责。

W企从2016年开始提出四级管控模式，要求在区域下面设置城市公司，或者叫片区公司，在区域总经理下面设置一个分管城市公司或片区公司的执行总经理。以前的区域除了广东省和长三角地区，基本上将一个省份划为一个区域，但是2016年年底，老板要求更细分，如果某个区域没达到要求，这个区域对应的省份可能会被分出多个区域。比如，四川省原来叫四川区域，后来就分出一个川北区域和一个成都区域；江西省也分出一个南昌区域；山东省分为鲁东区域和山东区域；北京分得更多，原来是一个区域，现在成立了东南西北区域、北京区域和京津区域；天津还有一个区域。2017年，W企实现了四级管控，有些授权就往下放得更多了。

因此，推行项目跟投体系，企业在模式和权责上需要明确项目团队的经营范畴，逐步树立项目团队发挥核心作用的组织导向，并且帮助项目团队梳理外围关系，树立一切以项目（效益）为中心的工作理念。

二、重视经营人才，打造项目总经理的“黄埔军校”

在项目运作中，我们会遇到众多难点问题。如果是设计问题，那么我们抓设计就可以了，但如果是设计和成本的匹配问题，那么我们应该怎么办？我们可以抓设计和成本两个部门，但是它们都是站在各自的角度思考问题，所以只能抓运营部门，需要运营部门进行跨职能统筹协调。另外，还有投入和产出的平衡问题，投资不可能不拿地，只有拿到地才会有后面的计划，但是要怎样解决拿地之后的产出问题？

项目跟投的背后是自组织的兴起，因此，培养充足的跨专业经营人才是组织内部众多精英小团队的人力资源基础。

运营体系具有跨专业的属性，具有经营视角，是天然的自组织人才资源池，因此，重视运营体系的人才培养可以为后续的项目总经理提供足够的人才储备。

房地产企业的运营组织职能定位通常表现为三种形式：第一种是计划运营，这是最常见的运营管理形式，其中重点是计划、会议、成果、计划考核等，在区域能力得到提升后，该部分职能在逐渐往区域（城市）公司下放；第二种是业务运营，侧重于项目运营操作与管理的标准化，比如有不少企业将工程、成本、设计、采购等业务条线置于集团运营之内进行专业管理，这种方式在高速发展、区域业务能力不强的企业中常见；第三种是经营计划跟踪管理和关键节点管控，这种形式的重心在于企业战略发展规划及基于目标的过程管控，即年度目标、供销存、关键节点、组织绩效是其管控的重心。

随着房地产行业集中度增加，单一企业的规模越来越大，再加上项目跟投等多方面的影响，房地产企业运营管理在内涵与模式方面都将发生很大的转变，特别是对于追求千亿元销售规模的企业来说，如果按照以往的方式去管一些小节点，肯定顾不过来，也就是说计划管控、节点管控通常要下放。运营的职能定位逐渐综合化，要求前瞻性强，具有更好的大局观，即上文所说的第三种管理形式。综合来看，运营管理将呈现如下四个方面的转变。

第一，从“节点管控”到“经营管控”。以前强调进度节点的完成；现在强调经营目标的实现，对货值、现金流、利润的管理更加重要。

第二，从“经营报告追踪”到“经营数据监控”。以前是追踪各区域各项目的经营报告，希望通过这些报告发现管理问题；现在是通过经营数据的实时汇总，从经营决策角度发现管理问题。

第三，从“管理手段”到“激励手段”。以前是基于一定的考核目标与标准的事项奖惩；现在是以经济激励手段为主，强调利润目标的实现，再根据日标实现情况进行奖罚。

第四，总部运营型人才和区域运营型人才的人力素质模型逐步分化，总部运营型人才更强调标准制定、经营分析、风险控制，而区域运营型人才更强调运营协调与执行监控。

据福建某上市房企的一位区域总经理说道：“房地产行业的一个现实情况是，投资快于规模，“拿面粉”快于“做面包”；规模快于管理，规模扩大了但管理还有很多没有解决的问题；管理又快于运营，管理没有完善但又要求运营的全局协同。”

所以，成长型企业对运营的期望是很高的。一个合格的运营人才不仅要懂工程，还要具备特别强的综合管理能力。综合管理能力不仅要求员工具有一定的专业能力，还要求员工在统筹、协调、情商等各个方面具有一定能力，这些是作为运营总经理必不可少的能力。人力资源和土地资源一样，都是稀缺资源，你可能辛辛苦苦“抢”到一块地，但是没有人，那块地还是可能会荒废。由此可见，未来的人才梯队也是可以从运营体系培养的，因此，运营人才的培养体系被视为企业人才梯队建设的“黄埔军校”。

另外，还需要强调以下两点。第一，站在总部运营的角度，除了计划、协调等工作外，还应着重加强辅助各职能部门进行专业体系建设，帮助职能部门持续提升专业能力，包括相关管理制度、流程与标准的建立，以及案例资料的整理，并与人力资源部门共同督导并建设企业内部培训体系，只有单兵能力强，整体协同才会更强。第二，在推行项目跟投机制后，通常会出现机构精减、人员精减的情况，需要一个人干两个人的活，工作量可能成倍增加，员工压力必然增大，集团总部要考虑给各级员工降压，而全面的信息化建设是帮助员工降压、减负和提高效率的最佳路径。可以说，企业放权、项目跟投、运营提效都离不开信息化系统的建设，企业应制定一个长远的信息化规划蓝图，并持续刷新。

| 第二节　管理提升：深度构建标准化体系，夯实管理的基础 |

正如前文所述，对于总部来说，要敢于放权，充分激活自组织的潜力。但是，总部在放权的同时，也需要在内部逐步构筑标准化的管控体系，从而确保项目经营团队在拿地、设计、成本控制、运营等各个环节的基本管理动作不变形，能够达到企业的管理规范和质量要求。企业如果在项目级的管控上不能形成合力，那么就不会产生真正的规模效应，也必然会被各种经营管理问题拖垮。可以说标准化体系以前是、现在是、将来也是助推企业发展的有力武器，是项目跟投真正落地的重要手段。

那么，房企的标准化体系如何构建呢？接下来，我们从目标识别、标杆分析、洞察挑战、规划路径、保障有力五个方面进行阐述，如图3–3所示。

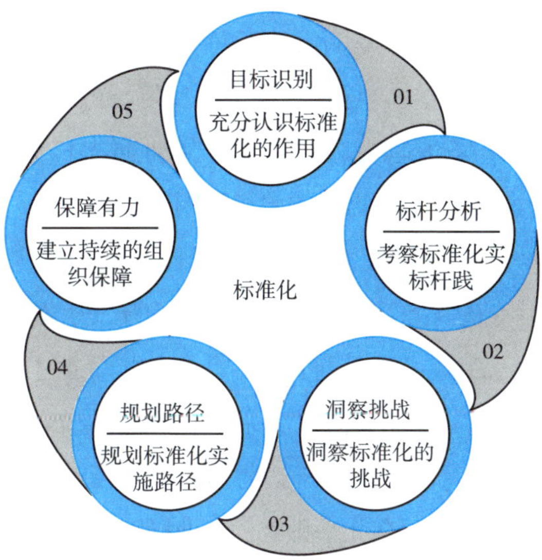

图3–3 房企标准化体系构建的五个方面

一、标准化体系对房企的重要作用

对于房地产企业的整体开发战略而言，一直以来就存在两类典型的战略模式，一类是机会主义导向下的差异化开发模式，另一类是战略导向下的标准化开发模式。在房地产企业的起步阶段，企业的品牌影响力不大，整合土地资源、资金资源、供应商资源的能力较弱，对客户、产品的理解水平也处于起步阶段，必然导致房地产企业只能是哪里有地就去哪里。这时，房地产企业奉行的战略就属于典型的机会主义导向下的差异化开发模式。在这个阶段，因为项目差异大，所以每个项目都要经历几个月的设计周期。因为每次的设计都不一样，所以有大量的设计变更、工程洽商等，工期和成本都难以得到有效的保障。因为产品不一样，所以集中采购有名无实，不仅没有规模化降成本的优势，还导致了大量的不合格产品出现。因为客户不同、定位不同，所以新推出的产品可能面临销售困难的局面。因此，项目增多之后，管理层就陷入了各种方案讨论、会议争辩之中，导致出现工作反复、效率低下、扯皮推诿、难以考核等问题。这也是非常多的房地产企业觉得日常工作千头万绪、问题层出不穷、普遍觉得非常累的关键原因。

在项目增多、规模扩大之后，战略导向下的标准化开发模式就越来越受到这类房企的青睐。企业推行标准化的开发模式，明确了几个产品系列，并形成了每个产品系列的产品标准，继而通过运营管理的标准化将产品标准落实下去，在全国“复制”该产品标准。这样，房地产企业就能够实现产品统一、设计统一、管理统一、营销统一，整体项目的开发风险就会非常可控。在此基础上，企业同时开发几十个、上百个项目，也可以相对较轻松地进行整体统筹管理。

正如恒大集团的许家印所说：“我们相信，产品线种类越少，标准化程度越高，集中采购和招标才有实际意义，这样才能降低成本，实现规模效应。”我们可以看到，最近这些年，恒大集团的绿洲、华府、金碧天下等几个产品线在二、三、四、五线城市进行了非常简单、纯粹的复制，进而推动了恒大集团整体业绩的飞速提升。

接下来，我们从以下几个维度来简单谈一下标准化体系对房地产企业的价值。

1. 能够快速适应房地产市场的发展节奏

房地产企业如果能在市场上推行自己的标准化体系，一定是在不同城市、不同客户群体、不同政策环境下，对自己的项目开发策略、产品定位、整体方案经受了千锤百炼之后，真正总结并提炼出适用于不同城市、不同客户群体、不同政策环境下的产品方案。比如，万科集团已经提炼出适用于全国不同区域的适配标准化产品，这样就可以在项目前期极大地减少方案决策的工作量，真正能够做到快速占领市场、快速推货和快速收割。

2. 可以提高资源的持续获取能力

房地产企业一旦建立了自己的标准化体系，在整合多方资源方面也会更加容易。一方面，可以历数过往同类型项目的成功开发经验，提振地方政府的信心，还可以通过标准化体系大幅增加战略合作供应商的业务合作体量，更容易整合实力强劲的优质供应商；另一方面，可以通过标准化体系降低对“特殊高级人才”的需求量，只要是学习能力强、执行力强的潜力员工均可通过内部培训而成为岗位胜任度高的员工，让“人力资源”真正支撑企业的快速发展。

3. 可以保障企业内部的协同作战能力

对于没有推行标准化体系的企业，等待管理层的要么是从没遇到的问题，要么是难以发现的问题，相同的问题会不断在全国各地的其他项目上出现，从而导致房地产企业的内部协同作战难度非常大。一旦企业推行标准化体系之后，可以通过运营标准化解决内部专业协同的问题，可以通过产品标准化大幅减少方案、采招、施工的内部协同决策点，还可以通过流程和制度标准化解决总部与一线之间、不同专业线之间的协同作业、管理决策的标准，真正做到“1+1>2”。

4. 可以形成持续不断的总结和学习能力

执行标准化体系很到位的企业，一般都是本着“一切皆可标准化”的思路来推动企业的管理体系的建设。这就要求房地产企业各管理人员要不断总结和学习，总结过往的成功开发经验，总结过往的成功户型，再向全国推广。同时，要总结项目的失败教训，让全国各个项目都引以为鉴。

随着知识的沉淀越来越多，企业的开发经验也在不断增长，企业的标准化覆盖的程度也会越来越高。将好的内容标准化后，再来追求新的创新。这样持续运转下去，企业各方面的实力一定会得到进一步提升，体现出来的结果就是企业的产品能力、销售能力、服务能力都得到了大幅提升。

5. 使项目开发链条戴上防护罩

如果没有标准化，每次新进入一个城市，新拿一块土地，都要从无到有地研究市场，再通过多轮研讨，明确项目定位。这种决策对于房地产企业而言，一是决策周期长，二是决策风险大，因为即使经过多轮研讨，也不能解决产品及方案没有得到市场检验的问题。

因此，如果公司基于“土地、产品、客户”的客户研究体系，结合自身多年来的开发经验，总结和提炼出适合自己的标准化体系，对公司应该拿什么样的土地、适合哪一类的客户群体、适合做什么样的产品、以什么方式进行销售收割等，都进行了很深入的研究，并予以固化，可以真正使房地产企业开发链条戴上防护罩。不用再担心拿错地，不用再担心方案不成熟，不用再担心没有合适的供应商，也不用再担心产品建好卖不出去，真正做到房地产企业的开发高枕无忧，从而可以给企业全面推行项目跟投体系提供充分的保障。

二、典型房企的标准化体系建设之路

对于万科集团、碧桂园集团等通过项目跟投取得规模快速增长的房企而言，无一不是在标准化上取得了卓越的成就之后，才开始全面加速，获得更高的规模，进而获得更高的市场地位。我们以某企业为例，看看其标准化体系建设之路。

某典型房企的标准化主要体现在以下几个方面。

1. 拿地标准化

现在推行的土地拓展的刚性原则是必须获得能够成就共享的土地。成就共享有以下两个方面的要求：一方面是现金流的要求，一年内自有资金投入全额回笼，回笼资金大于自有资金投入与年化自有资金收益之和；另一方面是利润的要求，要求项目净利润要大于自有资金按年折算后的金额。如果新项目不能获得成就共享，相应的区域总经理和项目总经理均会受到惩罚。

2. 产品标准化

沉淀了自己的“3+2”的产品体系，并且从户型标准化，立面标准化，结构标准化，水、暖、电标准化，精装修标准化，园林标准化，成本标准化，采购标准化，验收标准化几个维度，真正将产品标准化全面落地执行。

3. 运营体系标准化

运营体系标准化主要从组织架构标准化、流程制度标准化和模板标准化三个维度重点发力。组织架构标准化界定了四级组织架构的工作界面的划分，同时也定义了不同成熟度的区域的决策范围；流程制度标准化将各个专业线的作业标准、决策流程都进行了清晰地定义，对于新进入的城市项目，可以快速复制和引用，保障项目的开发效率；模板标准化是将开发计划的每个工作项的方案、指引、套表、审批表、作业表等都进行了标准化，可以帮助新进员工快速上手，也可以规避一线员工在作业过程中由于操作不规范而带来的各种风险。

4. 客户服务标准化

为了确保项目去化目标的快速完成，如何精准地满足客户对于相关服务的需求是需要重点关注的。该企业将全国的客户服务标准从交楼标准化、客户满意度标准化和客户反馈标准化三个维度予以真正固化，并且形成反馈闭环，进一步驱动前端设计、施工等环节的业务改善，不断提升整体的客户服务质量。

除了上述企业外，恒大集团、龙湖集团等典型房企的标准化做得也非常出色。以恒大集团为例，它因“以标准化为核心的郊区大盘开发模式”而出名，以标准化运营为战略导向，建立了六大标准化体系，分别是：拿地标准化、管理标准化、材料标准化、营销标准化、产品标准化和户型标准化。

三、房企构建标准化体系的内涵与落地面临的挑战

根据对典型房企标准化体系的研究，房地产企业的标准化主要包括产品标准化、运营标准化和服务标准化三个维度，具体如图3–4所示。

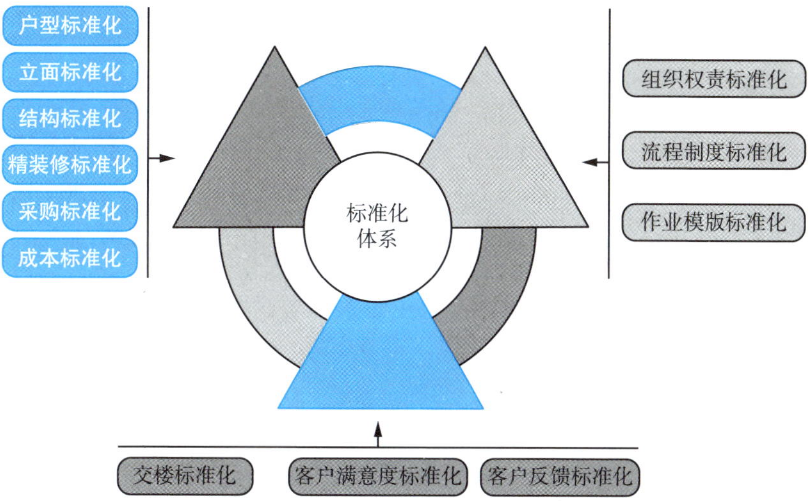

图3-4 房企标准化的三个维度

①产品标准化主要包括户型标准化、立面标准化、结构标准化、精装修标准化、采购标准化和成本标准化。从产品、方案、用料和成本控制维度，将项目的开发思路基本定义清楚，可极大地提升开发效率，降低管理风险。

②运营标准化主要包括组织权责标准化、流程制度标准化和作业模板标准化。通过这三个标准化，真正将分工、协同、作用的标准进行全面固化，保障企业的执行力，提升工作效率。

③服务标准化主要包括交楼标准化、客户满意度标准化和客户反馈标准化。将面向客户的最重要的三个场景的工作标准予以固化，强调交楼时不要出现问题，通过客户反馈闭环来不断优化产品和服务，为项目的销售和二次销售打下基础。

接下来，我们重点看一下影响房企这几个标准化落地的关键挑战是什么。

1. 产品标准化落地的挑战

（1）拿地无法标准化

拿地是项目跟投的开始。对于很多房地产企业而言，整体的发展战略是机会主义战略导向，一般是哪里有机会就去哪里，哪里有地就去哪里，特别是在土地招拍挂市场尤为火爆的这两年，房地产企业更是将“拿地”作为企业的核心目标，很少有人考虑这块地是否适合拿，未来能否做出公司擅长的产品线。

实际上，房地产企业首先必须要解决“拿地标准化”的问题，一方面要秉承房地产企业“土地—客户—产品”的基本决策逻辑；另一方面，房地产企业也需逐步沉淀自己的市场作战经验，适当拓展自己的产品线，以便拓展可拿地块的范围。

（2）产品标准化是企业综合实力的体现

产品标准化直接影响着项目跟投的返本速度和收益。

很多房地产企业在意识到产品标准化的重要价值之后，会立马着手建立自己的产品标准化体系，但在建设产品标准化的过程中，往往是由设计和成本主导，其他专业部门和一线区域的参与度非常低，这也是企业在提炼和落地产品标准化时的一个关键挑战。

对于房地产企业而言，产品标准化是企业综合实力体现的一个结果，一定是房地产企业结合自身的综合竞争力，将成功产品的成功要素进行总结提炼，形成自己的产品标准化，而不是盲目地复制典型房企的产品标准化。因为即使将典型房企的产品标准化完整地复制过来，如果自身的设计管理水平、供应商管理水平、施工管理水平、销售管理水平并不能支撑此标准化的落地，那么此时的标准化不仅不会带来管理的增值，还会引发一系列的管理问题。所以，产品标准化的前提一定是企业核心竞争能力的提升，认真做好每一个项目，认真做好每一个产品，用心总结和提炼，将自己对客户的理解、产品的改良、模式的优化逐步固化下来，才有可能形成适合自己的产品标准化体系。

（3）产品标准化需随着市场的发展不断与时俱进

对于很多房地产企业而言，产品标准化的从无到有往往不会很难，可以通过“集中战役”的模式重点攻关解决。但是，如何定期总结自身产品的优势和不足，定期根据竞争对手的产品表现，不断快速迭代自己的产品标准化的内涵，这个工作量往往很大。很多房地产企业往往花了比较大的气力建立起自己的产品标准化体系，之后一两年内都没有对产品标准化体系进行大的优化，也不会觉得有什么大的问题；但是，时间长了之后，这个标准化的劣势就显现出来了，因为竞争对手的产品在不断进步，而该企业仍然在原地踏步，该企业的市场表现一定会落后于其他企业。所以，这种不迭代的产品标准化不可取，因为它会极大地制约一线员工的销售表现。

（4）是否有强大的信息化平台支撑产品标准化落地

对于房地产企业而言，标准化的落地有两个关键的环节：一个是总部提炼的产品标准化如何快速到达一线；另一个是一线在执行产品标准化的过程是否能够及时被总部获知。只有真正解决了这两个关键环节，产品标准化的迭代和落地才真正有了实施的土壤。

产品标准化涉及的内容包罗万象，比如某典型房企的产品标准化，包括户型标准化，立面标准化，结构标准化，水、暖、电标准化，精装修标准化，园林标准化，成本标准化，采购标准化，验收标准化几个维度，总部要确保更新优化的内容能够及时传递到一线，光靠手工线下作业，并不轻松。更关键的是，一线在各标准化的应用动态方面，靠线下的Excel表格传递，基本无法实现。

所以，房地产企业需要有一个强大的信息化平台来支撑产品标准化的落地，只有这样，房地产企业才能形成“提炼标准—一线生产—市场检验—优化标准”的闭环，才能形成有生命力的产品标准化体系，这样的产品标准化才能在企业真正落地。

2. 运营标准化落地的挑战

对于规模房企而言，往往都是横跨多个城市，多个项目并行开发，项目所处的阶段不同，项目的关键问题也不同。如果没有一套强大的、标准的运营管控体系，管理上的混乱会在很大程度上制约企业的发展规模。而从典型房企的运营标准化建设的经验看来，除了通过产品标准化将企业大量的“高、精、尖”问题直接消灭外，还需通过运营标准化将余下的运营管理的内容管理起来，而这个标准化的运营体系的搭建，也需注意以下几个问题。

（1）缺少匹配企业发展需要的运营管理人才

对于房地产企业而言，往往都会有运营管理的相关组织，但由于核心人才对运营的理解程度和管理水平的差异，房地产企业的运营也呈现截然不同的效果。

以前，房地产企业没有推行项目跟投，由于项目不多，一般都会采取强总部、弱一线（或总部决策、一线执行）的运营管理模式。这时，运营决策的职能主要在总部，所以对于运营管理的核心诉求是懂地产、懂企业、懂业务、懂管理。

现在，在房地产企业推行项目跟投之后，房地产企业管理的项目越来越多，如果仍然采取强总部的模式，企业的决策效率一定会大幅降低，所以必然导致运营决策的职能逐步下放到一线，而总部慢慢以经营风控为主。这时，房地产企业对于总部运营管理的核心诉求是“汇数据、精分析、控风险”，目前这个方面在行业内尚属于一个全新的课题，亟待房地产企业落实解决。

（2）运营管理的保障机制不够，做不到强激励、强考核

在房地产企业推行项目跟投、下放权力的时候，除了要有标准化的管理要求外，还要有强有力的制度，保障一线的执行。最近，房地产企业都在感叹碧桂园集团通过“成就共享、同心共享”全面激发了一线员工的斗志，获得了企业长足的进步，而很少关注该企业对于考核也是极其严格的，由于对企业的标准化政策执行不到位而被处罚的比比皆是。

此外，恒大集团、万达集团也无一不是“奖罚分明”，按照企业的标准做到了，从重奖励，但如果没有执行到位，处罚起来也是毫不留情。这才是公司运营管理体系落地的关键保障，不容忽视。

（3）在运营管理过程中，对一线经营数据失控，总部无法有效决策

房地产企业将经营权逐步下放之后，经营的责任也逐步交给了一线，但是风险管控的职能显得尤为重要。风险管控的方式不能只靠机制、巡检来解决，而应该靠“经营下放、数据上传”来解决；否则，一定会导致总部对一线的管理失控。

所以，房地产企业也应该在推行项目跟投时，尽快着手建立起自己的“经营数据监察室”，真正做到动态监控一线的经营情况，确保企业经营“管而不僵、放而不乱”。

（4）缺乏将整套运营体系落地的信息化平台

任何一家规模房企都不会只是通过纸质、线下的方式将管控体系落实下去，一定要有一整套标准的运营管控的信息化平台，将企业的管

理要求、作业标准在平台中固化，在为一线具体业务赋能的同时，也解决了总部整体管理的难点问题。

在推行项目跟投体系的路上，随着经营权的下放，信息化平台的建设思路也需要发生一定程度的转变，需要真正从“管控”向“赋能”转变。如果还是按照以前“管控”的思路，不仅增加了一线员工的工作量，还降低了作业效率，最终影响的还是整体经营。所以，只有一线真正愿意用总部提供的平台和工具，在总部“赋能”的同时，数据自然就实现了上传，此时就真正能够做到企业的全盘掌控。

3.服务标准化落地的挑战

（1）企业重视程度低

过往房地产行业对客服不够重视，相较销售、成本、采购等核心业务，客服属于“边缘”业务，多数房地产企业甚至没有专职的客服职能部门。“全员客服”“以客户为中心”等客户战略对部分房企来讲只是一句口号，只有出现客户群诉或重大投诉事件时，领导才会想起客服，后悔企业没有加强客服体系的建设，然而事后又置诸脑后，类似的事情周而复始，对于企业长期发展存在极大挑战。

随着典型房企在客服体系上的持续投入，完成了客服核心价值从原来的客户满意度维系向创造客户价值的转变。一方面，好的客户服务通过提升客户满意度，赢得客户口碑，有效地带动了二次销售（部分典型房企客户重购、推荐占比超过50%）；另一方面，拥有良好的客户经营基础，为房企推动增值服务的创新与孵化，实现房企经营模式的战略转型提供了试验田。

（2）产品质量问题频现，让企业疲于救火

在房地产行业快速发展阶段，“楼倒倒”“楼歪歪”等质量事故层

出不穷，质量问题在交付服务环节及后面的维修服务环节集中爆发，不仅让企业疲于救火，对客户满意度及企业的品牌形象也造成了无法挽回的损失。

规模房企在推行项目跟投、下放权力之后，如何有效降低产品质量问题？一方面，推动质量风险前置管控，利用专项工程验收、多轮模拟验收、业主开放日、交付评估等手段，将质量风险管控由交付阶段提前到施工阶段，有效地规避了前段质量风险的发生；另一方面，通过维修服务标准化，给客户提供良好的维修服务体验，降低质量问题带来的负面影响。通过事前与事后两个机制的结合，将产品质量问题的影响最小化，并将服务资源释放出来，为客户提供更有价值的服务。

（3）基础服务拖后腿

房地产行业的客户满意度已连续多年停滞不前，不少企业在加大客服体系建设投入后，却出现客户满意度下降的问题。究其根本，基础服务（投诉、报修）满意度偏低且难提升是主要原因。

典型房企的基础服务与行业平均值相比存在较大的优势（维修服务为86：60，投诉服务为69：32）。一方面，归功于典型房企在投诉报修服务的标准化，实现任务按照“受理—指派—跟进处理—回访—关闭”的全流程精细化管控；另一方面，通过客户经营发力，通过加强与客户的互动，改善客户服务体验，最终实现客户满意度的提升。

（4）服务标准化需随着客户需求的变化不断更新迭代

对于很多房地产企业而言，通过借鉴典型企业，梳理出一套服务标准化体系并不困难，但落地执行后发现达不到自己的预期。问题根源在于服务标准化是为客户服务的，而不同企业的客户群体存在差异。同时，即使是同一客户，需求也不是一成不变的。

时代在发展，客户的需求日新月异，以典型房企万科集团为例，其客服体系10多年来的学习对象从索尼公司、新鸿基地产到后面的帕尔迪地产，再到现在开始尝试借助客户大数据的分析，挖掘客户潜在的需求，其服务标准化体系也随着客户需求的深入研究，不断地优化更新。

过往，典型房企为了解客户需求，通过设置多渠道的反馈途径及与业务紧密结合的回访体系，实现客户反馈的采集。如今，迈入移动互联网、大数据时代，客户的需求日新月异，越来越多的房企通过搭建线上的服务平台，实现客户线上行为数据的采集，并借助大数据智能分析等技术，挖掘客户的潜在需求，并对服务标准化体系迭代更新。

在规模房企强调规模化效应及多元化经营的时代，服务标准化战略通过交付标准化、满意度标准化、客户反馈标准化等手段，有效地规避了产品质量风险，提升了客户服务体验，发掘了客户潜在需求，最终在客户对企业品牌的认可下，实现了客户价值服务的兑现（二次营销、增值服务）。由此可见，服务标准化是企业在推行项目跟投体系之后必不可缺的一环。

四、推动房企标准化体系建设的四大关键路径

整体而言，房地产企业的标准化体系建设的推动必须从长远的角度关注以下几个核心问题。

1. 长期坚持，制度保障

对于房地产企业而言，标准化体系建设绝不是一蹴而就的，而是一项需要长期坚持的系统工程。因此，建立满足公司需要的、健全的标准化制度和流程，一定需要有打持久战的决心，一定要有长效机制为其保驾护航。真正将标准化作业的思路融入一线员工的脑海中，结合一线

员工的工作场景，将标准化落实到具体的行动上，真正使标准化成为一种工作常态，企业才有可能“开花结果”。

2. 整体规划，分步实施

房地产企业的标准化包罗万象，如果要从无到有建设像碧桂园集团、恒大集团、万科集团这种程度的标准化，简直就是一个聚沙成塔的过程。因此，无论哪家企业，都要采取分部实施的策略，先将关键的、立马能用的内容标准化，在提炼、应用、优化的过程中快速验证，快速提振自己的信心，再逐步拓展标准化的所涉的范围。只有这样，才能真正跑到“标准化落地”的这场“马拉松”的终点。

3. 深入研究，单项突破

标准化的建设和落地不能等到全面提炼和总结后再全面执行，一定要找到关键的单项突破点，以点带面，选择一些课题重点研究。在取得研究成果后，立即发布，立即执行，快速验证标准化的推动执行效果。在这个过程中，让一线员工尝到标准化的甜头，激发全员参与的热情，再进一步带动其他标准化的建设和落地，这才是切实可行的落地思路。

4. 积累量变，力求质变

企业的标准化一定是在经过充分的市场竞争考验之后，才会显现出标准化的威力。一方面，自己的标准化经过了市场的千锤百炼；另一方面，标准化的程度和具体的标准也会随着项目数量的增加进一步明确和适配。当项目达到一定数量和标准化体系逐渐成熟时，企业标准化成果的应用价值也会越来越明显。

五、推动标准化体系建设的组织保障

对于房地产企业而言，标准化的落地还需要组织层面的具体保障，否则一切都是空谈。从我们的研究案例中可以看到，规模房企都成立了自己的标准化工作小组。其中主要有以下几个关键要点。

1. 成立标准化领导小组，由董事长亲自挂帅

对于企业而言，标准化工作的推动是“百年大计”的重要工作。“百年大计”这个词也充分体现了标准化工作推动的特点，一方面，它对于房地产企业的未来非常重要，它是决定房地产企业能否迈上一个新台阶的关键；另一方面，也体现了它对房地产企业现阶段的经营不会带来很显著的提升和改善，房地产企业的一线团队往往对此不会特别重视。

这种战略级的工作一定要由掌控者亲自挂帅，并制定明确的标准化建设的阶段性工作目标，集中公司的优势兵力，在不影响公司正常经营的情况下，全力推动标准化工作的落地。在成功实施标准化体系的企业中，董事长和总裁会有相对明确的分工，总裁更多是负责企业经营目标的兑现，追求更高的规模和效果，而标准化这种更为长期、基础的核心能力打造则更多是由董事长来完成。万科集团、碧桂园集团、恒大集团和龙湖集团都是由董事长通过常年累月的坚持才逐渐成型的。

2. 成立标准化工作小组，各专业均需参与

在房地产行业内，有很多房地产企业都曾经推动过标准化，甚至多次重启标准化工作，但最终都不了了之。通过这些失败的案例我们可以很清楚地看到，这些企业在推动的组织方面都存在明显的偏

颇——基本上都是以产品、成本为主来推动标准化，其他专业线很少参与。

通过前文的论述，我们应该很清楚地了解到，一个企业标准化的落地，其实是企业综合实力的体现，它涉及企业的拓展、设计、工程、成本、营销、客服、物业等各个专业线，不论是哪个环节出了问题，最终都会使标准化的落地和执行大打折扣。所以，一定需要各专业线都参与到标准化的建设工作中去，成立标准化工作小组，以一种虚拟组织的方式，把大家整合在一起，推动标准化工作的落地。同时，因为这是一个虚拟组织，所以需要通过以下几项措施保障工作的有效推动。

（1）目标统一，目标绑定

一定需要不同的专业线都参与到标准化的建设工作中，一定需要基于“标准化建设”的专项工作，制定统一的目标，并且都要纳入公司的年度考核重点工作中，这样才能从根本上保障员工的投入积极性。

（2）分工明确，计划清晰

由于涉及不同专业线的参与，不同专业线之间的分工一定要清晰，阶段性的计划目标也需要清晰，只有这样，才能定期了解工作的推动情况，发现推动过程中存在的问题，并及时纠偏，确保专项计划能够平稳推进。

（3）定期沟通，实时协同

房地产企业的标准化建设一定是个长期的过程，在这个标准化建设推动的过程中，一定要相互之间多沟通。所以，需要建立定期沟通机制，至少每月沟通一次标准化工作的推动情况，以确保计划的执行效果。

3. 一线城市公司、项目公司负责人是重要力量

在标准化的组织保障环节，各大房地产企业往往会忽视一股最重

要的力量，那就是一线城市公司、项目公司负责人。这也是为什么很多房地产企业花了很大气力建立了自己的标准化，但一线公司并不买账，不愿意在实际的项目中应用，因为从一线的角度来看，企业提炼的“高、大、上”的标准化体系完全不符合一线的实际情况。

所以，解决这个问题的根本在于，在标准化的提炼和建设过程中，一定要提前将不同区域的城市公司、项目公司负责人纳入标准化工作小组，提前了解一线对于标准化的理解和意见，提前把这些问题想清楚，并最终形成可落地的标准化。只有这样，才能提炼出满足一线需求的标准化。

第三节　运营适配：弹性经营，构建适配项目跟投的新运营

跟投机制推行后，对运营和财务部门提出了更多精细化管理的要求。运营部需要从单纯的计划节点管理上升到经营计划与产销匹配管理，并以加快现金流回正作为一个关键目标，优化整个项目运营体系；无论是企业管理还是跟投员工，都对数据透明度要求非常高，因此财务部的核算工作更为复杂，动态利润与动态现金流需要定期进行测算更新。

支撑企业规模扩张、保障员工跟投收益，在构建标准化体系的基础上，也需要有配套的运营管理体系做支撑，否则再美好的愿望都将是空中楼阁。明源地产研究院认为，为了完成上述目标，企业需要从经营计划管理、货值管理、利润管理、现金流管理以及会议与报告五个方面来构建新运营体系，如图3–5所示。

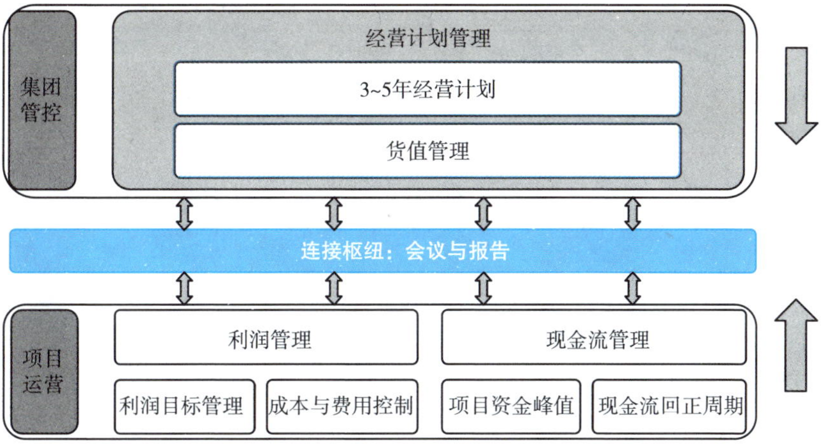

图3–5　构建新运营体系的五个方面

一、集团管控重点：以经营计划为核心，弹性经营，产销匹配，完成增长目标

集团总部应构建足够“弹性”的经营计划管控体系，并指导各区域公司及各项目落地，而不仅仅是关注各项目的开发节点。一定要有更宏观的视角，这样才能够让企业灵活应对市场动向，让开发节奏与销售计划环环相扣，让产、销、存高度匹配，让规模与利润不顾此失彼。

项目开发节点计划显然过于微观，在企业达到一定规模，且项目较多的情况下，管理节点也管不过来，区域公司和项目团队对节点的重视程度一定比集团要高，集团进行备案即可，集团的工作重点应转移到更高层级的经营计划管理上。

构建弹性经营计划的核心在于三大边界（资源边界、财务边界、经营边界）与三大弹性（城市布局、业态结构、产品组合）之间的有效融合，如图3–6所示。

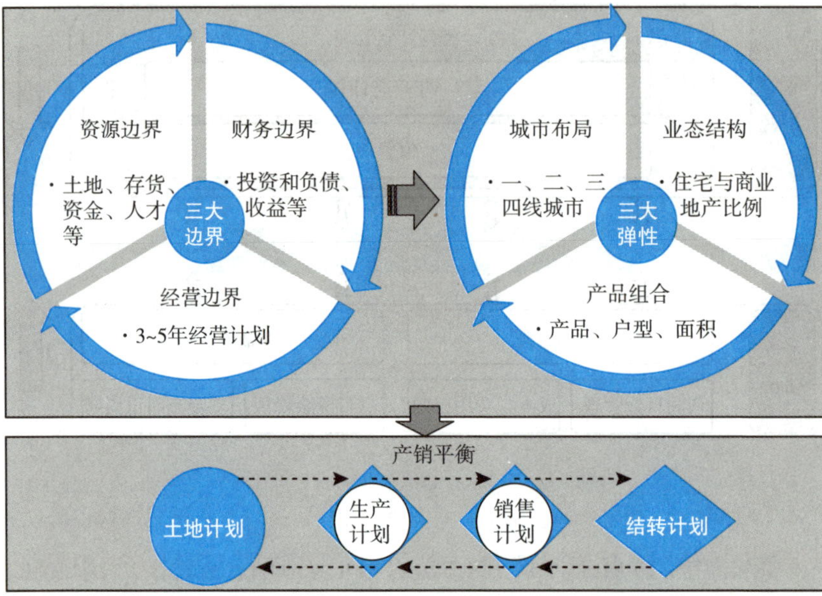

图3-6 构建弹性经营计划的三大边界与三大弹性

1. 确定3~5年经营目标与计划，实现弹性经营

（1）灵活运用三大边界，可伸可缩

经营边界，即企业3~5年经营发展目标，比如B企2016年的合同销售额为500亿元，未来3年的目标要达到1 000亿元，这就是该企业最大的发展目标。经明源地产研究院分析，近5年来销售规模增长前10强企业实现了3~6倍的增长，平均增长率为412.3%，平均年复合增长率为50%，远超行业平均值，这与其实施跟投机制不无相关，比较典型的是碧桂园集团、新城控股、旭辉集团、中梁地产集团等。房地产行业整体特征是规模越大的企业反而增长越快，典型的强者恒强。中小型企业想要占有一席之地，往往需要制定更加激进的增长目标，而通过实施项目跟投来激励员工帮助企业达成增长目标已成为普遍选择，旭辉集团、雅

居乐集团、合景泰富等企业都是如此，风险与机遇并存。

传统的3~5年经营目标和计划的确定，往往是在3~5年经营发展目标基础上，盘点当前的存货（含土地储备）在未来3年内所能够贡献的份额，分析出资源缺口，然后就知道每年需要拿多少地、开多少工、供多少货才能够达成目标。如果拿地太少、开工太慢，“面粉”供给不足，则无“面包”可卖。多少企业想快速开工却快不起来，或者只能是少数项目机会型的“快”，而无法形成一种固有能力。这可谓能力撑不起野心，是比较痛苦的。

这种传统的3~5年经营目标和计划的确定模式，主要是集团总部依据现实资源和未来目标相结合进行确定，更多的是在集团“要求”下，各区域公司和项目公司相互“配合”形成目标和计划。在这种模式中，集团是占主导地位的，其流程是自上而下的。但随着项目跟投机制的兴起，区域公司和项目公司的自组织意识加强，有更强的驱动力，可以自发地快速提升业绩目标，以期能获得更好的收益。因此，在这些房企中，3~5年的经营目标有非常高的不准确性，其当年的经营目标更多地依赖于区域公司和项目公司自主上报集团，其流程主要是自下而上，形成全集团总体的经营目标，此时集团主要承担的是业务赋能的角色。这也是在推行项目跟投机制后，企业在内部的经营目标制定和计划分解的角色、流程上需要注意适当调整。

并购及合作开发已成为规模房企进一步快速增长的必然选择，碧桂园集团、融创中国、阳光城集团等企业无不如此。对未来有一定追求的规模房企，在当前制定企业发展战略时，应该突破以往以内生长发展模式为出发点的战略假设，结合当前行业的发展阶段，将外生长发展模式作为发展战略的必选项。此时，需要的是重塑战略、组织和流程，实现增长模式的快速切换，如图3-7所示。

取势	□ 未来发展定位：以房地产为核心业务，以独立发展为主追求持续增长；或者选择资源外包，以合作开发为主要业务发展模式 □ 储备优质资源还是企业产业链延伸及多元化发展
明道	□ 增长模式：内生长与并购增长的配比与精力投入 □ 战略布局：锁定未来想要深耕或者重点布局的目标区域
优术	□ 用什么样的并购模式？合作开发？融资准备？并购组织 □ 并购前、中、后三个环节的核心要点风险管控
修炼	■ 培育强大的文化吸引被收购公司，并保持原有的核心能力 ■ 留住关键员工，建立统一有力的管理团队 ■ 建立具有扩展能力的项目投资收益管控平台 ■ 监控竞争对手的竞争战略，从外部收集更多的正确信息

图3-7　外生长发展模式的快速切换

首先，取势。企业要明确未来发展定位。以房地产为核心业务，以独立发展为主追求持续增长；或者选择资源外包，以合作开发为主要业务发展模式，要确立清晰的战略选择。同时，需要明确并购战略，目前在很多企业战略规划和报告里，都缺乏明确的并购战略主张，缺乏并购战略下的组织调整和变化。

其次，明道。并购需要明确区域布局如何选择。并购和战略布局紧密相连，通过并购可以进入新城市，扩大品牌知名度，也可以通过并购提升区域的竞争力。除了一线和热点二级城市外，还有哪些城市可以进入？如何选择？毫无疑问，这是众多追求持续发展的房企普遍关注的问题。

最后，优术。在并购前、中、后各个环节中，如何优化？如何调整？如何通过构建体系避免低级的失误？例如，梳理并购权责流程，很多企业内部仅仅梳理了面向常规运作模式下的组织权责和流程，没有考虑在与第三方合作开发时，如何变化和调整组织权责，以及如何有效管控核心风险点。再如，很多企业短期负债偏高、中长期负债偏少，缺乏穿越周期的资金储备等。

而拿地、开发都需要大量的资金，融资借贷是必然选择。企业的融资能力和偿债能力——财务边界——主要指标为资产负债率，也将决定其是否能完成发展目标。经明源地产研究院分析，近5年销售规模增长前10强企业的平均资产负债率为79.5%，且资产负债率前10强企业中有7家是销售规模增长前10强中的企业，比如恒大集团、华夏幸福、融创中国、中南集团、阳光城集团都是典型代表，可见规模增长与资产负债率高低之间有较强的相关性。负债本质上并不是坏事，负债高低也没有绝对的好坏，敢于高负债和有能力高负债是推动企业规模增长的关键路径之一。

据行业资深财务人士总结："资产负债率的上限管理很重要，但取决于五大因素。第一，整体经济是上升还是下降？第二，所处行业还有没有机会？机会大还是机会小？第三，把沉重的融资成本加上，毛利率处在高位还是低位水平？第四，高负债率下的股东资金回报率是否比没有使用负债率的回报要高？第五，高负债率背后的资产质量如何？是好资产还是差资产？是变现快的资产还是变现慢的资产？假设行业平均净负债率为50%，那么贵公司是选择高于50%的负债率还是低于50%的负债率，这取决于五大因素连乘的结果。资产负债率是个量化指标，有普遍标准。辩证来说，如果长期坚持某一个量级，未必一定是对的。"

恒大集团总裁夏海钧说："恒大用高负债换来的土地牢牢抓住了中国房地产的黄金20年，成就了今天恒大的龙头地位。"可以说，没有高负债就没有今天的恒大集团。多年来，恒大集团可以说是行业的负债王，很多银行、投资人为之担心。借着2017年上半年的良好局面顺势而为，一次性把几千亿元债务顺利置换，于是恒大集团制定了脱骨换胎的战略转型，即低负债、低杠杆、低成本、高利润的“三低一高”，这将成为未来的新经营模式。

（2）实现合理的城市、业态与产品布局

三大边界是约束条件，三大弹性是具体的运营策略。追求规模增长是房企的普遍目标，没有规模就没有未来，而要获得较快的规模增长必然是跨区域布局，并且很难只固守一、二线城市或三、四线城市。从近几年的情况来看，特别是恒大集团等企业由于布局三、四线城市而获得了非常快速的发展，但是利润并没有同步增长；而中海地产、富力地产、龙湖集团等更多布局在一、二线高利润城市，但是规模增长有限，而且受调控影响太大。这些企业要么面临着提高利润水平的问题，要么面临着规模增长的问题。所以，未来必然是多线布局的平衡，只是根据自身能力规划不同城市的比例而已。比如，恒大集团在2017年上半年的盈利大幅增长，也得益于近几年不断加大在一、二线城市的布局。

城市布局能力考量的是经营者与管理者的胸怀与格局。在中国城市分化显著、都市圈发展效应凸显的新格局下，房企对城市的研判不应仅看单个城市的指标表现，还应看城市群的指标表现。从地理经济学的角度去分析核心城市的虹吸效应及区域经济势差，进而洞察一个城市房地产市场的潜力。以珠三角城市群为例，深圳的虹吸效应远高于广州，对周边城市的经济辐射和带动作用更强，由此形成的态势是，东莞、惠州等城市均划归为临深片区而非临广片区，这些城市也因临深的区位优势而导致房价明显上涨。

从单个城市的评价角度来看，在城市发展新格局下，传统的城市研判经济指标同样已经过时，我们需要更合理的指标作为房企城市进入

在经济维度上的判断标尺。明源地产研究院经过深入的数据挖掘及研究分析，确立了新的城市进入研究模型，提炼了七大新的核心经济指标，如图3–8所示。

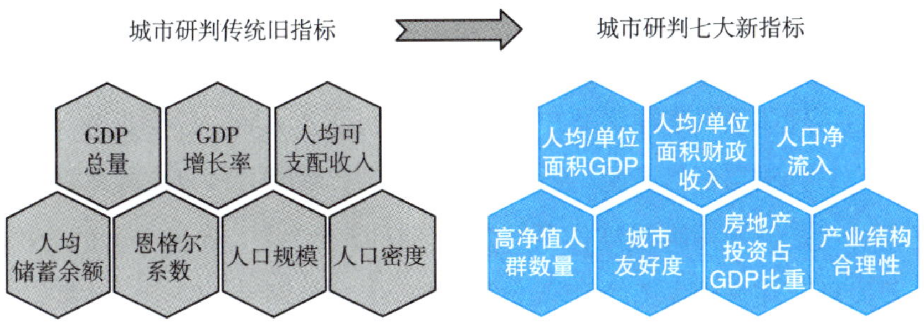

图3–8　城市进入新模型的七大指标

在新的城市进入模型中，我们确立了人均/单位面积GDP（国内生产总值）、人均/单位面积财政收入、人口净流入、高净值人群数量、城市友好度、房地产投资占GDP比重、产业结构合理性七大指标，对城市的潜力进行综合评判。

明源地产研究院对中国珠三角、长三角、环渤海、长江中游等城市群及其核心城市的虹吸效应进行了研究与分析，相关研究成果参见《并购大时代来临，丛林法则下的房企战略突围》。

在业态和产品上，最大的市场仍然是刚需型住宅物业销售，但也需要结合宏观调控、客户需求、竞争态势、产业发展等因素进行动态调整与创新，即供给侧改革。

一切都是动态的，随着市场环境而变，随着调控政策而变，随着产业发展而变，随着客户需求而变，随着竞争态势而变。弹性经营，即快速捕捉这一系列变化的因素，通过不断地调整布局和边界来实现经营目标的达成。

2.精细化货值管理，实现产销匹配

在实施跟投机制的大背景下，很多一线区域都有拿地自主权，虽然一线区域的经营班子也是跟投成员，但总部仍然需要监控货值的产销匹配情况，以便从整体上监控各区域的经营风险。

货值管理的目标在于产销匹配，集团运营管理部门需要建立精细的货值管理体系，掌握精准的货值数据，包括各区域、各类业态与产品的生产、销售与存货情况。通过对产销比、存销比、预算完成率等指标进行分析，以及对存货结构多维度（包括存货状态、库龄等）的分析，一旦发现存在产销失衡的风险，要立刻向区域公司发出警示，并督促其调整开发策略或营销策略，避免出现存货积压、卖断货、现金流回正周期过长等问题。

（1）产销比、存销比指标监控，及时关注产销匹配情况

通过产销比、存销比、预算完成率等指标进行动态监控，确保有货可卖与快速回笼资金，避免存货积压与资金占用，并匹配企业年度目标以及3~5年发展规划。产销比和存销比计算公式分别如图3–9和图3–10所示。

例如，当产销比 < 1.2（安全库存系数）时，需要加快工程进度，当开工在建面积仍不匹配需求时，则需要考虑获取更多的土地；当产销比 > 1.5（安全库存系数）时，需要放缓开发节奏，避免存货积压。

例如，当存销比 < 3个月（安全去化系数），且市场无明显下滑趋势时，需要加快推盘节奏，避免无货可卖；当已达预售条件面积仍不满足需求时,则要考虑销售手段，比如提高售价；当存销比 > 6个月（安全去化系数）时，库存去化压力较大，需要加强销售力度，加快去化，或放缓开发节奏。

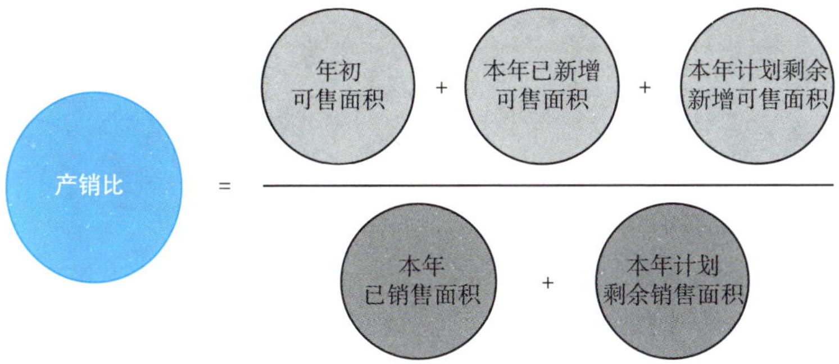

图3-9 产销比计算公式

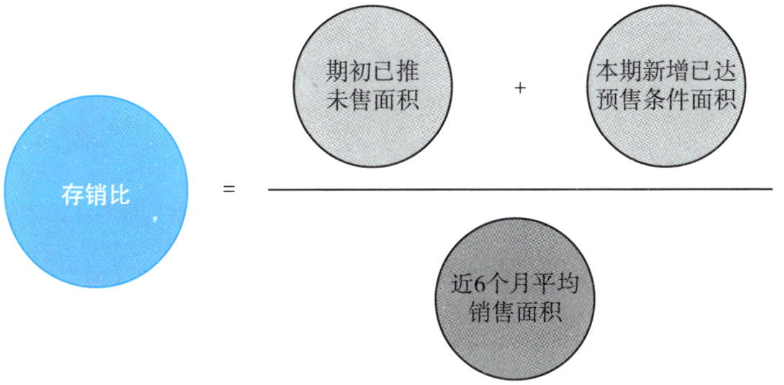

图3-10 存销比计算公式

（2）全方面的存货结构分析指导营销策略与开发策略的优化调整

为了能够生产适销产品和避免存货积压，各级运营部门一定要及时进行全方位的存货结构分析，包括存货区域（城市）、产品类型、面积段、存货状态、库龄等，根据区域（城市）、产品类型、面积段、库龄等产销比与存销比情况及时调整营销策略与开发策略。全方位的存货结构分析如图3-11所示。

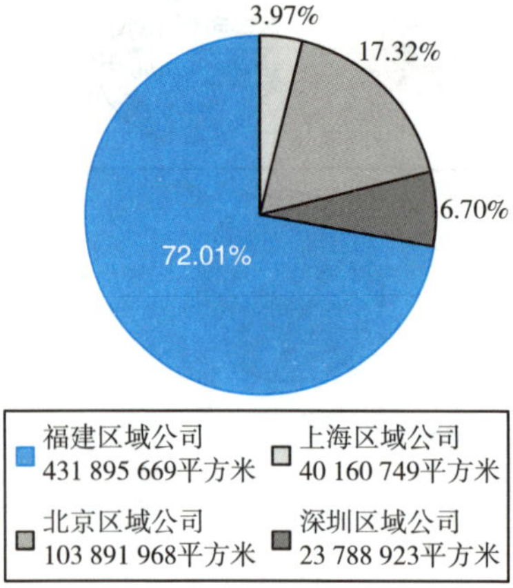

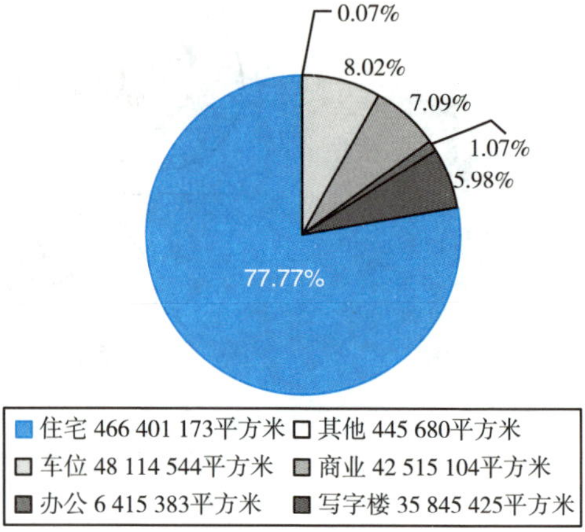

图3-11　全方位的存货结构分析示意图

（3）项目级货值管理应基于现金流回正的要求合理安排开工供货量

为了实现更好的项目跟投收益，除个别超大型项目外，当期推盘货量应满足现金流回正要求，要避免因货量过小、再次补货而导致现金流回正周期太长，也要避免货量过大、供销比过大、资金峰值过高而导致现金流回正周期延迟，这两种情况都会影响到项目跟投收益。应结合资金峰值、去化率与回款率等指标倒推供货量，推盘货量 ×3个月去化率 ×3个月回款率 > 资金峰值。资金峰值由动态测算得来；去化率与回款率应根据经验数据与市场情况综合确定；3个月是指希望开盘后3个月实现现金流回正，具体应结合去化率和回款率而定。

二、项目运营抓手：以利润结果管理为目标，以现金流管理为核心

1. 以利润结果管理为目标——保障合理的利润率水平

利润是项目最终的经营成果的反映，以利润视角的核心指标倒逼各业务部门协作提升，是近年来典型房企的共同选择。

利润管理的核心在于顶层制度设计要到位，可以使各个区域或事业部自发地追求利润。同时，设置好分红的门槛条件，比如现金流回正、交房标准、品质标准等，通过这些标准以保障一线区域在追求利润的同时，符合企业的文化导向，不损害企业的产品品质和服务品牌。一旦出现问题，将直接影响跟投的最终分红结果。

近5年，行业利润水平下滑已经是个普遍的共识，无论是快周转的恒大集团，还是均衡型的万科集团，或是高利润的中海地产、富力集团，利润水平都存在明显下滑。

目前，诸多房企在规模扩张的同时也在强调提高利润，并积极采取应对措施，部分企业取得了明显的成效。

2017年7月25日，恒大集团发布正面盈利预告：2017年上半年净利润为“去年同期3倍左右”，而且“本公司股东应分配利润将较去年同期大幅提升”。

2017年8月14日，雅居乐发布正面盈利预告：截至2017年6月30日，本公司及其附属公司未经审核综合纯利及本公司股东应占溢利，将较2016年同期增长100%。增长主要是由于本集团房地产销售的确认收入及毛利率较2016年同期更高。

净利润=收入–成本–费用–税金。应该基于这个基本的模型从收入、成本、费用、税金四个维度着手改善净利润水平。

（1）收入管控的核心在于货值最大化

货值=面积×均价。要保障货值最大化有三个关键点：第一，用足容积率，实际计容面积与规划计容面积偏差小，如果能在较小影响工期的前提下做大容积率，这条道路也可以探索；第二，可售比最大化，要合理控制配套面积偏差；第三，基于市场行情合理定价，确保合理的去化率，不能单纯地追求高价。前两点的核心责任部门是设计部，运营部、财务部和营销部要把关，第三点的核心部门是营销部，运营部和财务部要把关。

通过上述努力，才能实现项目目标总货值的最大化，同时需要对项目货值的去化情况、剩余货值等及时进行分析，保障项目动态总货值不低于目标总货值，保障项目总收入可以达到预期目标。

大部分实施跟投机制的企业，其返本和收益分配的规则会导致对现金流的追求高于对利润的追求。从集团总部角度出发，要规避区域公司过于追求现金流而损害利润的问题，这往往要求集团总部保留一定的销售价格管控权。

（2）土地成本控制需要选择合适的商业模式

土地成本的占比越来越高，在一线城市与强二线城市的土地成本占比大部分已过半，因此如何获得低价优质的土地不仅关乎发展问题，也对是否赚钱起到决定性作用。而如何获取低成本的土地，这是企业的顶层设计，是由企业的商业模式决定的。举例说明，如图3–12所示。

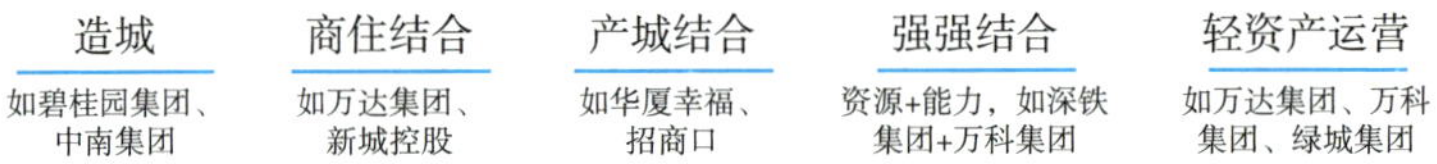

图3–12　行业龙头不同的商业模式

华夏幸福、恒大集团等仍然属于典型的低价拿地，如图3–13所示。

一个明显的特征是，行业集中度不断提升，而土地资源稀缺，并购成为龙头企业拿地的主要方式。部分企业甚至成立了专门的团队以应对并购相关工作，在这方面表现最为抢眼的莫过于融创中国，堪称房地产行业的并购之王。

地块的选择和土地成本的控制，是项目运营中最大的风险，通过项目跟投机制可以较好地控制此种风险。例如，对于负责项目地块获取的投资拓展部、财务部等，在完成拿地任务获得内部奖励的同时，应该要求这些核心部门的管理人员对这些地块进行强制跟投，并在必要时可以加大杠杆的倾向和力度，以促使这些关键部门在拿地时做出更稳健的选择和决策，从而尽量降低土地获取的风险。

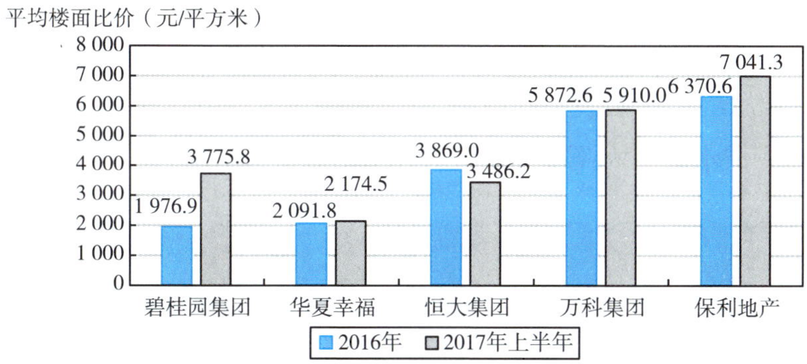

图3-13　2016年与2017上半年典型房企招拍挂拿地平均楼面地价

数据来源：Wind。

（3）建安成本管控升级，从成本2.0到成本3.0

在项目跟投机制下，建安成本的管控重点和管控方式都发生了巨大变化。

从目前成本的构成来看，建安成本的占比越来越低。如图3-14所示，Z企建安成本占比分析表明，建安成本占售价比重与占总成本比重双双持续下降。

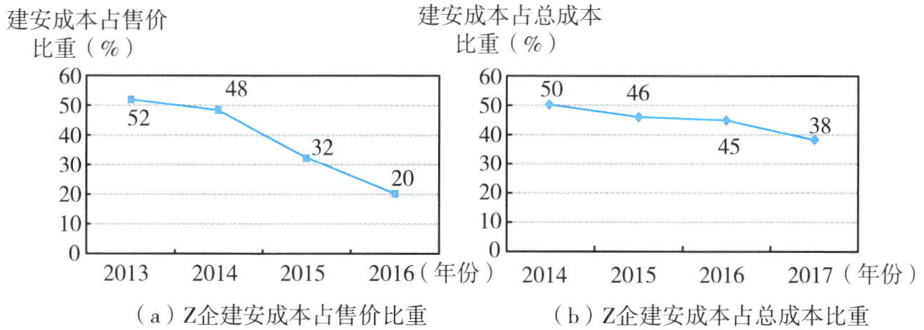

图3-14　Z企建安成本占售价比重与占总成本比重皆持续下降

首先，建安成本管控的重点已经发生了变化。虽然建安成本的占比越来越低，但并不是说建安成本管控不重要了，而是要思考建安成本管控如何更精细化。成本管理部门如果没有意识到这个问题就不可能明白今后成本管控的重点在哪里，就不能彰显在公司的地位。意识到这个问题之后，就要进行具体成本管控手段的升级，即从成本2.0升级到成本3.0，成本3.0时代需要从图3-15所示的五个方面进行重点发力。

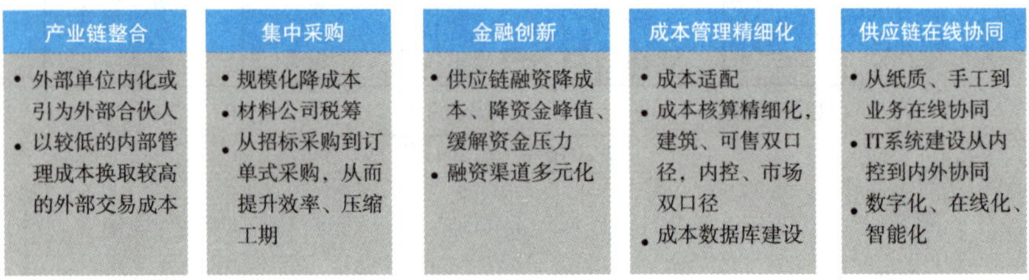

图3-15　成本3.0时代需要进行重点发力的五个方面

精细化成本控制与产品标准化是分不开的，但产品标准化并非千篇一律、毫无个性，而是要强调产品适配，根据不同的客户定位和竞争需要，将各模块进行组合，以快速满足不同定位的客户需求。与产品适配相对应的是成本适配，比如，万科集团将整个产品适配体系划分为五个公共模块与五个单体模块，不同产品系列只是不同模块和对应档次的组合，从而简化设计难度，降低设计周期，控制建安成本。

在成本管控过程中，管控过程与项目进度往往容易出现矛盾。大部分企业的目标成本控制、总包单位的选择等权限控制在总部，如果目标成本编制不准或可选单位储备不足，很可能导致不能按时进场开工，这要求集团成本招采部门在成本经验数据积累与供应商储备这两个方面做出更大努力，从而满足项目快速开发的需要，并确保成本不失控。

同样需要注意的是，集团总部也需要避免一线为了追求高利润、高收益而无底线地压低成本，从而造成质量缺陷、业主大量投诉等问题。因此，集团除了设定成本限额指标之外，还要对一些关键环节进行管控，包括目标成本的审批、大额定标与合同审批（土建总包、装修、园林绿化等），避免成本过低而损害质量，避免过于关注短期利益而忽视长期品牌。

其次，在推行项目跟投机制后，对于建安成本的管控方式也发生了变化。

在以往的科层制管控体系下，建安成本的管控包括项目的目标成本、合同、变更、付款等审批流程，大多要经过层层审批，然后到总部进行决策和审批。但在跟投大背景下，需要考虑效率和风险之间的平衡，要给予项目经营团队更高的自主决策权，因此一般会有较大程度的审批权限下放，以保障一线的自主经营效率和活力。

当然，这种审批权限的下放并不意味着管控上的放纵，需要更及时、更高效的数据上报和定期会议机制，总部定期对数据进行审视和检查，做好风险的及时控制和干预。在这种管控方式下，业务数据通过ERP系统进行数据的汇总上报，是当前诸多典型房企的一种通用模式。对于出现异常和违规的情况，总部应该及时严格处理，保障这种相对宽松自治环境下的底线不会轻易受到挑战和突破。

（4）费用率控制

在项目跟投大背景下，费用的节约意味着利润的增加，直接影响最终的分红，因此项目经营团队有动力主动做好费用的管控。因此，在费用的管控方式上，总部不用管太细，但是总部和相关审计部门需要通过相关体系的制度堵住“漏洞”，对于虚报费用的，应该处以严厉的惩罚。

根据明源地产研究院的分析，第一、二梯队房企近5年的三项费用（销售、管理、财务）费率为7.3%~10.5%，而第三梯队房企的三项费用费率为15.2%~22.5%，远高于第一、二梯队，如图3-16所示。所以，在房地产领域没有规模就没有未来，确实是至理名言。

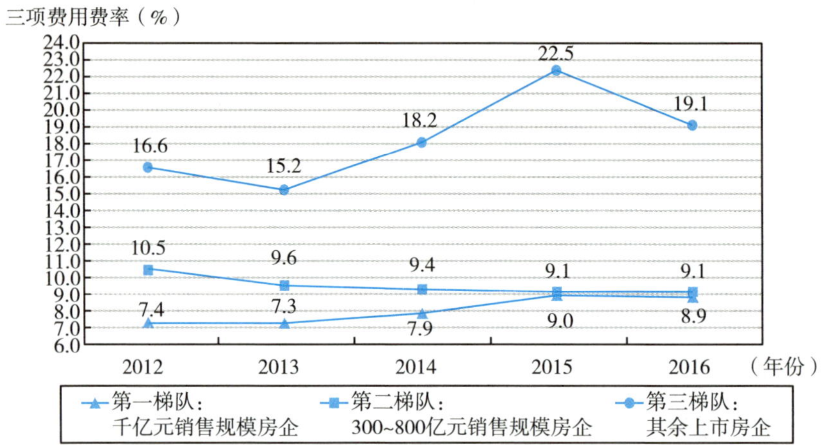

图3-16　房企三项费用（销售、管理、财务）费率对比分析图

指标说明：三项费用费率=（销售费用+管理费用+财务费用）/营业收入×100%。
数据来源：Wind、明源地产研究院。

第一，营销费用控制。随着移动互联网的深度应用与大数据的广泛探索，房地产营销将逐步走向精准营销的道路，营销费用将逐步下降。但是，营销费用的漏洞也很大，广告推广和内、外场佣金等通常会造成很多浪费，企业应建立规范的费用管控机制规避相关漏洞。

另外，规模型房企应着重加强老客户关系的维护，因为老客户推荐购买比重复购买的营销费用要低得多。

第二，管理费用控制。管理费用主要由办公、薪酬、奖金、福利、差旅费、培训费、招待费和咨询服务费等构成。管理费用的控制首先要从加强节约意识入手，其次建立配套的预算管控机制，杜绝浪费，减少无效费用支出。另外，高效的跨部门协作和组织运营，以及流程畅通是管理费用管制的根本，不是为了节约而控制，而是为了创造更高效的收益而运营。要对只雇用低水平、低薪酬的员工的做法，以及通过无底线地压缩人员编制来控制费用的做法实施监控，并提出整改要求。

第三，财务费用控制。随着企业规模的扩大，融资成本会在一定程度上下降，企业可以通过借新还旧的方式降低综合融资成本。另外，在国内银行收紧期间，房企的海外融资也成为一个选择。比如，富力地产在2014—2016年所有债务加权实际融资成本分别是8.22%、7.83%、6.3%，呈逐年下降趋势，企业规模、盈利能力和稳健程度对融资成本起到综合性的决定作用。

（5）税金管控

营改增后的新项目必须加强进项税管控，要避免出现进项不足、应抵未抵、发票过期、计算错误等原因导致的多缴税问题。有些企业简单地通过提高甲供材比例的方式获得更多的进项税，这种做法需要谨慎对待，比如要规避因进项税提高而导致的综合成本更高的问题，要规避提前获取的进项发票需要留存到2~3年，甚至更长时间才能抵扣而导致的资金积压问题。

在土地增值税方面，要避免出现临界点跳档的问题。企业要加强动态测算，一旦有跳档的可能性，就要提前从售价与成本两方面着手规避，以免得不偿失。

一些企业正在实施的供应链整合策略也是一种重要的税筹手段，比如自建材料供应链公司，通过增加内部交易的方式获得一定的税筹空间，但在具体实施时要做到如下两点才能保障效果：一是通过集中化降低采购价格；二是内部交易价格要合理。

2. 以现金流管理为核心——缩短现金流回正周期

资金峰值与现金流回正这两个指标在整个跟投体系中具有非常重

要的影响，影响投入资金大小、股权比例、回本周期，进而影响跟投收益。现金流回正越早，跟投本金返还就越早，投资风险就越低，为新项目贡献现金流就越早，投资收益也就越高。缩短现金流回正周期需要考虑三个方面的因素：一是时间因素，即快速开工、快速开盘；二是规模因素，即要尽快使累计回笼资金规模大于累计投资规模；三是融资因素，如果考核的是含融资的现金流回款而不是纯粹的经营性现金流回正，则可以通过融资手段辅助实现快速的现金流回正。如图3–17所示。

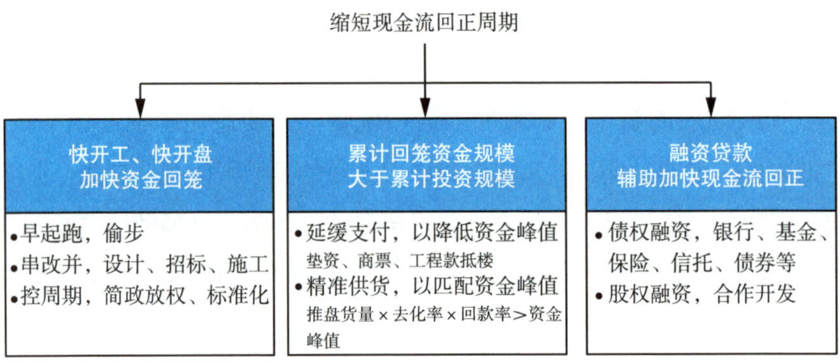

图3–17　缩短现金流回正周期需要考虑的三方面因素

（1）快开工、快开盘，加快资金回笼

通过早起跑、串改并、控周期等策略实现快速开工、快速开盘，典型房企如万科集团、恒大集团、碧桂园集团等都已经应用娴熟。

①早起跑。将传统流程中拿地后才开始设计的做法改为拿地前就开始进行设计。一方面，要求企业具备成熟的产品线和标准化产品，以便支撑前置工作的开展；另一方面，要求企业对目标地块有较高的把握。

②串改并。将设计、招标、施工在一定程度上进行搭接开展，不需要等到前置工作全部完成、尽善尽美才开展后续工作。当然，这需要有充足的供方储备和良好的战略合作关系做支撑，可以通过专业化整合

实现，如万科集团；也可以通过外部单位内部化实现，如碧桂园集团。

③控周期。主要通过管理标准化与产品标准化实现，简政放权、简化决策程序，将更多的决策事项下放给区域/城市公司，集团从例行管理转向例外管理，管异常、管事后审计，以此提升决策效率。

另外，在营销方面要精准把握市场动向、合理定价，实现快速去化，然后还可以通过提前验资、按时签约折扣、款项催收、滞纳金、资产证券化（应收款融资）等措施提高回款率。

（2）要尽快使累计回笼资金规模大于累计投资规模

资金峰值越大，现金流回正就越晚。要从收支两方面着手使现金流回正更快：一是延缓支付（土地款、工程款），尽量降低资金峰值；二是精准供货（产品类型、可推货量），有效匹配资金峰值。

地价越高，资金峰值就越大，现金流回正也就越晚。在拿地阶段，要考虑对项目跟投的影响，如果地块过大，则要考虑是否可以分期付款，这需要良好的投资关系（招拍挂）或合作协议（收并购）做支撑，否则前期投入过大，不利于资金周转，或者公司可以对这类大型的战略性项目设置个性化的跟投方案。

而对于支付工程款来说，并不能单纯地通过拖欠来实现，要考虑保持良好的合作关系，垫资、商票等都是可以延缓现金支出的方法。开发商支付一定的贴息即可换得更灵活的账期，有利于降低资金峰值。另外，楼抵工程款也是房地产企业支付工程款的一种方式。但是，如果为了降低资金峰值、延缓资金支出而一味拖欠施工单位的款项，这种做法是要受到约束管控的，集团总部要通过一系列规章制度与措施进行合理约束，包括标准化合同付款条款、定期的供应商反向评估或座谈、定期抽查、开放的投诉渠道等，避免为了牟取短期利益而损害企业长期的伙伴关系。

精准供货的核心在于，推盘货量 ×3 个月去化率 ×3 个月回款率 >

资金峰值，详细内容在前面已有阐述，此处不再重复。

（3）融资贷款，辅助加快现金流回正

如果在企业跟投机制中设定的现金流回正是含融资的现金流回正，而不是纯粹的经营性现金流回正，则项目团队可以通过融资手段辅助实现快速的现金流回正，可以通过银行、基金、保险、信托、债券等途径进行债权融资，也可以通过合作开发的方式进行股权融资，当然还需要集团给区域授予必要的融资权。需要注意的是，开发贷在支撑现金流回正的作用要视具体情况而定，一个项目“四证”齐全的时间通常较长，对于快周转的项目，“四证”齐全后距离预售已经很近，很快将实现预售与资金回笼，自身已经具备“造血”功能，其实就已经不太需要大量的融资了。当然，如果开发周期长，用途还是比较明显的。

三、上下连接枢纽：做好会议与报告——运营动态监控、分析、预警

企业需要建立相关的会议与报告机制，对运营动态状况进行及时监控，集团、区域/城市、项目都需要有对应的月度运营会议及运营报告，要反映出拿地、开工、供货、认购、签约、回款、贷款、结转、利润、现金流等情况。各级运营、财务需要对各类数据进行归集、分析和预警，提出整改建议或下达整改要求等。

需要避免只在立项时定目标，开发过程中无跟踪，没有提前识别和规避风险，结果与目标偏差太大等问题。而在数据采集、上报和过程预警这些方面，可借助信息化系统辅助实施落地。另外，跟投项目的经营信息也需要定期（季度/半年度）公示，某企业在实施项目跟投一年多的过程中都没有公示经营信息，大部分的跟投人对所跟投项目的利润、现金流情况无从知晓，对自己预期的收益是否能够实现不清楚，跟

投的积极性大打折扣，这也是需要规避的问题。

会议的召开与对数据报表的要求，应结合项目跟投机制进行优化调整。整体来看，相比之前总部参与一线的会议要减少，将管控方式从参与会议转变成数据监控。比如，万科集团以前有十级会议，现在更多的会议都已经下放给区域，总部更多的是强调“权限下放、数据上报、数据监控、发现问题”的风险预警类会议的组织召开。但是，总部不要因为参与的会议减少了，反而要求一线上报更多的数据，这样会导致一线报表工作量大增，应尽可能在授权范围内放手给一线去做，减少对一线业务不必要的干预。

第四节 经营下放，数据上传：开启房企智慧经营新征程

当前，行业形势在迅速变化，企业的治理架构也在变化，传统的智慧经营解决方案以及产品工具也应该随势而变。以下将针对在自组织时代下如何开启房企智慧经营新征程进行探讨。

一、房地产行业发展现状及面临的管理挑战

当前房地产行业发展呈现出三大典型特征。

第一，行业集中度越来越高，严重程度远超想象。2016年年底，行业整体销售额基本到达顶峰，接近12万亿元，与此同时，行业集中分化的程度节节攀升，远超想象。基于线性数据推演，预计在2~3年后前10强将占到行业总规模的30%~35%，行业门槛将越来越高。

第二，“大象比猴子跑得快”，管理的根基发生了巨大变化。根据明源地产研究院2016年年报分析，第一梯队房企总资产规模绝对领先，

同时，净利率、财务费用率等经营指标都领先于其他梯队房企。

第三，项目跟投已成为房企管理创新的必选项，房企全面进入自组织时代。近年来，业绩增速最快的前10强房企大多都引入了跟投机制，其原因在于，房企要追求更大的规模，管理体量快速加大，必然需要将经营权下放，因此一定要通过更大的激励来促进业绩的提升。

在行业加速变化的大背景下，房地产企业未来面临多方面挑战。第一，总部将经营权下放后，一线如何上传数据？第二，随着跨区域项目的增多，传统由总部集中统管的模式必然失效，未来一定要走向分级管控的道路，而在分级管控背后如何做到放而不乱，以及如何快速洞察风险？第三，如何进行进一步的激励创新，将项目跟投机制在企业内部真正落地？

二、新型智慧经营解决方案思路

未来，集团总部的信息化管控趋势的关键在于，为一线项目赋能，为一线核心业务场景赋能。总部为一线在赋能的过程中必然会沉淀数据，数据自动上传至总部后形成整体的经营决策作战室（如图3-18所示），由此企业的经营才能得到有效管控。

在这种新趋势下，新型智慧经营整体解决方案已经箭在弦上。明源地产研究院在智慧经营解决方案落地思路上，主要从收支管控、产销平衡、项目投资收益管理和项目跟投四大方面展开，而这其中所有的数据都将在集团层面形成一个整体的可视化经营决策看板，如图3-19所示。

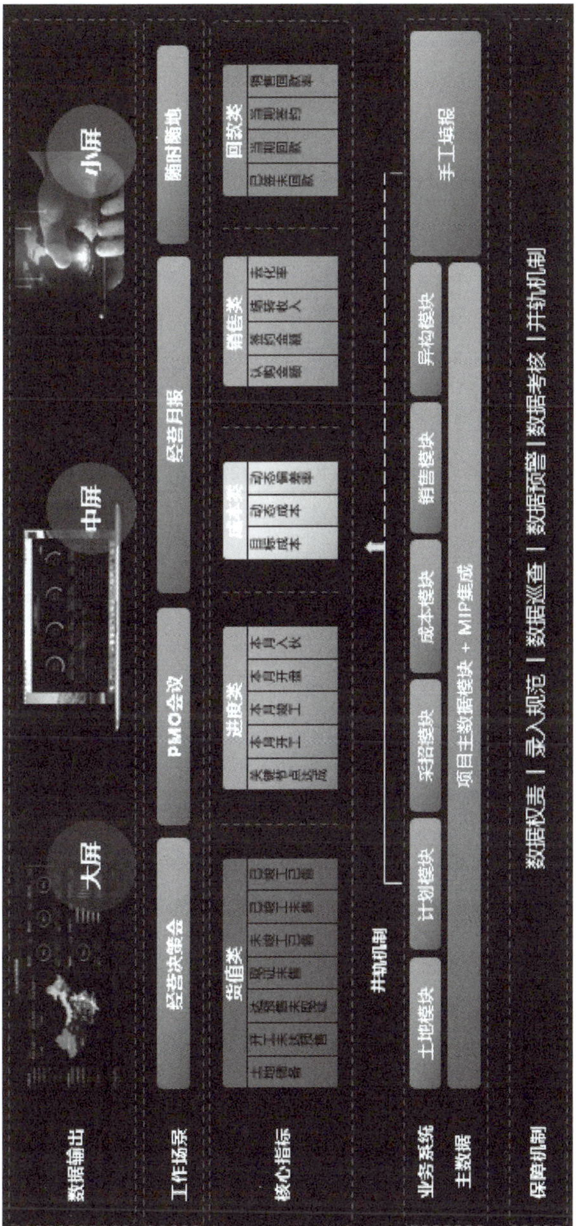

图3-18　数据自动上传至总部后形成整体的经营决策作战室

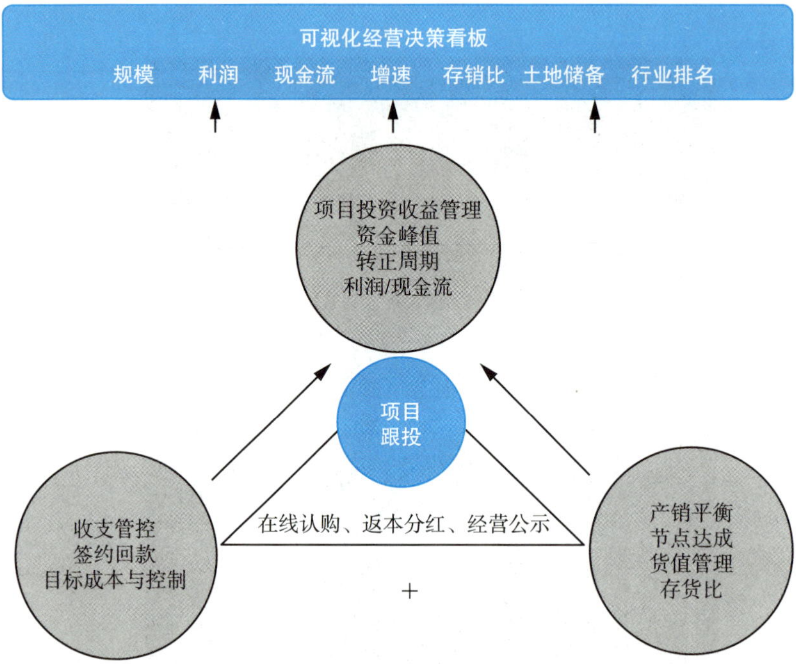

图3-19　可视化经营决策看板

1. 收支管控

从收支管控的“收”来看，明源地产研究院非常注重将一线关注的业务场景在线化，并选取了多种业务场景，通过数字化手段，实现营销的智能化，在线开盘就是典型应用。通过业务场景在线化可以实现集团总部对所有数据一览无余，不需要像以前那样做完业务之后还要补录数据，只有这样才能真正将智慧营销落地。在云端应用场景的深入运用后，还要做到云端产品和ERP的实时把控，在为一线赋能的同时实现总部的有效管控。此外，随着越来越多的硬件、软件、第三方平台工具的引入，明源地产研究院营销系统也更趋向开放、灵活，真正做到与各产品线、不同工具的有效互通，使营销更加智能。

从收支管控的“支”来看，明源地产研究院与行业龙头企业一起交流探索后发现，传统成本里有很多的黑洞与顽疾，在以前的管控体系下很难解决。现在，我们利用移动互联网工具，把管理和移动录入进一步往外延伸，由此使第三方更愿意录入数据，解决了变更上报和录入不及时的问题，这已然是很大的进步。此外，将成本的各个场景，比如变更、协同、订单、产值、申报、结算、付款、发票等逐一实现在线化，这也昭示着，未来的管理将从专业管理转向供应链管理，场景将从线下作业转向场景化在线，管控边界将从内部管控转向内外互联。

2. 产销平衡

未来，我们应该站在首席执行官的视角看待节点管控。节点背后就是整体的产销平衡，主要包含以下几个方面。

第一，关于节点达成。我们做到了将各个终端的日历集成、打通，在一个日历下掌控所有的工作节点。

第二，关于工作实时汇报。以前，电脑端交互界面很不友好，而现在我们可以利用移动互联网进行点赞、评论，建立良好的工作氛围，让工作更有趣，同时，能够实现线上留痕，方便后续追踪。

第三，关于工作协同。以前一定要见面、开会，而现在可以在移动端建立工作交流圈，可以快速地针对问题进行交流和推动，并形成决策。

第四，关于高层交办任务管理。以前是基于管控思路要求汇报，而现在是追求一线工作高效，更有乐趣，更能够帮助高层完成工作，总部所有成员对一线上报的数据可以做到一览无余，进而支撑高层决策。

第五，关于货值管理。如何平衡生产和销售的节奏，是需要重点关注的。明源地产研究院也在推动很多企业做货值大屏，通过数字化，加速实现产销平衡。

3. 项目投资收益管理

在自组织的大背景下，“项目级”的投资收益管控一定是未来的核心。在经营权下放后，经营的责任单元都是区域/城市公司或具体的项目，如何帮助一线把一个项目做完，兑现项目既定目标，并且根据项目跟投方案分配收益？这是未来管控的核心。所以，我们要将每一个具体的业务场景实现真正在线化，在整体的利润管控层面实现智慧经营。

在具体做法上，需要对项目层级决策关键点进行梳理，并逐一击破。例如，一线要拿地，以前我们要做一个很完整的方案才可以得出项目的预期收益；而现在，我们提供了一个快速的测算模板，一线可以利用这个测算模板对项目收益情况进行快速预测，该不该拿地就变得非常轻松。而一旦一线使用了这个工具，运营的全过程数据都将被采集下来，有了这些数据沉淀，才能让未来的经营决策真正做到可支、可控、可预测。

4. 项目跟投

项目跟投已成为当前房企主流的激励模式，而不同的企业有不同的关注点和不同的模式，其项目跟投到底应该如何落地？此时，跟投系统的运用就非常重要，明源地产研究院已经在与典型房企合作，开发真正让房企管理层想要的、一线也愿意用的跟投小工具。

在实施过程中，明源地产研究院发现，当前跟投管理落地的挑战主要有五个方面：一是信息公示不透明；二是协议管理难度大；三是跟投过程沟通难；四是特殊业务处理乱；五是跟投规则落地难。针对这些落地难点，在跟投系统整体设计的思路上，要实现后台有一个管理端，面向企业管理层，对整体的跟投方案进行设计和把控，将跟投过程中信息动态公示，同时，员工可以通过移动端快速与总部实现交互。

在跟投系统具体界面设计上，首先，进行跟投方案的基础参数设置，确认后发布；其次，在方案发布后，所有的员工都会收到认购信息，实现协议的模板化和电子签名，便于在线交互；最后，关于关键的分红环节展示，如分红有多少？利息有多少？交税有多少？都可以做到一览无余，打消跟投员工心中的疑虑。只有这样才能真正实现跟投业务的落地。

确保跟投全过程在线的关键在于六大特性，包括业务在线、电子签名、消息驱动、业务处理、混合认购、业务集成，确保跟投全过程效率更高，如图3-20所示。

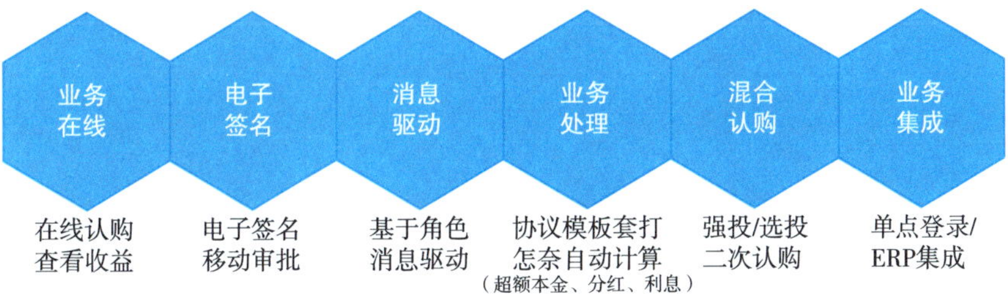

图3-20　确保跟投全过程在线的六大特性

总体而言，在行业变化大趋势下，自组织是未来房地产企业不可逆转的方向，而随着经营权限的下放和管理主体的沉降，人们应该更关注产品和工具的变化，将产品和工具引入企业内部，真正帮助房企在新时代下将智慧经营全面落地。

第四章

弄潮

典型房企项目跟投实践案例

正如我们在第一章第三节所讲述的，每个企业在进行项目跟投体系设计时，都需要结合多方面的因素进行设计。

在本章的案例中，我们将针对不同规模的企业，选择几家有代表性的房企，对其项目跟投模式的核心环节和推行跟投后的效果进行深入解读，如表4–1所示。表4–1中，“名称”带“*”的企业，我们将在案例[①]中详细解读。

① 本书所涉及案例均来源于公开报道或相关资料，为了保证企业隐私，编者对企业名称、图片、数据等均进行了合理的加工和处理，请读者勿直接对号入座。如有雷同，纯属巧合。——编者著

表 4–1　代表性房企项目跟投核心环节、效果解读

企业类型	名称	性质	跟投金额上限	跟投对象	返本启动点	分红启动点	退出点	跟投载体	点评
行业龙头	A	民企	股权15%~20%（区域拿地，可以配20%）	1. 核心骨干强投 + 全员自愿选择 2. 提供杠杆	达到资金峰值	项目公司盈利，富余资金可再周转	封闭5年	投资公司	行业先行试水者，通过形成投资平台，封闭运行，核心骨干享有同股同权的待遇，企业获得超常发展
行业龙头	B*	混合制	资金峰值10%	1. 核心骨干强投 + 全员自愿选择 2. 提供杠杆（后取消）	达到资金峰值	1. 现金流回正 2. 优先劣后，需要IRR指标达到一定条件	项目清算	有限合伙企业	行业先行试水者，效果凸显。后该企混改后，已经逐步取消杠杆
全国布局（1 000亿元）	C*	混合制	股权10%	1. 核心骨干强投 + 全员自愿选择 2. 无杠杆	现金流回正	1. 现金流回正 2. 基于IRR指标，采取优先劣后	销售面积90%	有限合伙企业	带有国企血统，项目跟投方案获得通过，预期未来企业规模获得快速发展
全国布局（500亿~800亿元）	D	民企	资金峰值5%	1. 核心骨干强投 2. 提供杠杆	项目整体已达到资金峰值，当项目现金流持续3个月回正	工程竣工，销售去化率95%	项目清算	有限合伙企业	加快全国布局，项目跟投对于风险的控制有积极意义，目前仅允许核心骨干能跟投
全国布局（500亿~800亿元）	E*	国企	资金峰值5%	1. 核心骨干强投 + 全员自愿选择	不详	不详	项目结算	信托计划 / 资管计划	资源处于行业优势地位，需要激发团队激情，项目跟投处于尝试阶段
全国布局（500亿~800亿元）	F*	民企	土地成本及前期费用的6%	1. 核心骨干强投 + 全员自愿选择 2. 提供杠杆	自有资金平衡	去化率90%	项目交付后三个月	有限合伙企业	通过竞聘项目操盘手、路演，将项目跟投对团队的刺激作用发挥得淋漓尽致
区域龙头（300亿~500亿元）	G*	国企	股权10%	核心骨干强投	股东投入资金回笼	项目交付	项目结算	基金投资	当前正处于谨慎试点尝试阶段，后续拟加大力度
区域龙头（300亿~500亿元）	H	民企	资金峰值10%	1. 核心骨干强投 + 全员自愿选择 2. 无杠杆	达到资金峰值	利润为正	项目清算	有限合伙企业	深耕区域，跟投不提供杠杆，推行跟投后，士气激昂
区域龙头（300亿~500亿元）	I	民企	资金峰值5%	1. 核心骨干强投 + 全员自愿选择 2. 提供1.5倍固定杠杆	不约定	累计净现金流为正	1. 销售面积90% 2. 收购跟投权益对应的净资产，按1.5倍退出	有限合伙企业	不约定返本时点，通过收购跟投权益对应的净资产，按1.5倍溢价收购退出
区域龙头（300亿~500亿元）	J	民企	股权15%	1. 核心骨干强投 + 全员自愿选择 2. 无杠杆	现金流回正	现金流回正	销售面积90%	总部和区域通过合伙平台投资	激励幅度较大，对团队的刺激也较大，规模快速增长，未来黑马
区域规模（100亿~300亿元）	K*	民企	资金峰值8%	1. 核心骨干 + 全员跟投 2. 提供杠杆	达到资金峰值	销售面积90%	项目清算	有限合伙企业	高层比较大气，若项目亏损，由大股东兜底
区域规模（100亿~300亿元）	L	民企	资金峰值5%~10%，和项目规模有关	1. 核心骨干强投 + 全员自愿选择 2. 提供杠杆	销售回款后，满足6个月资金要求	现金流回正	销售面积90%并交付完成	有限合伙企业	项目跟投设计参考万科集团的模式，较为典型

第一节 十年称霸路：行业典型的组织激励进化之路

B企是国内领先的房地产公司，其业务范围如图4-1所示。

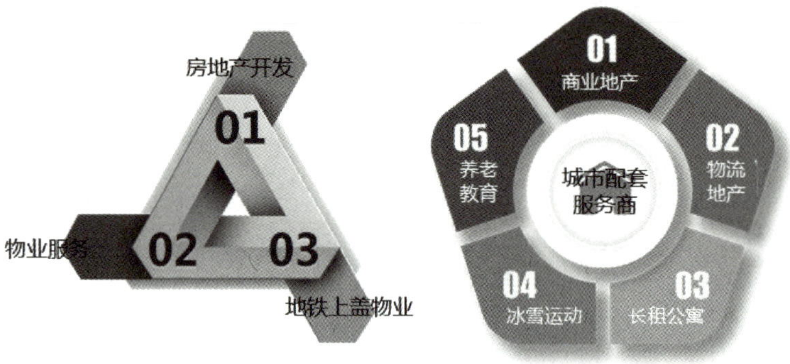

图4-1 B企核心业务与业务版图拓展

一、转型升级、内外交困，B企欲推事业合伙人制谋破局

1. 销售额与销售面积逐年提升，持续扩张意图明显，扩张带来项目井喷式增长

首先，B企近6年的销售额与销售面积持续增长，稳步发展，目前销售规模位于行业前列。

然后，B企战略布局聚焦城市圈带，进入城市广泛，集中锁定四大区域，主要包括以珠三角为核心的南方区域、以长三角为核心的上海区域和以京津冀为核心的北京区域，以及由中西部中心城市组成的中西部区域。2016年，B企新增开发项目100多个，聚焦城市圈带，多个项目同时高效执行，对企业规模快速扩张下的管理运营提出了高要求。

最后，B企合作开发由来已久，合作项目逐年增加，项目覆盖面越来越广。2016年，B企新增项目中有超过50%的项目为通过合作方式获取。

2. 原有住宅业务模式下增速波动，业绩模式发生重大调整，组织结构需要重新设置

2014年以后，风云突变，A股地产板块股价长期低迷，原有住宅业务模式增速有所波动，不能再持续高速增长。2013年和2015年的同比业绩增速分别有所下滑，连续5年的增速呈现上下浮动的“波浪”走势。

与此同时，住宅行业的增长面临天花板，B企业绩模式发生重大调整，逐渐向城市配套服务商转型，因而组织结构要重新设置，原有人员要大量精简、分流。

B企在转型升级期进行了一系列大刀阔斧的改革，B企希望通过合伙人制来简政放权，提升组织效率，加速业务增长，凝聚人心，提升士气。

3. 职业经理人制度瓶颈突显，高管大量出走，人才与资本此消彼长，矛盾激化

2010—2012年，B企大约有40%的中高层管理人员离开，职业经理人制度遭遇瓶颈。在过往的职业经理人制度下，员工无论干得多好，职位多高，永远无法成为企业的所有人，与企业仍是被委托者和委托者的关系，他们希望能体现自身价值，给企业带来足够多的利益，从而参与企业利润的分享。

在地产“白银时代”，边际效应递减，B企既要考虑股东收益，也要考虑企业的长远发展。而住宅开发的天花板致使职业经理人制度不再被资本市场认同，股票价值被低估，人才与资本的关系呈现“此消彼

长”的态势，经营者收益与股东利益之间的矛盾和冲突开始突显，需要找到新的激励空间，职业经理人制度能够共创、共享，但不一定能够共担，也存在能力与道德风险。

因此，需要更好的制度来帮助B企平衡人力成本与经营风险的两难局面，既能有效地聚拢优秀人才，又能更好地激发组织潜能，还能平衡项目投资风险。

4.行业利润率逐年递减，企业长效发展对人才的要求更高，长期发展需要短期激励作为补充

行业利润率逐年递减，客户需求日益多样化。新技术不断涌现，不断被应用到房地产行业；对人才的要求也越来越高，尤其是核心人才作为统帅和资源的作用越加突显，需要更大范围和更有效的组织激励。

与此同时，人才激励要使员工既关注公司的长远发展，也要关注公司的短期业绩，既注重企业全局，也要注重单项目，持股计划捆绑长期利益，因而需要项目跟投的短期见效。例如，B企以前曾两次发起股权激励，却都以失败收场，因而更需要组织激励机制的创新与组合，从而激发全体员工的创造性。

此外，B企高管在一年时间内走访了多家创新驱动企业，这些企业的组织激励实践，不仅起到了商业典范作用，还给合伙人制提供了有益的借鉴经验。

二、集团层面的持股计划+项目层面的跟投机制，从员工转变为合伙人

不得不提的是，上述B企收购股权所需的资金在数年前便已经开始储备，这可以追溯到B企在2010年推出的利润奖金计划。2010年，B企

对原有的业绩考核体系进行了大幅度调整。

1.公司层面：针对高管的利润奖+持股计划

B企针对公司高管推出了利润奖，根据当年实现的业绩考核指标，并参照行业的资金成本标准进行扣除，提取固定比例作为利润奖金；根据项目的收益来发奖金，奖励高管、中层管理人员和一部分业务骨干，这些奖金分为集体奖金和个人奖金两个部分，其中集体奖金通过资产管理计划在二级市场购买B企A股市场股票。

据专业人士分析，利润奖金原本也是激励机制的一部分，如今巧妙地转化为股本，企业便可以利用融资杠杆获取更多资金来购买B企业股票，可以放大合伙人持股的效果。

2.合伙人制：公司级持股计划+项目级跟投机制

B企公司级持股计划与项目级跟投机制如图4–2所示。

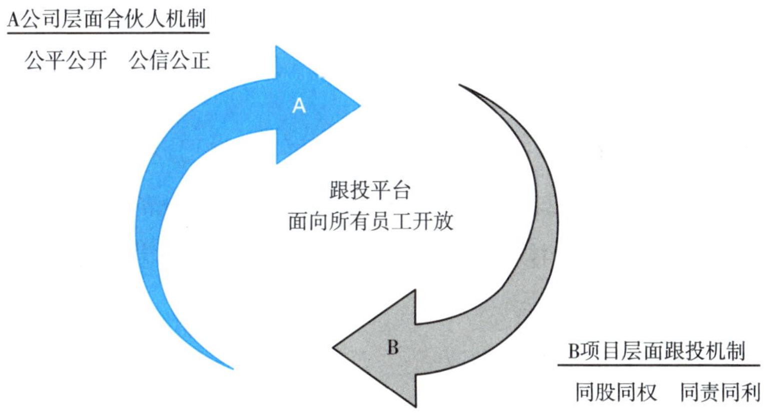

图4–2 B企公司级持股计划与项目级跟投机制

B企事业合伙人制包括事业合伙人持股计划和项目跟投机制。事业合伙人持股计划发生在公司层面，即公司合伙人通过券商集合计划购入股票；项目跟投机制则具体到项目层面，即公司员工在一定比例内可以投资公司的新项目，而项目的管理人员必须投资。如图4–3所示。

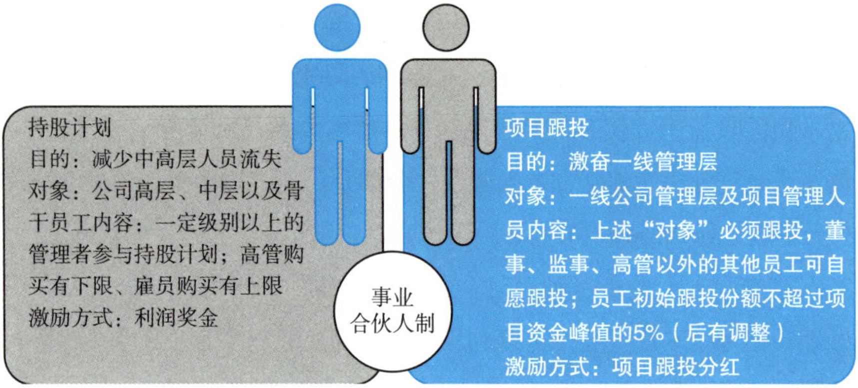

图4–3　B企的事业合伙人制

（1）持股计划

持股计划捆绑长期利益，持公司股份，关注持股范围、持股形式、持股比例、发放办法、组织方式、分红等。

（2）项目跟投

B企2014年在股权激励基础上增设项目跟投分红，增加短期激励，补充长期发展。国内最早将具有“合伙人”概念的跟投机制引入管理运营的公司，非B企莫属，项目跟投机制是B企事业合伙人制的重要内容。

2014年，B企董事会审议通过《关于建立项目跟投制度的议案》。从B企的实践来看，2014年在股权激励基础上增设项目跟投分红，增加短期激励,补充长期发展。项目跟投作为短期股权激励，持项目股份，关注组织形式、参投范围、持股比例、出资规定、退出机制和收益分配等。

B企项目跟投的目的在于扩大激励范围，激励对象包括一线公司管理层及项目管理人员，而董事、监事、高管以外的其他员工可以自愿跟投，员工初始跟投份额不超过项目资金峰值的5%（后面进行了多次修订，跟投份额有所调整，后面有详细解读）。跟投员工根据其跟投比例来获得分红。

2014年，B企项目跟投机制正式实施，刚开始跟投时，热门项目的认购率超过300%。在这个过程中，项目跟投先根据预测资金峰值核算跟投金额上限，之后按实际资金峰值对上限进行复核，最终确定分红比例。由于实际资金峰值并不一定等于预测资金峰值，当跟投者超出跟投比例的上限，要相应核减跟投金额，超出部分则在首次资金分配时退还给跟投者，不计收益分红。

业务层面的跟投机制改变了B企从投资买地到销售结算这一项目操作全流程，有利于快速运用和完善对运营效率提升有改善的手段和工具。

（3）B企项目跟投案例演示

①项目基本情况：X项目为B企全资项目，项目总建面积为15万平方米，预计售价为2万元/平方米，总销售额为30亿元，净利率为13%，项目开发周期为4年；该项目为B企于2013年第四季度获取，预计资金峰值为9亿元，地价为7.5亿元，B企已先行垫付，项目开始销售前还需要支付1.5亿元的其他款项。

②跟投设计：按照预测资金峰值9亿元×5%=0.45亿元，加上对应B企先行垫付的资金成本150万元，跟投人员2014年第二季度出资4 650万元，Y合伙企业等额出资4 650万元跟投。

③跟投收益预测：2014年第四季度项目预售，资金峰值确定，核定项目资金峰值为8.7亿元，核定跟投人员权益比例=0.45/8.7=5.17%，

后续收益分配按此权益比例计算。

④返本与分红节点：X项目于2014年第四季度开始预售，假设2015年第一季度末开始出现资金余量，可进行分配，Y合伙企业在此30天前开放认购；假设全部被认购完毕，跟投人员需在2015年2月支付4 650万元+150万元（假设对应资金成本为150万元）=4 800万元，至此跟投人员在项目公司的权益比例变为5.17%×2=10.34%。

X项目于2014年第四季度开售，去化周期为5个季度，2015年第四季度去化完毕。假设项目资金于2015年第一季度出现余量，可以进行分配，2015年第二季度项目资金流回正，本金收回完毕，余量资金按照权益比例进行收益分配，至2015年第四季度末累计分配收益（税前）≤30亿元×13%×10.34%×70%=0.28亿元。

X项目于2016年第四季度一次性交付，至2016年第四季度末累计分配收益（税前）≤30亿元×13%×10.34%×80%=0.32亿元。

X项目于2017年第四季度清算（未付工程款、税金等或有债务已确定），至2017年第四季度末累计分配收益（税前）≤30亿元×13%×10.34%×100%=0.43亿元。

此时，X项目跟投结束。

3.B企项目跟投方案的三次修订

B企项目跟投方案及其修订如图4–4所示。

基于最早的《关于建立项目跟投制度的议案》，B企分别于2015年年初、2016年年底和2018年年初进行了修订。

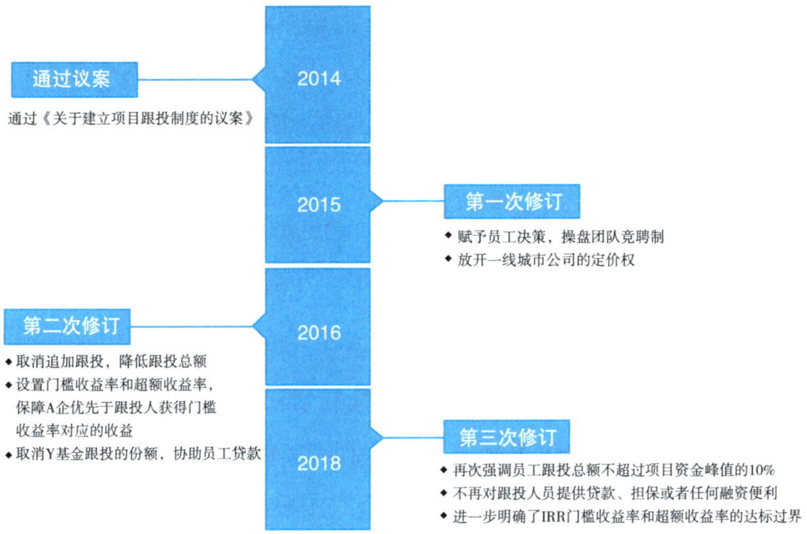

图4-4　B企项目跟投方案及其修订

（1）第一次修订

为了放大内部跟投员工享有的权益收入，对跟投资金额度进行了追加。

2015年年初，B企首次修订跟投方案。

第一，规定由公司跟投的资金在项目资金峰值的5%基础上再追加8%，这意味着跟投资金达到一个项目资金峰值的13%。简而言之，就是B企的一个地产开发项目，内部跟投员工可以享有13%的权益收入。

第二，给予员工决策权，采用操盘团队竞聘制。具体来说，B企由跟投者通过投票来选择操盘团队，比如B企南京某项目，并非由工程出身的项目经理负责，而是让有能力的员工自组团队，从项目运营到产品开发等环节安排时间节点，最终由项目跟投人投票决定项目的操盘团队。

第三，放开一线城市公司的定价权。项目操盘团队内部进行相互制约，跟投到位则自然会反向推动操盘团队进行更科学、合理的定价，从而获得更高的收益。

相关数据显示，B企2014年全年公司开放跟投项目近50个，申请跟投达到9 000余人次；2015年，全年累计开放跟投项目近80个。

（2）第二次修订

跟投机制的实施对于提升公司绩效有着积极作用，但回归到公司运营上，在行业大环境走势向下，企业利润率也在下降。因此，为协调股东与管理团队之间的利益分配，B企对跟投机制进行了第二次修订，于2016年年底通过《关于第二次修订项目跟投制度细则的议案》。

第一，降低额度。取消第一次修订的追加跟投安排，降低了员工跟投总额度上限，规定跟投投资总额不超过项目资金峰值的10%，但并未强调员工跟投与公司跟投资金的比例关系。而对于B企股权比例低于50%的项目，跟投人持有的项目权益不超过B企在该项目所持权益比例的20%，单一跟投人员直接或间接持有的项目权益比例不超过1%。当然，这一比例也是经过精密测算的，不会降低跟投者的激励性，同时保证股东的利益。

第二，优先劣后。参考了各类PE（私募股权投资）基金中广泛应用的“优先劣后”分配理念，通过设置门槛收益率、超额收益率，要求跟投人以收益为限对B企承担劣后责任。也就是说，当IRR达到10%以上时，员工才能分得相应收益，否则无收益。而当IRR达到25%以上时，超过25%的部分，跟投员工可获得超额收益率分红，即收益率乘以1.2。这时候的跟投与基金跟投就大不一样了，后者与员工能动性的发挥关联不大，而前者有明显的激励性，激励员工把收益率做大。通过设置超额收益率，在一定程度上也弥补了修订后取消追加跟投所减少的收益。

“劣后”是指在股东没有获得足够的收益前，事业合伙人的投资将没有回报，甚至连本金都要用来赔付，但如果经营取得了远超社会平均水平的回报，事业合伙人的分配比例将明显超过其出资比例。具体而言，当跟投项目内部收益率不高于门槛收益率时，需优先保障B企享有门槛收益率的收益，剩余收益（如有）再分配给跟投人；当跟投项目内部收益率高于门槛收益率但不高于超额收益率时，跟投人按出资比例分配收益；当跟投项目内部收益率高于超额收益率时，超额收益率以内对应的收益，跟投人按出资比例分配收益，超额收益率以上的收益部分，跟投人按其出资比例对应收益的1.2倍分配收益。

B企跟投机制的第二次修订对于“共担”是一个强化，由此可知，修订后的跟投机制对跟投人员的要求更加严格。B企表示，这更有利于保障公司和股东的利益。

（3）第三次修订

2018年年初，B企发布公告，对项目跟投机制、董事/监事薪酬、利润奖金方案进行调整与修改。B企在项目跟投机制第三次修订的同时，对薪酬制度、利润奖金等多种方式进行了综合运用，以有效发挥复合机制的组织激励作用。

第一，本次在项目跟投机制的修订上，再次强调了员工跟投总额不超过项目资金峰值的10%，且跟投人员的跟投资金应在公司资金投入后20~40个工作日内到账。

第二，B企不对跟投人员提供借款、担保或者任何融资便利。这意味着，过去跟投员工可以受让B企跟投份额的时代已经结束，跟投员工必须自己拿出真金白银来认购项目资金峰值10%的份额。但与此同时，规定跟投人员可以在合法范围内寻求直接或间接方式参与跟投，比如以员工集合基金等方式进行，即跟投人员可以寻求外部杠杆。

第三，针对此前规定的住宅开发销售类项目的跟投人员需以自己的跟投收益对B企劣后。本次修订进一步明确了项目内部收益率在各区间达标的边界：IRR≤10%，项目收益优先向B企分配，直至B企达到项目IRR为10%时对应的收益水平，再向跟投人员分配项目收益；10%<IRR≤25%，跟投人员与B企按出资比例分配项目收益；IRR>25%，在项目IRR超过25%后的项目收益范围内，由跟投人员按其全部出资比例的1.2倍分享收益。

值得一提的是，B企董事、监事和高级管理层是不参与项目跟投的，因而此次激励机制修订，针对这一人群在年薪与利润奖金上进行了调整。最新方案显示，B企拟将独立董事和未在B企全职工作的董事、监事的年薪进行翻倍，而在B企全职工作的董事和监事则按照工作绩效领取薪酬，同时参与年度利润奖金的分配。

与此同时，在B企全职工作的董事会主席也有了确定的激励方案，其年薪将与B企的净利润增长率相挂钩，当净利润增长率≥15%时，年薪=基数×（1+公司年度净利润增长率−15%），首年基数为过去三年公司董事会主席和总裁的年薪总额平均值。

B企的利润奖金制度与事业合伙人制紧密相连。很显然，跟投机制在修订之后更为细化与严格，且对管理层和员工提出了更高要求。

三、项目跟投：B企项目跟投机制的六大核心要点

如前文所述，在B企2014年年初发布项目跟投方案之后，在落地过程中，分别于2015年年初、2016年年底和2018年年初进行了三次修订，但在跟投方案体系的主体内容上，并无颠覆性的变化。下面以B企

跟投方案为基础提炼出六大核心要点。

1. 组织形式

由区域公司管理层代表与区域公司员工成立有限合伙公司X，管理层代表为普通合伙人（GP），跟投员工为有限合伙人（LP），再与区域公司其他员工成立的有限合伙公司共同成立有限合伙公司Y，然后与城市公司一起成立项目公司。

项目公司员工跟投比例不超过5%，有限合伙公司等比例配杠杆，跟投总金额不超过项目投资总额峰值的10%。B企项目跟投是一项目一募集，在跟投过程中，自愿跟投合伙人可以自由选择是否跟投和跟投的比例。

解读：

①B企的跟投机制是在项目层面推出的中长期激励措施，本质是使被激励对象在单项目上的收益逻辑与大股东的经济效益管控重点一致，降低代理成本，项目跟投与管理层持股合在一起，共同构成“事业合伙人”。

②通过第三方公司、员工平台间接持股，不直接体现为股份。

③通过项目跟投，引导员工利益与所在项目利益一致，强调激励的可视性、公平性、现实性，更多体现为物质激励，也解决了部分项目资金问题。

2. 跟投范围

项目范围：B企的跟投平台对所有员工开放，公司层面合伙人制+项目层面机制跟投适用于获取的新项目，之前已拿地未开工项目须经集团审批后方可适用。而在对跟投机制的第三次修订中规定了旧改、一级土地整理、海外房地产开发等其他项目不做强制跟投要求。

人员范围：项目跟投合伙人范围为项目操作团队和除集团董事、监事、高级管理人员外的公司其他员工，项目操作团队、城市公司和区域公司的管理层强制跟投，其他非集团董事、监事、高级管理人员自愿跟投。

解读：

①参投范围无论是人员还是项目，都是全部参投，从跟投覆盖面上来讲，较为彻底，而旧改、一级土地整理、海外房地产开发等项目因其特殊性排除在强制跟投范围之外。

②强制项目操作团队等一线人员参与，限制公司董事、监事、高级管理人员参与，可见B企跟投模式对项目管理团队的经营管理目标导向性更明确。

3. 持股比例

员工初始跟投份额不能超过项目资金峰值的5%（后经两次修订变为不超过项目资金峰值的10%），公司将对跟投项目额外受让跟投，投资总额不超过该项目资金峰值的5%。项目所在一线公司跟投人员可以在未来15个月内，额外受让此份额，受让时，按照中国人民银行同期同档次贷款支付利息（第三次跟投方案修订后，跟投员工不再受让此部分B企跟投份额，跟投员工必须认购项目资金峰值的10%）。

项目所在一线公司管理层和该项目管理人员必须跟投，向核心人员倾斜，强制跟投包通常在60%以上，即强制跟投人员占比较大，同时给普通员工跟投留出20%~30%。强制跟投设下限，自愿跟投设上限。项目跟投总额不超过项目资金峰值的10%，强制跟投后余下部分按抽签或比例分配。

解读：

①跟投份额后来经过两次修订，对跟投所占的项目资金峰值比例

进行了调整。由于上市公司存在大量外部股东、中小股东，存在多层次的子公司、分公司等，项目跟投机制具有内部人控制的潜在风险和侵犯上市公司公众股东利益的可能，而具体表现在项目公司员工容易追求短期利益，甚至借道输送利益。基于上市公司完善跟投机制及加强内部控制的需要，B企降低了跟投总额度上限，并设置门槛收益率和超额收益率，保障B企优先于跟投人获得门槛收益率对应的收益，要求跟投人以收益为限对B企承担劣后责任，股东收益优先。由于企业的管理者站到了劣后位置，自然就有更强的动力去创造远超社会平均水平的卓越收益，进而彻底解决了所有权和经营权分离的问题。

②强制跟投人员锁定为项目一线公司管理层和该项目管理人员。项目跟投设下限，这跟员工收入情况、企业文化等相关。比如，奖金多的员工，其强制跟投包就可以相应高一点；奖金少的员工，其强制跟投包就可以低一点，也要考虑员工的接受程度。

③按照项目资金峰值确定权益，引导项目拓展和管理团队更关注如何降低项目资金峰值，即减少和延后资金流出、提高和加快资金流入，如选择土地成本占比更低的项目、分期支付土地价款、提高首期货量、加快开盘去化速度、加快回款速度、延缓成本费用支出等。

4. 出资规定

各城市公司均存在差异性，没有统一的标准，比如要求项目跟投的额度不能高于项目资金峰值的9%，则当跟投的份额低于项目资金峰值的5%时，项目所在一线跟投人员可额外受让剩余的4%跟投份额（第三次方案修订后取消额外受让跟投部分）。

城市总经理单项目的跟投金额至少20万元起，如果该城市项目特别多，可以设置一些免投或项目跟投金额下限减半的条款。比如，单项目跟投金额下限为20万元，超过城市总经理上一年收入的100%，则新投的项目跟投金额下限可以减半。

解读：

①一方面，跟投金额下限不能设置太低，否则相当于没有下限，比如城市总经理单项目的跟投金额至少20万元，而10万元则偏低；另一方面，如果该城市项目特别多，可以设置一些免投或项目跟投金额下限减半的条款，利于跟投者量力而为进行选择。

②一项目一募集，也考虑到一、二、三、四线城市均衡发展，不同城市项目差别大,同时认可管理要素的贡献及分配权。为了鼓励跟投人员做好项目管理，发挥管理效益，跟投项目后管理要素也要参与分配。如果项目利润额超出设定阈值，那么最终的利润分成比例将远远超出个人投资比例。

③多返少不补，鼓励项目团队对目标峰值有个清晰且准确的预测，减少本金投入。跟投金额的设置不是该体系中最重要的，最重要的是能体现城市总经理对该项目的信心，如果城市总经理自己投入重金到这个项目，则这个项目甚至可以不用过审。

5. 收益分配

本金返还：当项目达到经营性现金流回正以及项目资金冗余时，返回跟投的本金100%。

分红规则：在项目达到结算时点之前，累计分配的跟投收益小于或等于累计创造利润的60%所对应的跟投权益；在项目达到结算时点时，累计分配的跟投收益小于或等于累计结算利润的80%所对应的跟投权益；在项目达到清算时点时，完成所有跟投权益的分配。

针对上述规则，对于本金返还可以在项目达到资金峰值后开始进行本金返还，每季度按照资金存量扣除未来6个月经营性现金流需求及合理的铺底资金之后进行本金的逐步偿还，直到归还完毕。对于分红，则是在达到项目结算时点之前最多分配已实现利润的60%对应的跟投权益；因考虑车位及持有商业的影响，在项目结算后最多分配已实现利润的80%所对应的跟投权益，清算且或有债务已解决后分配所剩余的跟投权益。

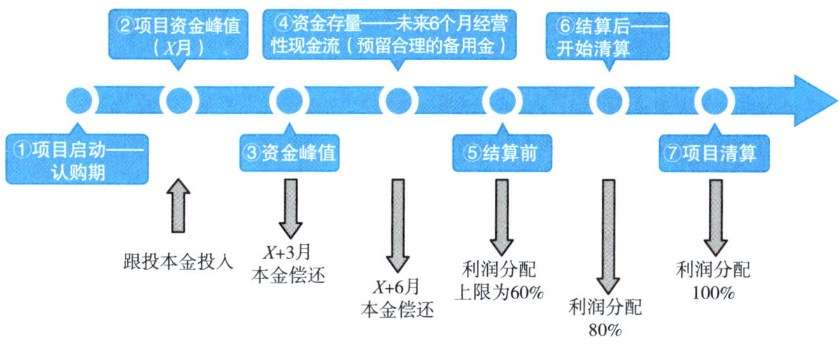

图4-5 B企项目跟投启动认购到分配结束的全流程

解读：

①由于项目达到资金峰值的前提条件是项目开盘货量、开盘去化率达到总货值的一定比例，并能与开工面积和资金支出很好地匹配，使经营性现金流实现净流入，因此B企跟投模式对项目管理团队的经营管理目标的导向性更明确，即尽快开盘，并完成现金流回正。

②在本金返还机制方面，B企是在项目达到资金峰值后，对大、小股东进行同步返还。项目公司在确保资金安全，欠款已经结清，累计净现金流量为正数，且有适当留存时，可以逐步退还本金。

③利润为正时，才有分红的可能，但是在项目开发尚未结束时，还无法确定最终的利润，所以只能依靠利润测算进行分红；在对跟投制度进行第二次修订之后，在门槛收益以下的跟投员工无收益，只有项目收益超过门槛收益的跟投员工才有收益，而且和外部A股股东一样同股、同权、同收益。

④优先选择返还本金，目的是减少员工的不安全感，提高员工的积极性，降低投资活动对基层员工的生活影响。

6. 退出机制

跟投者中途离职时，不影响其收回已购份额的本金与分配红利：一是已投部分不变，不得转让且不得提前退出；二是保留收益权，继续享有已认购部分的收益权。在项目运作周期内，不接受赎回申请，事业合伙人跟投项目直至项目清算结束后终止。

解读：

①跟投者在项目清算后退出，跟投期间不得提前退出或转让；离职员工不影响投资变现期限。

②值得注意的是，B企跟投机制的退出与员工持股计划的退出有所不同。在员工持股计划方面，B企缺少流畅的退出通道，若股价不能大幅提升，则合伙人计划的投资社会存在亏损风险，这样就会把员工、股东及投资人的利益捆绑在一起，而公司股权合伙人可以通过转让股份退出。

四、落地执行：B企跟投机制落地的六大抓手

B企总裁曾说："职业经理人制度已死，事业合伙人制是必然趋势！"这位总裁自己作为职业经理人表达这种观点，意味着什么呢？

1. 职业经理人视角下的跟投设计

2014年，B企花了整整一年的时间来思考事业合伙人制，因为要面对以往的合伙人制所未涉及的三个问题：第一，B企原来是一家股份有限公司，是公司制企业；第二，B企是房地产开发商，是重资产企业，并非专业知识型企业；第三，B企的规模已经很大，在此基础上实行事业合伙人制难度很大，全球范围内尚未有特别成功的先例。

从企业利用资源的效率的角度来说，一个简单的评估指标就是企业剩余价值，企业创造了更多的剩余价值，就实现了更高的经济效率。

在B企看来，除了科技创新外，有效的企业制度应根据基本的人性来设计，让那些影响剩余价值的人成为剩余价值的获得者，影响越大者，获得比例就应越高。毕竟，如果剩余价值都归股东所有，那么管理者有什么动力去为股东创造尽可能多的剩余价值呢？而与此同时，在知识经济的崛起时代，知识的价值越来越高，知识与资本之间的天平在逐渐转移，这使得企业股东获得所有剩余价值并扮演劣后角色的机制遭遇挑战。

由上可知，问题在于如何解决所有权和经营权的分离。合伙制与公司制的最大区别在于，合伙企业做决定的人是普通合伙人，不管他们的合伙份额有多低，都需要承担劣后义务，甚至承担无限责任。这些普通合伙人也是企业的经营者，因而具有从自身利益出发的动力。

那么，公司制和合伙制是否能够在满足特定的条件下，进行“合璧”？能否兼有公司制和合伙制的优点，而同时规避二者的缺陷？B企的事业合伙人制正是在这个方向上的一种探索和努力，如图4-6所示。

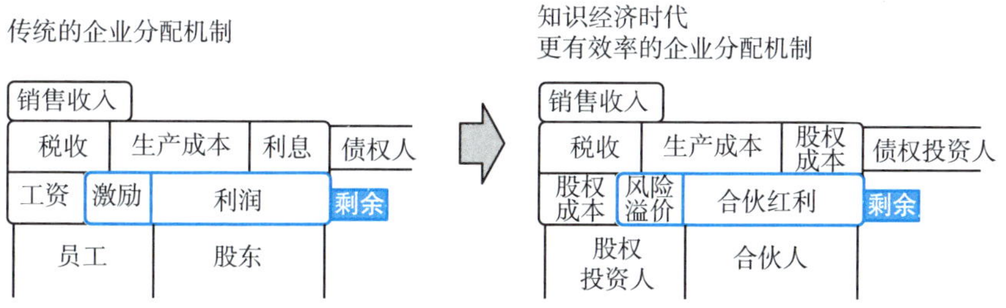

图4-6　公司制和合伙制在满足特定条件下的扬长避短

也就是说，在合伙人制下，合伙人取代股东，成为企业的劣后收益人。由于企业的管理者站到了劣后位置，自然就有更强的动力去创造远超社会平均水平的卓越收益，进而彻底解决了所有权和经营权分离的问题。

而B企采用的事业合伙人制还取决于三个条件——知识个体性（掌握在个人手中）、股权分散性、业务封装性（每个单位独立核算）。由于符合这三个条件，B企开始了合伙人制的尝试。对于B企而言，合伙人制并不是大换血或是纯粹地发股票，而是在原有职业经理人基础上进行身份角色的进化，把共同的事业做大，然后分享共同的成就。

2. 组织与分工

在合伙人制下，B企内部相应的职责、权责、工作流程乃至组织架构等管理体系的设计都需要进行优化，以提升效率，掌控核心环节。

（1）集团跟投管理小组

组长：首席执行官。

组员：战略投资部、人力资源部、资金部、财务部分管副总裁各1名。

功能：跟投方案调整版终审（高管级），具体包括制定集团跟投机制，审批各区域及一线公司跟投细则，审批各一线公司提交的跟投方案、分配方案等。

（2）集团战投部（集团执行层面）

成员：战投部指定员工。

功能：统筹跟投方案，组织集团预审（员工级），具体包括统筹跟投管理小组提交的各项目方案，组织集团跟投管理小组成员预审，经跟投管理小组调整方案后提交集团跟投管理小组会议（每周）。

（3）合伙人事务管理委员会

组长：一线公司总经理/副总或其他高管。

组员：项目发展部、人力资源部、法务部、财务部、运营部、营销部员工各1名。

功能：跟投方案提交及调整，具体包括负责一线公司各项目跟投方案、分配方案及其他跟投事务的审核。

（4）合伙人事务管理小组/执行小组

牵头：财务管理部。

组员：财务管理部、项目发展部、人力资源部相关人员。

功能：负责办理项目合伙相关手续、项目经营信息披露；组织合伙人大会等事宜，制订项目跟投实施方案；负责跟投项目的认缴及募资具体事宜。

3. 方案设计

如前文所述，B企项目跟投方案的核心要点包括组织形式、跟投范围、持股比例、出资规定、收益分配、退出机制等。

B企对项目跟投方案进行了风险预判，并留有余地。首先，管理机构在设定时，充分考虑经营风险并预设隔离措施；其次，根据企业项目的运作模式和盈利水平，设置资金峰值的跟投比例，并通过跟投区间的科学测算，将跟投比例严格控制在红线内；再次，完善监督体系，强化检查，并及时纠偏和惩处，在跟投配套文件里写明特殊情况的处理程序和具体规则。此外，还要时刻保持与跟投人的沟通渠道畅通，及时提示风险和反馈意见。

4. 宣导与培训

（1）跟投配套文件

细则指引和协议文件包括《项目跟投管理办法》、《跟投模型测算》、《一线公司跟投实施细则指引》、《试点项目跟投实施细则指引》、

《委托投资协议》、《委托投资说明书及确认书》、《项目信息公示》和《项目跟投宣贯》等。

（2）实际认购的具体操作

统一操作细节，分为内部认购操作和外部认购操作，用标准化动作减少各单位的执行偏差，如图4–7所示。

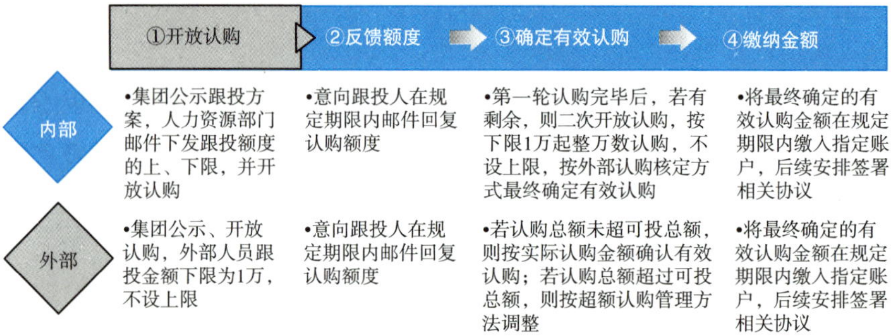

图4–7　项目跟投实际认购的具体操作

针对超额认购，有相应的超额认购管理办法。针对外部认购和内部第二轮认购，均只设1万元下限，不设上限。若最终认购总额未超可投总额，则全部认定为有效认购；若最终认购总额超过可投总额，即超额认购，应按如下管理办法调整为最终有效认购。

第一，若出现超额认购，则同比例调减；

第二，若同比例调减后的认购金额低于下限1万元，则按下限1万元认定为有效认购，剩余额度再按比例由其他人员分配；

第三，若出现调整后的有效认购为每人1万元，认购总额依然超出可投总额，则按照认购先后顺序认定有效认购。

（3）信息公示机制

建立信息公示机制，明确信息公示的内容和规范模板。信息披露以月报形式呈现，具体内容、形式由一线公司制定，列明跟投人员姓名和跟投金额，以及项目当前经营计划和跟投模型测算等，并进行必要的权利义务提示、经营风险提示等。

5. 工具落地

建立完善的项目测算模型和标准、规范的工作程序，以及运营管理模式，建立界面清晰、责任明确的权责体系，通过信息化系统来代替手工测算等。

（1）建立规范的运营管理模式

规范的运营管理模式有五个环节，如图4–8所示。

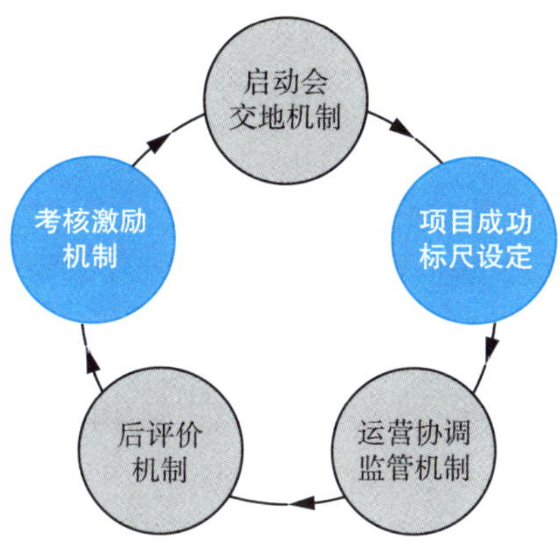

图4–8　规范的运营管理模式

第一，考核激励机制。建立同项目效益挂钩的考核激励机制，包括项目股权激励、项目奖金激励、项目跟投返本分红机制等。

第二，启动会交地机制。公司层面获得土地后，研究确定项目开发思路、策略、预算和计划，采取项目启动会的方式，由公司向项目团队交地。

第三，项目成功标尺设定。进行项目成功标尺的设定，项目层面包括财务视角的收益类指标、投资效率指标和运营视角的进度指标、质量指标等，公司层面包括团队建设、品牌建设、客户服务等。

第四，运营协调监管机制。项目成功标尺设定之后，建立运营协调监管机制，建立计划、会议、成果、信息四位一体的计划监管体系，建立开发过程中项目和公司资源、问题的协调解决机制。

第五，后评价机制。通过后评价机制建立项目完成后的项目总结和评价系统。

（2）通过投资收益模型跟进项目效益管理

项目预算模型是最有效、最直观的项目效益管理工具之一，也是项目跟投机制实施的必要前提。一方面，要建立土地、方案、扩初和施工图版的项目预算制定机制；另一方面，要建立实时动态监控的动态预算管理机制。

（3）通过信息化系统实现跟投全过程管控

首先，在集团和一线公司层面，要实现跟投管理制度、原则的公示和更新；项目信息的发布、实时披露平台；收益分配的即时跟踪。在静态信息方面，一线公司要提交信息，并在集团审批通过后更新信息；在动态信息方面，部分由一线公司手动更新，部分由运营数据库自动抓取。

其次，在员工层面，实现项目信息的检索、跟踪，帮助集团内部员工进行选择和判断；远期建成在线跟投平台，实现在线认购、在线支付，提高集团内跨公司跟投操作的便捷性。

再次，要有信息技术团队支持，对重要的动态信息进行集中展示与链接，如近期制度的变更、新推出项目情况和项目经营情况变化等。

此外，当资金峰值预期过高，即跟投超额时，针对这种情况，原则上是多返少不补，多出的部分要分别返还给跟投者。因为在执行操作的流程上非常烦琐，所以可以通过IT（信息技术）系统进行辅助。

6. 先试点后推广

在起步阶段，筛选部分项目进行跟投试点，通过完善的信息披露机制实时更新项目的全程信息。

一是进行风险控制。对每个环节进行风险控制，争取做到每个环节可控。

二是进行制度评价。在完成一个周期之后，需要从效果、运营、制度三个方面对项目进行评价，形成评价报告，总结成功与不足。

三是修正制度设计。依据评价报告，对制度进行修正设计，通过员工参与进来进行制度修正，结合公司实际情况形成新的机制，并进行下一阶段运营。

五、辅助转型升级：事业合伙人制推动了B企职业经理人制度进化

1. 企业发展层面

首先，企业规模稳定持续扩张，驱动业绩不断提升。员工工作积极性和面貌出现明显改善，有利于锁定未来业绩。

其次，在运营提效方面，B企的项目跟投机制在推出之后，效果显著，提升了投资质量，缩短了项目开工、开盘周期，降低了营销费率，改善了开发效率，充分体现了合伙人制的共创、共担精神。与此同时，在业务层面，跟投机制改变了项目从投资买地到销售结算这一项目操作全流程的所有行为，真正对运营效率有改善的做法，将会很快被运用和完善，比如B企佛山公司在工业化技术上的实践，在保证质量的前提下有效地缩减了工期，任何钻空子和只顾眼前利益的不当手段都在急剧减少。

再次，在产权掌控层面，抵御了门口的“野蛮人”，建立了公司控制门槛。

最后，持续升级发展机制。B企的跟投机制改变了企业的融资和管理方式，不断运用互联网思维解决企业发展瓶颈，逐渐抛开了重资产运营和“持管脱离”的旧包袱，加快经营效率。

2. 项目执行层面

首先，加快项目周转速度。B企的定位设计关注的是以市场为导向的产品实现，计划运营群策群力，促使项目周转速度加快，提升运营效率，同时促进了工程建造与设计、成本、采购、报批报建、营销客服之间的协调，而全民营销也不再只是口号，需落到实处。最终，跟投项目的开盘周期进一步缩短，项目运行效率大幅提升。

其次，加快销售去化。B企的跟投项目平均签约完成率超出所有项目平均水平的20%。

再次，降低成本。推行项目跟投之后，B企的区域或项目团队会关注成本控制，招标采购的利益要害关联倒逼项目管理透明化，降低了管理者暗箱操作的风险。

最后，投资更为精准。B企的跟投项目预算股东IRR平均可达30%，较可行性研究报告提升了近5%，较大地提升了投资精准性。

3. 人才激励层面

职业经理人可以共创、共享，但不一定会共担，存在危急时刻的离心现象和道德风险；而事业合伙人制具有风险共担、利益共享的特点，从一定程度上控制和降低了人员流动风险，以此完善投资机构内部治理机制与薪酬体系，提高了公司的竞争力。

首先，从管理机制上来看，扭转了传统的管理思路，使员工参加企业发展的经营管理，从而改变了参与者的角色，提升了员工的主观能动性和协作效率，使其不仅关注公司的短期业绩，更加关注公司的长远发展，并真正对此负责。

然后，从分享机制上来看，改变了利益分享方式，增加了员工收入，提升了员工满意度和幸福指数。直接对这些人才实施激励，将他们的价值回报与公司持续增值紧密联系起来，有利于充分发挥人才的积极性和创造性，并通过公司和项目增值来回报这些人才为企业发展所做出的贡献。

最后，从组织文化和团队吸引力来看，在跟投机制下，构筑利益共同体，基于共同利益的协同，更有利于推动团队密切配合，规避公司部门间的责任、权力、利益混乱。靠一个人完不成的事情，结合在一起靠团队来完成，形成背靠背的信任。以前都是职位最高的人担任组长，现在可以推选出最有发言权的人担任组长。进而，合伙人文化使组织变得更加健康，也更具有人才的吸附力和凝聚力。

六、方案点评：经营管理目标导向，“共创”“共享”更要“共担”

1.职业经理人视角下的跟投体系设计，更侧重于经营管理目标导向

一是投资比例限制。项目所在一线公司管理层和管理人员必须跟投，且有具体的投资最低比例限制，员工初始跟投份额不超过项目资金峰值的5%，同时还可以通过融资杠杆扩大投资规模。

二是覆盖公司所有项目。此次的项目跟投机制覆盖了公司的所有项目，包括当前推行的“小股操盘”项目。

三是认可管理要素的贡献及分配权。为了鼓励跟投人员做好项目管理，发挥管理效益，跟投项目后的管理要素也要参与分配，如果项目

利润额超出设定阈值，那么最终的利润分成比例将远远超出个人投资比例。与此同时，B企也明确了退出机制。

2. 突出"共担"，确保构筑利益共同体

基于利润奖金的公司高管持股计划是以B企A股股票为客体，以未来股价和购入时股价的差价为收益。基于这一点，B企为非公司或地方公司高管的员工参与合伙人计划设置了上限，即最多只能购买一定金额，从而最大限度地规避股价可能出现的波动给非高管雇员带来的潜在风险。而公司高管则被要求出资额不得低于一定数额，以确保高管阶层和公司发展利益的绑定。

而事业合伙人制下的项目跟投，鼓励管理层和员工创造更高的净资产回报，不断追求项目利益最大化，提高公司未来10年的竞争能力。实现风险共担、利益共享和目标高度一致，杜绝短视，重视长期回报，所有的规则制定与项目管理都必须满足集团和公司的整体利益，反对局部利益最大化的做法。

3. 跟投机制覆盖所有项目，一个项目一募集，灵活性更强

B企项目层面的跟投机制，对于除旧城改造及部分特殊项目外的所有新项目，原则上要求项目所在一线公司管理层和该项目管理人员，必须跟随公司一起投资。此项目跟投机制覆盖公司的所有项目，包括当前推行的"小股操盘"项目。项目所在一线公司管理层和管理人员必须跟投，且有具体的投资最低比例限制，员工初始跟投份额不超过项目资金峰值的5%，同时还可以通过融资杠杆扩大投资规模。

而一项目一募集，也考虑到一、二、三、四线城市均衡发展，不同城市项目差别大，同时认可管理要素的贡献及分配权，具备一定的灵活性，本质是使被激励对象在单项目上的收益逻辑与大股东的经济效益

管控重点一致，降低代理成本。

4. 项目跟投匹配B企新的发展阶段，促动公司治理革命

B企员工在公司最早期是创业者，在公司发展壮大后，是职业经理人制度的主要基础。在过去20年，B企的职业经理人团队主导着其住宅专业化、转型城市配套服务商等大事件，并践行自己的文化。从合伙人创始大会开始，员工在公司里完全确立了主人翁的地位。在互联网时代，新技术使公司的人际关系简单化，扁平化的组织架构代替了金字塔架构，而B企的事业合伙人正是公司治理革命的开端。

5. 升级方向，从内部到外部生态链上的合伙人

在B企的项目跟投发展规划中，“外部合伙人”制成为项目跟投延展的方向，并逐渐推广到供应链领域。

在B企看来，如果供求双方只是交易买卖关系，完成一单是一单，乙方只是按合同提供产品与服务，无论甲方的项目最终是赚钱还是亏本，都与其无关，双方没有形成紧密的利益共同体关系，那么双方难以为共同的事业共创、共担、共享。而合伙人则可以转变这种关系，将双方的利益都绑定在具体项目上或更大的事业上，形成共创、共担、共享的合伙人关系，而不是单纯的“你给钱、我办事”的买卖关系。

当然，选择什么类型的供应商作为合伙人也是有讲究的，不是单纯地从供应链融资角度去考虑，还要考虑共创的效果，如果不能做到“1+1 > 2”，则没有意义。比如，施工总承包单位对项目质量、成本、进度影响都很大，作为合伙人，施工总承包单位可极大地缓解甲方资金压力，并起到很好的质量控制与进度把控效果，但其成本较高，如果付款比例低、入股比例高，就难以保障其正常运营，除非其有充裕的资金。材料设备供应商由于其标准化的产品与相对固定的成本，较难达成

“1+1 > 2”的效果，作为合伙人的共创效果难以突显。设计单位由于其智力要求高，虽然设计费占总成本比例不高，但设计工作对项目成本影响极大，“1+1 > 2”的效果比较显著，从而成为一些企业大胆创新“外部合伙人”制的突破口。

| 第二节　黑马崛起：跟投先行者千亿冲刺大闯关 |

经过20多年的发展，F企已经成为涉足住宅地产和商业地产的综合性地产集团，近年来规模快速增长。以销售千亿元为目标，高速增长，全国布局。

一、千亿冲刺：F企背后的组织激励动因

1.跨区域扩张，高周转战略，新增土地储备持续领先

F企长期坚持“区域聚焦、高速周转、产品多元化”的发展战略。据公开资料显示，2016年新增土地储备金额在当年销售额中占比排名靠前的房企中，有多家企业表现出色，F企新增土地储备金额在销售额中占比超过70%。

F企坚持高速周转、快速销售，许多在售项目从拿地到开盘的时间间隔均在一年以内。

2.在扁平化组织架构下，项目获取由一线主导，投资决策权在总部

F企在总部、城市和项目之间保持着平衡和互动的关系，既能调动城市和项目的积极性，又能运用总部长期积累的知识和经验，规避风险，少走弯路。例如，F企在准备拿一个项目之前，前期产品的市场调研和拿地时的产品解决方案都可以由城市提出，总部对此进行把关。项

目获取由一线主导，投资决策权在总部。

上述组织架构在F企已经存续多年，在行业竞争日益激烈之时，F企依然保持稳定增长，且人员流动较低，可见这一稳定的组织架构对凝聚团队具有重要作用。

3.具有“狼群精神”的企业文化，耐力更强，擅长协作

F企向来以“狼”自居，稳健而有耐力，强调团队作战，并善于持续长跑，这给其持续稳步的发展带来了不小的助力。

F企“狼群精神”中的一层含义是，企业内部成员之间是一个团队，要团结、务实，无论是部门、团队之间，还是层级之间，都要分工合作，沟通默契。

4.利润率短板，存在行业挖墙脚风险，需要基于利润导向的激励提升团队士气

F企的规模虽然得到快速扩张，但如何释放组织潜能和提升团队士气是高层一直以来深入思考的问题。同时，F企的利润率与行业龙头相比，具有一定的差距。在房地产行业利润被摊薄的背景下，企业管理层和核心员工无疑成为房企目前更为珍视的财富。在人才争夺战下，F企的核心骨干也面临着被同行挖走的风险。

因此，2014年，当万科集团和碧桂园集团推行项目跟投和合伙人体系并初见成效之后，F企快速了解和学习，并将推行项目跟投提上日程。

二、激励机制：与时俱进，重点突出

总体来说，F企的薪酬水平在行业内被认为是具有竞争力和吸引力的。企业内部的激励机制也很丰富，比如项目跟投、超额激励、回笼

奖、年度效益奖等，可以说，一般房企有的激励机制，F企都有，而且F企能够组合使用，并保持与时俱进。

1. 超额激励

F企的超额激励不需要项目操作团队自己出资，是根据项目最终的收益来分配的，相当于项目年度全周期的奖励。

2. 限制性股票激励计划

2016年是F企的战略元年，公司重新制定了未来五年的发展战略，详细规划了2020年千亿元销售目标的实现路径。

在千亿元销售规模的号召下，F企推进了一项高管激励计划，在其当时发布的半年报中提到，将继续研究如何建立人才与企业共同成长的长效机制，为2020年完成千亿元销售目标打下坚实基础。推行股票激励计划，股票来源为公司向激励对象定向发行公司A股普通股，规定该计划的有效期自限制性股票授予之日起至所有限制性股票解锁或回购注销完毕之日止，最长不超过48个月。

该股票激励计划的主要目的在于，调动F企董事、关键员工的积极性，并有效推进F企后续管理层团队的稳定，将股东利益、公司利益和经营者个人利益结合在一起。

3. 项目跟投

随着销售规模的扩大，F企面临的问题是，规划中的部分地块最终没有被获取到，反映了其在拿地方面和预期有一定的差距，这将对F企的后续发展造成一定的压力。

在F企的项目跟投机制中，项目团队拿出自己的钱和企业共同投资，最大的好处是可以鼓励跟投人努力选好项目，努力将项目运营出更好的结果，从而拿到高收益。F企的项目跟投机制主要目的在于，激发员工的企业家精神，F企倡导的正是有企业家精神的职业经理人。

合伙人制下的激励机制让合伙人转换角色，从为企业打工变成为自己打工。为了激励员工的工作积极性和创造性，F企在原有合伙人制的基础上，推出“共创、共担、共享”激励计划，使项目管理团队更加深入地参与项目分配，员工个人收入与项目运营业绩挂钩，使企业业绩增长更有保障，使企业战略实施更加顺利。

三、项目跟投：F企项目跟投机制的六大核心要点

1.跟投范围

项目范围：F企新获取的开发项目默认均需要发起跟投，有特殊原因不纳入跟投范围的项目需在项目获取前由总裁签发确认单。

人员范围：适用于F企集团全体人员。试用期员工不参与跟投，其中城市公司中的强投人员需在转正后1个月内将资金实缴到位。

解读：

从项目范围的全面覆盖和人员范围的正式员工全员参与方面，可见F企推行跟投的力度和决心。

2.权益设计

每个项目跟投资金的投资上限为土地成本及前期费用的6%，其中总部与城市公司按照固定比例投入该项目。总部成立“总部投资公司”，城市公司成立“城市投资公司”进行跟投运作。

解读：

①总部和城市两级投资公司主体分担投资份额，在投资占比上向更靠近一线投资和开发的城市公司倾斜，更能发挥一线的主观能动性。

②根据权益土地成本及前期费用的一定比例进行跟投，员工能够享受比较高的财务杠杆，且F企的品牌可带来较好的融资便利性。

3. 强投金额

总部资金募集的强投金额与杠杆系数如表4–2所示。

表4–2 总部资金募集的强投金额与杠杆系数

分类	人员级别	认缴份额范围		
		认缴下限	认缴上限	杠杆系数
集团总部	总裁室（分管住宅、人力、成本、投资、营销、财务）	300万元	底线7倍	3
	董事会办公室、集团办公室、审计部、战略规划中心、品牌客服中心、资产管理中心、法律事务中心、造价公司负责人	50万元	底线5倍	3
	其他员工	5万元（自愿）	30万元	3

资料来源：明源地产研究院。

城市公司资金募集的强投金额与杠杆系数如表4–3所示。

表4–3 城市公司资金募集的强投金额与杠杆系数

分类	人员级别	跟投资金范围			跟投范围
		跟投金额下限	跟投金额上限	杠杆系数	
投资拓展团队	总部投资拓展中心	投资拓展专项金额的50%	底线3倍	5	所获土地的跟投项目
	城市公司投资管理部				

（续表）

<table>
<tr><th rowspan="2">分类</th><th rowspan="2">人员级别</th><th colspan="3">跟投资金范围</th><th rowspan="2">跟投范围</th></tr>
<tr><th>跟投金额下限</th><th>跟投金额上限</th><th>杠杆系数</th></tr>
<tr><td rowspan="2">项目操盘团队</td><td>项目总经理</td><td>40万元/项目</td><td>底线5倍</td><td>5</td><td rowspan="2">所辖区域跟投项目</td></tr>
<tr><td>工程、技术、营销、前期、成本管理人员</td><td>5万元/项目</td><td>底线3倍</td><td>3</td></tr>
<tr><td rowspan="3">城市公司</td><td>城市总经理/董事长</td><td>30万元/项目</td><td>底线5倍</td><td>5</td><td rowspan="3">所辖城市公司所有跟投项目</td></tr>
<tr><td>城市公司分管业务副总经理、助理总经理</td><td>10万元/项目</td><td>底线3倍</td><td>3</td></tr>
<tr><td>其他员工</td><td>1万元（自愿）</td><td>5万元/项目</td><td>无</td></tr>
</table>

资料来源：明源地产研究院。

解读：

①历史项目的本金用于滚动投资，可用于置换授信额度，获得相应的配资和杠杆，绑定跟投者的资金来源。

②资金认缴金额没有达到一定额度会有相应罚款，且溯及历史项目的应退本金、待分配利润及税后年终奖。相当于将跟投者的收益与跟投项目紧紧绑定，一方面，跟投者必须要投入资金；另一方面，当资金投入后，跟投者必须全力以赴。

③仍然具有“驾驶员风险”，比如在一线操盘团队中，项目总经理的跟投金额最高，对强制跟投人员提供杠杆，投入资金更大，风险更高，但收益也会更高。而城市总经理将投资拓展奖金纳入跟投，将极大地提升城市总经理投资拓展的质量和积极性。

4. 本金返还

当项目自有资金达到平衡时，由项目公司返还跟投本金，同时归还配资，并停止配资计息。

解读：

引导资金团队快速进行开盘和去化，以及尽快实现资金回笼和资金平衡。

5. 利润测算

跟投项目的利润根据股权比例分配给各股东，其中未售货值为预清算时点的未售面积按成本价计算收入。如果项目出现亏损，即净利润＜0，则投资者按股权比例承担相应亏损。

分别在项目达到预分配时点、清算分配时点，以及重大事项时点时分别计算项目总利润，根据当前项目情况模拟清算净利润，并计算跟投资金总体收益，对前期分配收益进行相应调整，对分配不足或超分部分予以相应补充或扣减。

项目预分配时点为项目去化率达到90%；清算分配时点为项目交付后3个月。

解读：

未售货值将以成本价计入预清算时的金额，鼓励跟投者积极去化货值，实现其市场价值，否则以成本价计入，会影响利润和收益。

6. 退出机制

员工持有的财产份额不得转让他人，员工不得随意退出跟投。员工在调岗时可以选择退出或继续持有至跟投项目清算完毕，员工在调岗后不再参与后续项目跟投。当员工离职且不符合跟投资格时，员工必须退出其参与的跟投。

解读：

①员工离职就会失去跟投相应权益，调岗的跟投可溯及调岗前的权益。

②预分红金额奉行“多退少补”，跟投者为跟投份额承担相应的风险，同时获取相应的收益。

四、F企项目跟投落地的五大抓手

1. 顶层设计原则

F企合伙人的顶层设计具有两个原则：一是共推、共创、共享；二是同股同权，即F企各股东享受同等收益与风险。F企的跟投合伙人对跟投项目享有经营知悉权和收益权，但不享有表决权和业务管理权等，而项目所属的城市总经理和项目总经理按照开发公司权责手册行使管理权。

2. 组织与分工

（1）合伙人委员会

由联席总裁、人力资源分管总裁、投资拓展副总裁及集团财务管理中心、集团法律事务中心等负责人组成，负责审议、决策项目跟投方案及本管理办法的修订工作。

（2）合伙人执行组

由集团财务管理中心负责牵头相关业务，由集团信息管理中心、法律事务中心等安排专人负责执行跟投方案，推动跟投计划落实，跟踪核算并分配跟投收益等。

（3）财务管理部

城市投资公司在资金募足后，由财务管理部主导，将募集资金划转给集团公司，由集团统一调配资金。

3. 方案设计

如前文所述，F企项目跟投方案的核心内容包括跟投范围、权益设计、强投金额、本金返还、利润测算、退出机制等方面。

在跟投范围上，F企销售型项目全部推行跟投，且正式员工全员参与跟投。而在权益设计上，参考了W企跟投的操作方式，分为总部和城市两级投资公司主体，分担投资份额。基于对“驾驶员风险”的承担，跟投份额与比例向一线项目操盘团队倾斜。

4. 培训宣导

F企的跟投进入与退出流程与主流的房企跟投比较接近。其中，“可研与竞聘”“项目路演”两个环节设计得很有意思，通过项目总经理竞聘、路演的形式，在提升经营民主、透明化气氛的同时，极大地增强了项目团队的荣誉感，倒逼团队经营管理能力的提升。

与此同时，F企以IRR指标作为衡量跟投收益的核心指标，并在内部进行多次宣传，充分发挥IRR指标对销售回款、成本支出、工程节点等业务条线的牵引作用。F企通过将IRR指标作为经营的指挥棒，带动项目团队主动进化与自我经营意识觉醒。

而在项目经营信息披露方面，F企以“跟投项目月报”或跟投管理系统信息公示等形式定期向全体跟投人公开披露项目经营信息。

5. 工具落地

据了解，F企为了更好地支撑项目跟投体系落地，F企进行了IRR的IT专项建设，即以项目开发沙盘推演模型为基础，融入项目现金流、内部收益率等概念，嵌入ERP中形成IT管理工具，贯穿项目全生命周期进行项目过程监测，从拿地可行性研究时的现金流、内部收益率估算形成预测目标数值，到通过对接ERP获取月度实际现金流入及流出数据形成实际数值，并将实际数值与预测数值进行比对，观察偏离情况。

在这个专项系统中，通过数值和曲线图两种形式展示，重点跟踪资金占用峰值、资金占用峰值出现时间、IRR、成本净利润率等核心指标，根据这些指标做好业务的及时调控。

在企业内部构建了项目投资收益管理系统，给F企的各项目团队提供了项目的实战模拟沙盘，能实时动态地获取最新的经营信息，为项目团队的快速决策提供了参考。

五、推行跟投后，不断刷新历史表现

经过近两年的项目跟投实践，F企团队的士气、激情都得到了激发，这种无形的提升在有形的经营数据中得到了体现。

在2016年的上市房企排行榜中，F企在销售额为300亿~800亿元的第二梯队中，其同比增长超过100%，其排名提升了6名，表现确实惊艳。

净资产收益率、存货周转率、净利率等指标均表明F企当前处于其历史最好时期。

在房地产行业高管流动频繁的今天，F企管理团队表现出难得的“稳定”。一方面，“老员工”特别多，和老板同时期打江山的很多元老级人物都在；另一方面，F企在业界也是公认的高管离职率最低的房企。

六、方案点评：夯实基础，水到渠成

F企的项目跟投可以作为大多数民营房企的一个参考样本。F企的项目跟投能够推行成功，有如下几点值得借鉴和参考。

1. 竞聘与路演，团队更强，项目更可知

项目操盘手的竞聘与路演值得很多企业借鉴。这种组织层面的选拔与项目跟投相结合，赋予了项目跟投更积极的作用和意义，对于内部的组织潜能和氛围营造极具刺激作用。这种机制的顶层设计是项目跟投能够持续运作和成功的前提。

2. 快周转运营模式为跟投推行奠定了基础

近年来，F企在快周转体系上苦下功夫，打造了属于自己的快速运管模式，在产品标准化、营销、成本、采购等管理标准化上逐步成型和成熟。正是这种标准化的快周转运营模式，为其项目跟投的推行奠定了成功的业务基础。

3. 信息化建设为跟投业务平台提供了支撑

可以说，F企内部的项目投资收益管理IT系统的建设，实现了对项目全生命周期的经营管控，帮助项目经营团队实现了从业务到经营意识和能力的转变，统一了内部各业务部门的协作标准和语言。跟投业务平台给一线提供了积极的赋能作用，对项目跟投的成功推行起到了保驾护航的作用。

| 第三节　虎出山林：珠三角新锐房企跟投设计心法谋破局 |

一、在规模化发展困境及新的发展战略下，跟投成K企必然选择

K企是一家布局国内一、二线热点城市，以房地产开发为主，集资产经营和物业管理为一体的多元化企业。在十余年的发展进程中，精产品、高利润始终是K企在行业内的标签，而规模增长缓慢却是其软肋。

1. 面临明显的规模化发展困境

近年来，房地产行业规模争霸赛日趋激烈，有规模才有话语权。在千亿元销售规模追逐赛中，涌现出了不少黑马房企，这些房企在近两年都实现了业绩的跨越式跳涨。其中，项目跟投机制的推行正是其业绩跳涨的关键秘诀。

反观K企在2012—2016年的销售规模走势，其业绩增长十分缓慢，相比行业龙头42%~62%的年复合增长率，还有明显差距。此外，在行业排名上也极不稳定，甚至大幅下滑。

2. 跨区域加速拿地

为了推动销售规模步入快速增长的轨道，K企从2017年开始加速拿地，积极扩充土地储备量。在区域布局上，此前K企一直聚焦一、二线核心城市，而今更加注重城市群视角，重点聚焦粤港澳大湾区及长三角城市群。

伴随着K企土地储备扩张的强烈诉求和跨区域项目的迅速增多，总部必然要将拿地权限下放至区域，确保土地机会的充分捕捉。而拿地权限下放后，如何提升区域拿地积极性，并确保“放而不乱”，规避拿地风险，建立有效的激励机制是重中之重。

除此之外，激活组织，人力先行，K企还着力打造人才供应链，大力吸引自带资源的人才，从人才维度提升土地资源获取的能力，而高额激励也是吸引高端人才的重要武器。

3. 通过组织体系革新，全面提升运营管理水平

K企从2017年开始革新运营理念，拟通过大运营、标准化体系的建设全面提升集团运营水平，而强有力的激励机制是确保大运营体系落地的关键。

在大运营方面，K企通过经营监控系统及项目跟投收益系统，推演项目经营指标，形成经营管理大数据。同时，建立产销平衡模块，打通生产、销售、计划，及时输出直观的产销指标数据，为决策提供信息化支撑。数据化经营必然要求“权限下放、数据上传”，只有形成有效的激励，才能确保一线数据在上传时的准确性和及时性。

在标准化方面，通过多部门协同，开展多维度调研和数据积累，建立体系、产品和服务三大标准化，从而提升产品及服务质量，促进新项目精准定位与快速启动，提升项目周转率。在标准化体系确立后，从集团到区域，标准库和模板都已经沉淀下来，因此关键在于执行力而非决策力，而要确保区域高效执行，有效的激励机制是重要的一环。

4. 产品业态以住宅开发为主

尽管K企以城市运营商定位进行多元业态布局，产品覆盖了住宅、长租公寓、写字楼、酒店、购物中心等业态，但是住宅开发仍是其主导业务，住宅产品以总建筑面积为90~140平方米的刚需或首改产品为主。房企跟投实践表明，这类销售型物业是最适合推行跟投机制的业态，有利于快速回本及收益分配。因此，针对此类项目大力推行跟投，将是推动企业销售规模再上一个台阶的重要动力。

综上所述，K企为了突破规模发展瓶颈，从2017年起开始加速跨区域拿地，并确立了大运营、标准化等体系，提升运营管理水平。在种种战略举措的背后，强有力的激励是推进战略落地必不可少的关键机制。

二、K企项目跟投方案六大核心要素

K企的项目跟投尽管推出时间不长，但其跟投方案设计堪称是业界的典范。以下就对其项目跟投方案要点进行详细解读和点评，具体包括项目范围、人员范围、跟投载体、权益设计、本金返还及收益分配、退出机制六大核心要素，如图4–9所示。

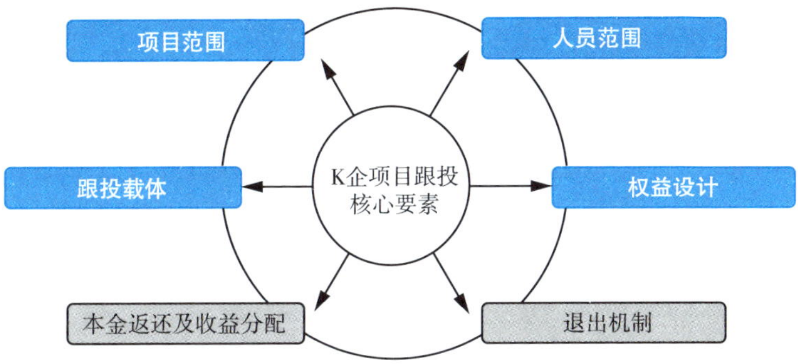

图4–9　K企项目跟投方案六大核心要素

1.项目范围

仅对以销售型物业（销售型物业面积占比超过80%）为主的新开发项目实施跟投，不参与跟投大型集中商业、写字楼。

特殊情况（如战略进入、策略性亏损项目）由公司跟投决策委员会决策是否实施跟投。

解读：

①之所以锁定销售型物业项目进行跟投，原因在于销售型物业开发周期相对较短，收益更快，更显性，有利于跟投的顺利推行；而商业、写字楼等投资性物业项目，开发周期长，对于刚开始推行跟投的房企而言，并不适合。选择销售型物业进行试点与推广，将有利于降低跟投风险，树立员工的跟投信心。

②要求“新”开发的项目才能实施跟投，并且只要符合条件的项目都要跟投。此外，还规定集团强投人员跟投所有项目，城市公司强投人员跟投区域所有项目，项目总经理必须跟投操盘项目，这些规定的目

的在于避免跟投人在项目选择上“挑肥拣瘦”，避免项目认购出现两极分化或严重不均衡的局面。

③对于合作项目来说，明确要求自身操盘的合作项目才能进行跟投，这将确保自身对项目及收益的整体把控。

④对于特殊情况来说，如战略进入、策略性亏损项目，明确了跟投决策委员会有权决定是否跟投，这为具体实施跟投过程中的项目选择留有了余地。

2. 人员范围

跟投人员范围的界定可以从三个细分维度进行展开：一是跟投人群的选择；二是不同跟投人员的跟投额度控制；三是资金杠杆的配置。

跟投人员范围包括集团总部管理层及正式员工，跟投项目所属城市公司的核心管理团队、项目主要管理团队、正式员工，试用期员工可不参与跟投。其中，正式员工指正式入职且转正的员工。

待时机成熟，经跟投决策委员会决议，可挑选相关项目的重要供应商参与跟投，具体参与方式另行规定。

解读：

①在跟投人员的选择上，覆盖从集团总部到城市公司，再到项目公司三个层级的正式员工。此外，明确要求管理层及土储、营销、运营、人力部门负责人等核心骨干强制跟投，充分体现了对这些核心部门的绑定。除了强制跟投外，留有30%的权益给其余正式员工，他们可以自愿跟投。全员跟投能够有效地避免因公司内部阶层划分而引发基层员工心理不平衡，有利于树立内部良好的文化氛围和较高的协同效率。

②在强投人员的跟投额度上，强投额度占跟投总额的70%，其中城市公司、项目公司的跟投额度合计占跟投总额55%。此外，给区域总经理、项目总经理等核心骨干设置了更高的跟投金额下限和上限。城市

公司和项目团队作为对项目起到最关键影响的核心“驾驶员”，强投额度的设计充分体现了对这些人员的重点倾斜和重点绑定，进而将项目核心骨干与项目风险紧密锁定。

③在资金杠杆的配置上，K企对强投人员给予1∶3的杠杆配资，对自愿跟投员工不给予杠杆，体现出了对核心成员更强的激励性。另外，当强投员工当年新增跟投金额达到个人上一年度总收入（税前）50%以上时，强制跟投员工可申请剩余项目跟投金额下限减半，同时最高可向公司申请自身本金投入的5倍杠杆，充分体现了制度设计人性化的一面。不过，资金占用必然需要支付相应的利息，因此K企也要求使用资金杠杆的强投人员支付杠杆利息。杠杆利息在第一次利润分配时抵扣，这也是行业内的普遍做法。

④制度明确写明待时机成熟时可挑选相关项目的重要供应商参与跟投，充分体现了制度设计的远见性。将产业链上的核心供应商纳入跟投体系，将有利于项目成本的优化、项目进度的有效推进。不过，待企业内部跟投机制成熟后才可考虑这一点。

3. 跟投载体

执行董事发起成立有限责任公司作为普通合伙人，管理“有限合伙企业”，公司核心且稳定的员工作为有限合伙人进入。每一个项目公司对应成立一个有限合伙企业，对跟投项目进行投资。

解读：

在跟投载体的选择上，是成立有限合伙企业还是利用基金/资管计划实施跟投，与企业性质有一定的关系。对于民营房企而言，以成立有限合伙企业进行跟投为主流形式，一个项目对应一个合伙企业。这种单项目跟投模式对单个项目管理团队的经营管理目标导向性更明确，更适合激发全员的经营责任心与激情。同时，以有限合伙企业为载体进行跟投也有很多优势，比如可以避免对公司的控股权产生影响；可以避免重复征税；跟投员工作为有限合伙人，不参与公司决策管理，仅按投资额承担有限责任。

4. 权益设计

项目可跟投额度与股权占比确定：项目可跟投总额（含杠杆）不超过项目资金峰值的8%。

跟投股权占比的确定及调整：项目跟投股权占比＝跟投金额（含杠杆）/项目资金峰值。

在项目资金峰值出现后，须核定项目的实际股权出资额，并调整跟投部分的股权比例。当项目实际资金峰值高于原有预期时，需相应调减跟投部分的股权比例。当项目实际资金峰值低于原有预期时，若跟投额度未满且不超出跟投限额，可以根据员工实际跟投金额计算其股权收益；若跟投总额超出跟投限额，须按股权比例调整出资额度，在首次本金返还时优先带息（利息按照跟投项目综合融资成本计）返还给跟投员工超比例出资部分。

解读：

①在以有限合伙企业为跟投载体的模式下，一般以项目资金峰值为跟投权益占比的核算指标。项目资金峰值是指项目累计经营现金流形成的最大资金缺口。以项目资金峰值确定权益，可以引导项目拓展和管理团队更加关注如何降低项目资金峰值，即减少和延后资金流出，提高和加快资金流入，保障项目关键节点的顺利达成。

②按项目资金峰值设置的权益占比一般在5%~15%。K企按项目资金峰值设置的权益占比为8%，这个比例属于行业普遍值，没有过低也没有过高，过低会由于跟投的金额太少而导致跟投失去吸引力，过高则会导致员工资金筹措困难，也容易导致股东利益受损。此外，对于合作

项目跟投权益占比的规定，能够防止对合作方利益过多的侵占。

③对于项目实际资金峰值相比预测资金峰值偏高或偏低的情况，K企的方案中也明确了调整方式，确保权益占比控制在规定范围内。在实际操作中，要求项目团队尽可能准确地预测目标资金峰值，超出预测部分在返还本金的操作上比较烦琐，适合通过IT系统进行处理。

5. 本金返还及收益分配

项目整体开发或分期开发的资金需要按照“债务>本金>利息>利润”的优先次序，还需满足项目在开发过程中的相关合作协议的约定。返本及收益分配具体如图4-10所示。

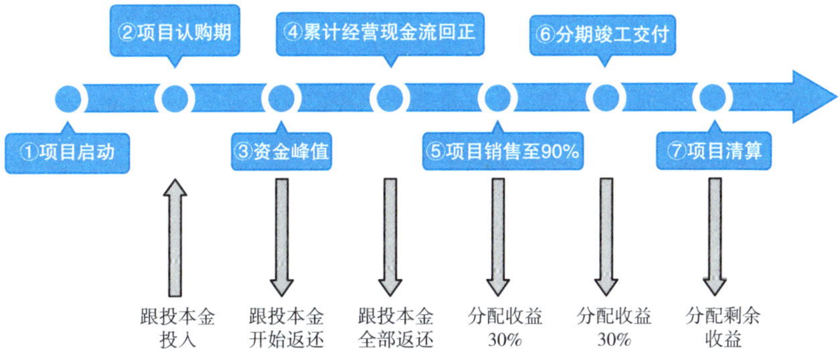

图4-10　K企跟投本金返还及收益分配

资料来源：明源地产研究院。

解读：

①收益分配总体上按“债务>本金>利息>利润”的优先次序来进行设计，有利于保障企业自身的资金安全。例如，对于使用杠杆配资的强投员工，要求优先返还杠杆资金，再返还员工本金。

②在本金返还上，关键在于返还时点的设定。K企要求在达到项目资金峰值后，开始分步返还本金，此前是按季度返还本金，后续在跟投

的实际操作中，在保证资金安全性的基础上改为按月返还本金，这反映出K企对经营团队的导向非常清晰，以便推进项目团队尽快开盘并实现经营性现金流回正，最终达到关键节点的要求。本金返还时点的设计的关键在于提升员工的投资安全感，同时也便于员工进行多个项目的资金高效利用。

此外，K企还要求，如果在跟投资金进入前，已经存在土地款支付等大额支出，且该笔支出已经由项目公司股东先行支付的情况，需按照跟投项目综合融资成本计算跟投资金占比部分的前期资金利息，在最终跟投收益分配时扣除该利息。

③在收益分配上，关键在于分红条件和分红进度的设定。从K企对分配节点的设定来看，K企的第一次收益分配以销售导向为主，要求销售去化率达到90%才可分配收益的30%，这个比例略微偏高，反映出K企希望通过分红节点的设置推进项目团队快速去化；K企的第二次收益分配以竣工交付为分配节点，分配收益的60%，以推进快速交付；K企的第三次收益分配将剩余10%的收益在项目清算时再分配，以规避可能面临的风险，有利于将跟投员工绑定到最后。

分步返还收益有利于让员工尽快感知跟投回报，实现激励的及时性，树立员工的跟投信心，激发员工的工作热情。此外，除了进行有条件地分步分配收益外，K企还要求资金在项目跟投方案确定后1个月内到位，从而尽可能避免跟投资金晚到先走，堵住高额收益漏洞，防止跟投人攫取短期暴力。

④若项目亏损，K企明确要求按跟投权益占比等比例承担亏损，这充分体现了风险共担原则。

总体来看，通过与其他房企横向比较，K企的分配机制在行业中算是比较典型的，主要参照行业龙头房企进行主流设计，既没有太过宽松，也没有太过严厉，综合权衡了员工投资安全感及企业资金安全，属于行业内比较稳健的分配机制。

6.退出机制

在项目跟投清算时，关于留存销售型物业和持有型物业的处理：销售型物业（车位、住宅、销售型商业）库存货值按成本的6折计算收入；持有型物业按成本的7折计算收入；特殊有争议的部分，提交集团跟投决策委员会审批。

关于项目发生变动情况时的处理：项目未实现销售的90%就会被收购或转让，若有转让收益的，按跟投权益占比分配收益，跟投对应结束。

关于人员发生变动时的处理：若跟投员工中途离职（包含员工主动离职和公司辞退，不包含员工退休），已获取部分收益不返还，但不享有剩余未分配收益，原有本金无息退还；当员工发生升降职或其他岗位变动时，若其未离开公司，则原项目跟投及其收益继续保留，后续跟投项目按照变动后的岗位执行新项目跟投方案。

解读：

①充分考虑了对未售资产或持有型物业的评估及收益分配，以较低折扣折算收入，以此鼓励项目团队快速完成销售任务。

②针对人员发生变动的情况，在跟投权益的处理上，K企根据不同情况给出了相应的处理方式，主要根据对项目经营结果的贡献、本金投入的时间长短、对股权比例的影响及处理等因素来考量。对于员工调岗的跟投处理，一般需要员工重新签订跟投协议，且该跟投项目中的其他人员可能也需要重签协议，为了避免操作烦琐，一般都在原有的跟投项目结束后再调岗，并在有新跟投项目后按新岗位执行。

总体而言，通过上述对K企项目跟投方案的详细梳理与解读，可以得知：该方案对于员工来说是一种以激励为先、稳赚不赔的方案，值得行业跟投设计参考与借鉴。

三、落地执行：K企跟投机制落地的六大抓手

房地产项目跟投机制的落地，主要包括六大抓手，即顶层设计、方案设计、组织分工、培训宣导、工具落地、先试点后推广，如图4-11所示。

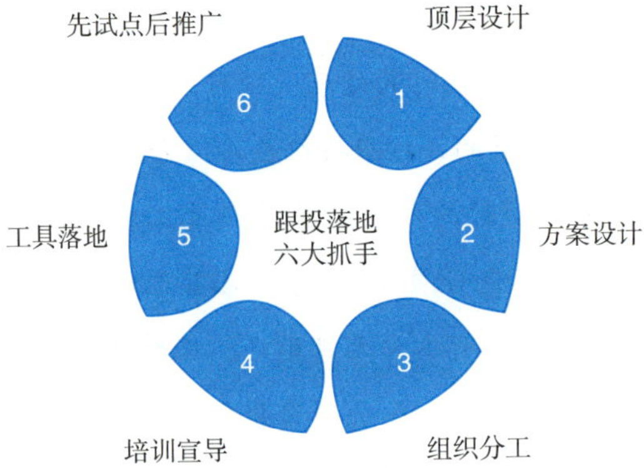

图4-11　K企跟投机制落地的六大抓手

1.顶层设计

从顶层的视角来看，一个企业要推行项目跟投机制，与企业高层制定的战略目标与战略方向直接相关。

对于K企而言，其战略定位经历了明显转变。此前，当多数房企不约而同地选择通过标准化模式实现规模的快速扩张时，K企却选择稳扎稳打，将更多的精力放在产品个性的塑造、种类的覆盖和团队能力的提升上，从而在行业走向“薄利时代”时，K企依然能够以较高的毛利率和净利率立足。但是，其业绩规模始终没能有所突破，行业排名在竞争激流中甚至出现了倒退的情况。

而随着没有规模就没有话语权的时代到来，K企也开始进行战略变革，力求扩大集团规模和市场占有率，形成规模与利润平衡发展的新局面。战略变革主要从三个方面进行。

第一，在房地产行业由开发转向运营的大背景下，高效的运营能力成为房企竞争的关键，K企敏锐地捕捉到了这一发展趋势，并于2017年年初开始着力打造大运营体系，这样便全面提升了运营管理水平，为规模增长积蓄了力量。

第二，在规模扩张的诉求下，传统的绩效考核激励模式已然失效，通过激励机制创新激发自组织活力已经箭在弦上，K企高层也明显意识到了这一点。因此，K企将目前已广泛运用于典型房企的项目跟投机制也纳入了其自身的管理实践，通过收益共享、风险共担的方式，力使集团投资决策更加理性，并能提高员工积极性，加快资金周转率，缩短发展周期，推进大运营体系有效落地。

第三，以城市运营商为定位，K企在持续发挥住宅开发强项优势的同时，大力发展写字楼、酒店、购物中心、长租公寓等多元化业态，以此作为规模增长的另一强劲支撑。

综上可见，从顶层视角来看，项目跟投是作为K企战略变革、规模增长、运营升级的关键手段，它被纳入K企的重要战略举措之中。

2. 方案设计

在明确项目跟投作为企业战略级举措后，就需要制定相应的规则章程，也就是编制项目跟投方案。那么，如何编制跟投方案？编写方案的关键点又是什么？ K企在项目跟投方案的制订上，主要从以下四个关键因素出发。

第一，界定核心要素，即项目跟投的六大核心要素。在项目范围上，要界定清楚是面向全部项目还是部分项目，K企通过选择新的销售型物业来实施跟投；在人员范围上，要界定清楚是面向全员还是只面向高管，K企选择的是面向全员跟投，同时跟投份额重点向核心骨干倾斜；在跟投载体上，K企以有限合伙企业实施跟投，对合作操盘项目和自有项目的具体跟投组织模式有所区别；在权益设计上，K企在参考行业多种模式后，结合自身项目的运作模式和盈利水平，选择了以项目资金峰值的8%为跟投权益占比；在本金返还及收益分配上，重点在于本金返还时点、分红条件与进度的设计，K企以明确的经营为导向，为促进项目团队快速销售和交付，选择以项目去化、交付竣工为分配节点；在退出机制上，K企重点明确了项目变动或亏损、人员变动情况下的特殊处理。

第二，设置关键参数，主要包括跟投份额、跟投杠杆的配置。K企针对强投包、选投包设定不同跟投比例，根据集团、城市公司、项目公司配备不同的跟投份额，重点向对项目影响最大的城市/项目公司倾斜，给予其更高的跟投上、下限额度；在跟投杠杆方面，K企给予强投人员3倍杠杆，最高可申请5倍杠杆，但需要支付相应的杠杆利息。

第三，评估影响，从员工激励和企业发展的角度出发，充分评估项目跟投对股东、对公司、对员工的影响。对股东而言，方案的设计要充分评估对股东利益的影响，K企通过对跟投权益占比8%的限定及有条件的分红等设计，避免触动股东利益；对公司而言，要充分评估跟投对项目资金安全及整体收益的影响，确保公司通过跟投实现整体经营的提升，K企通过杠杆配置、分配机制和退出机制等环节的设计，确保公司实现经营目标、规避经营风险；对员工而言，要充分考虑员工的资金承受能力，评估员工的收益水平，K企通过给不同人员设定不同的跟投额度，给予强投人员杠杆配资，对亏损项目进行保本约定等，尽可能确保员工跟投稳赚不赔，激发员工的积极性。

第四，留有余地，即设计方案时要预留可变空间。例如，K企在方案中都有“后续可根据实际情况适时适当调整”“跟投管理办法由集团跟投决策委员会负责解释与实施”等说明。此外，方案中还明确写明了可能存在的投资风险，为实际操作留有余地。

3. 组织分工

在方案确定后，跟投的组织保障和业务流程分工至关重要。K企在跟投管理组织上予以明确的设置和职责的划分，对跟投流程各环节的负责部门进行了清晰界定。K企的项目跟投机制总体由运营部门牵头，人力与财务部门协同，由运营部门牵头的好处在于能够高效协调推动业务部门的工作，并帮助其熟悉项目运营，但不足之处是处理细节事务性工作的精力有限。

K企的跟投管理组织具体包括跟投决策委员会、集团跟投管理小组和项目跟投工作小组三大机构。

（1）跟投决策委员会

由集团主席、执行董事、首席执行官、首席财务官、战略土储副总裁、人力资源副总裁、财务总经理、运营总经理、营销总经理、法务部门负责人、风控部门负责人、代表性区域总经理组成，负责审批集团跟投管理制度、跟投细则、各一线公司提交的项目跟投方案与跟投收益分配方案等。

（2）集团跟投管理小组

负责有限合伙企业的管理、资金调拨、跟投收益计算及信息披露等事宜。在项目的开发过程中，由集团跟投管理专员以“项目跟投季报”的形式于每季度第一周定期向项目全体跟投人员公开披露项目经营信息，包括项目开发进度、成本情况、售价情况、现金流情况、利润情况等。在项目投资收益系统及跟投管理系统上线后，更是实现了对跟投信息的随时查看，这样能让跟投人员及时了解和掌握项目动态信息，建立内部“赛马场”，形成竞争机制，倒逼项目团队经营能力的持续提升和改善。

(3)项目跟投工作小组

由城市公司总经理、人力资源负责人、运营负责人、财务负责人、项目总经理组成，负责项目跟投方案的编制及提报、跟投资金募集、过程中项目经营信息披露，以及协调投资收益分配等事宜。

4. 培训宣导

跟投方案颁布后，对员工进行培训宣导、制度灌输，是推进跟投机制落地的关键一环。只有通过宣导让员工全方位地了解、认可跟投机制，从而使员工积极地参与到项目跟投中来，才能顺利推进制度落地。

K企在2017年上半年正式颁布项目跟投方案后，一方面，在集团层面召开现场会议对总部员工进行培训宣导，对区域及项目层面的核心高管召开视频会议进行初步宣导；另一方面，通过跟投项目路演的方式进行跟投实战操作的指导，K企成立了集团跟投专项工作组，分赴城市公司详细讲解跟投机制的具体执行办法，宣导跟投体系。此外，在培训宣导的基础上，通过培训考核，进一步巩固了员工对跟投机制的认知和掌握，确保各级员工深度理解制度的本意。

5. 工具落地

在跟投的IT落地层面，K企与明源软件公司合作开发了项目投资收益管理和项目跟投管理两大系统。项目投资收益管理系统主要实现对项目收益进行自动化测算，项目跟投系统则从员工认购、协议签署、动态查询、收益分配以及退出等全流程实现全方位管理。通过明源地产研究院“1+1”整体解决方案的运用，实现了项目跟投全过程的风险管控和高效业务协作，极大地降低了人工工作量，提高了工作效率，同时激发了员工的积极性，倒逼项目团队经营能力的提升。

关于房企跟投IT落地的具体内容，详见本书第五章关于“基于业务赋能和管理提效的项目跟投解决方案”的介绍。图4–12为跟投IT落地的模拟数据。

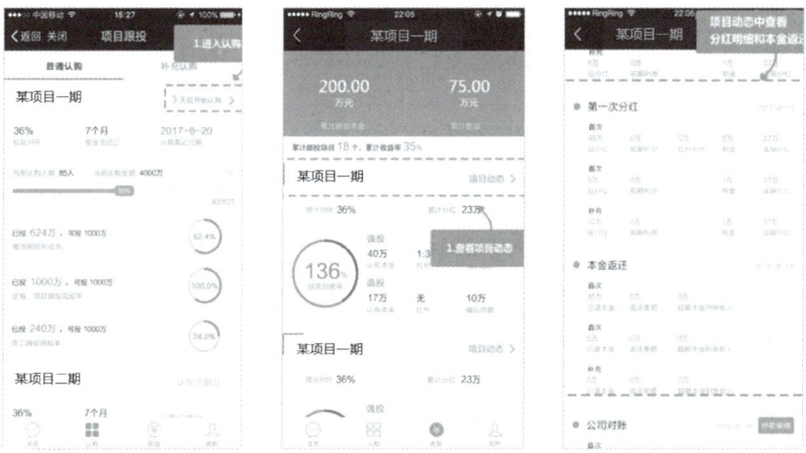

图4–12　跟投IT落地的模拟数据[①]

6. 先试点后推广

对于一个新制度的落地，一般而言都需要先试点后推广，稳扎稳打，稳步推进。试点项目一般选择项目预测收益较高的优质项目，从而在更大程度上确保试点项目的成功和员工信心的提高。通过试点，可以验证跟投机制设计的合理性，并在试点过程中不断优化和完善跟投机制，提高项目跟投的风险应对能力。同时，不断优化跟投机制的配套体系，

① 图中的数据为跟投模拟数据。

让跟投机制工具为业务赋能。K企正是基于先试点后推广的思路，在2017年下半年试点几个优质项目后，才总结经验、完善方案，并结合信息化系统的运用，再广泛铺开，目前已经有10多个项目实施了跟投。

四、跟投成效：突破增长瓶颈，2017年销售重回增长轨道

自2017年项目跟投机制正式实施以来，K企已有10余个项目实施了跟投。通过项目跟投的推行，K企在突破增长瓶颈、激发员工积极性、提升运营管理效率上已经初见成效。具体表现在以下几个方面。

1. 公司整体层面：销售规模登上新台阶，城市布局更趋完善

2017年，K企销售业绩摆脱了在200亿元徘徊的魔咒，直接跨入600亿元规模，行业排名也较2016年大幅提升。

自2017年以来，K企拿地步伐进一步加快。由此，K企的全国布局版图已辐射华南、华东、西南、华北、华中五大区域，遍布25个城市，开发优质项目近100个，土地储备可支撑其未来3~5年的盈利增长。可以说，项目跟投对K企拿地步伐的加快起到了功不可没的激励作用。

2. 员工层面：跟投踊跃，积极性提升

第一，在跟投的高激励下，员工跟投认购踊跃，积极性非常高。据了解，从2017年启动项目跟投机制以来，员工认购积极性非常高，多个项目认购额度超过了对应的可跟投总额度；而在武汉某跟投项目中，通过明源在线跟投系统的运用，自愿选投包在13分钟认购了76%，半小时认购了97%，1小时就完成了全部认购。

第二，从返本及收益来看，K企实施跟投的项目IRR普遍在30%以上，已经属于行业比较高的水平，个别特殊项目IRR超过50%。此外，较早开始实施跟投的项目已经开始返还本金，这些都使得员工跟投的安

全感得到了极大提升，团队士气高涨。而通过跟投的利益绑定，K企近半年来核心团队也保持稳定，流失率明显降低。

3.管理层面：运营管理效率提升

第一，通过收益共享、风险共担的项目跟投机制，有效地推进了K企大运营体系的落地，提升了项目周转率，缩短了开发周期，集团运营管理水平得到了显著提升。

第二，通过项目投资收益管理系统及跟投管理系统的运用，极大地提升了跟投的内部协作效率，而及时披露跟投收益和构建内部“赛马场”，有力倒逼了各项目团队经营管理的提升。

总体而言，K企目前推行项目跟投时间不久，更多的成效还有待时间验证。在跟投带来的显著成效之余，K企在项目跟投的实际推行过程中还是遇到了一定的现实问题，例如，强制跟投人员因跟投项目数量较多，强投人员普遍存在较大的资金压力。此外，从个别跟投项目情况来看，项目开发周期较长，收益回报相对较慢，资金利用率偏低，要想实现企业销售规模快速增长，必须提升项目的开发效率，压缩开发周期，这样才能够真正实现员工成功、项目成功、公司成功。

五、方案点评：激励为先，稳赚不赔

综合来看，我们可以从以下几个方面来总体点评K企的项目跟投机制。

第一，匹配战略。近年来，K企规模增长较缓且在无实质性突破的背景下，规模增长、运营升级成为K企的重要战略诉求，而项目跟投机制正是匹配K企战略落地的关键举措。而实践也证明，项目跟投已成为促进K企销售规模再上一个台阶的有力武器。

第二，设计规范。K企的项目跟投方案主要参照行业典型房企的主流设计，K企的项目跟投方案可以被认为是跟投设计的典范，可供其他民营房企作为参考的样本。对于跟投人员而言，K企的跟投设计可以称得上是激励为先、稳赚不赔。一方面，K企根据跟投人员级别设定不同的跟投限额，级别越高额度越高，并对强投人员予以3倍（最高5倍）的资金杠杆；另一方面，若因特殊情况出现项目亏损，跟投小组可提出退出方案。对于企业本身而言，K企的跟投设计也同样有利于提升运营效率和提高项目收益，例如收益分配节点的设计，就充分体现了项目团队以尽快销售去化、交付竣工为导向。

第三，落地到位。K企在跟投机制的落地上非常到位，主要体现在三个方面：一是确立清晰的组织分工，对于跟投流程各环节明确相应的负责人；二是通过跟投机制的全国巡回路演，对集团总部及各城市公司进行跟投的充分宣导与培训，使员工从意识上充分认可这项新的激励机制，从行动上充分掌握跟投的相关技能；三是搭建跟投管理系统和项目投资收益系统，通过“1+1”完善的信息化平台从技术上为项目跟投的推行保驾护航。

第四节　强势归来：新时代的国企组织创新之道

自2014年行业典型房企开启房地产合伙人制先河之后，越来越多的房企开始引入项目跟投这一创新之举，其中，除了众多的民营房企外，也不乏国有房企。那么，国企推行项目跟投的特殊原因有哪些？国企跟投设计有何特殊之处？国企跟投为何困难重重？接下来，我们就结合典型国企跟投案例来对国企跟投的背景、跟投设计的核心要点、推行难点及成效等内容进行分析。

一、房地产行业集中度快速提升，国有房企激励机制面临巨大挑战

在民企项目跟投蔚然成风并取得显著成效的背景下，国企也在积极酝酿和推进人才激励机制的变革。总体来看，国企推行项目跟投有三大主因，如图4-13所示。

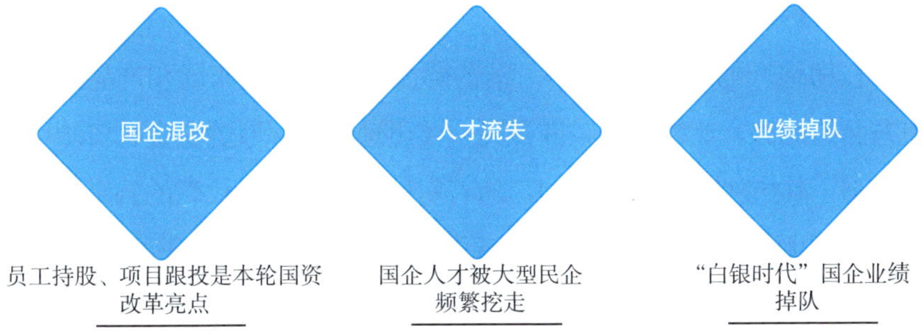

图4-13 国企推行项目跟投的三大主因

1. 国企混改

近年来，在国家鼓励混合所有制改革、充分激发企业活力的时代背景下，国资背景的房地产企业纷纷效仿典型民企，进行激励机制的创新变革，如引入战略投资者、实行高管和员工持股、实行项目跟投等做法都被纳入国企改革的试验范畴。以E企为例，E企是国企改革的样本和先行者，在激励机制的变革上也在持续探索和深化，陆续推出员工持股、股权激励和项目跟投，可以说是国企改革的典型代表。

2. 人才流失

在行业增长放缓、利润下降的背景下，人力资本的价值更加凸显，转型升级中的房地产企业从土地和资金的竞争全面转向了对人才的争夺。而近年来，民企凭借项目跟投等创新激励模式在人才争夺上明显占

了先机，致使国企人才流失严重。例如，某大型民企凭借高额激励，频繁挖走国企区域总经理级别的高管，其薪酬高达2 000万~3 000万元。尽管国企已经实现高度职业经理人化，但其薪酬体系并未市场化，对人才的吸引力较弱。可以说，人才的大量流失是推动国企进行人才激励变革的关键因素。

3. 业绩掉队

在房地产的"黄金时代"，国企得益于长期战略布局和产品结构调整方面的优势，业绩增长较许多民企要迅速，其深厚的资金和资源优势也增强了其抗风险能力。然而，随着房地产"白银时代"的到来，国企开始出现明显的业绩掉队现象，而民企这两年在业绩上却处于领先地位。以国企E企和某地方国企G企为例，近年来业绩增长乏力，行业排名下滑，在净资产收益率、三项费用率等经营指标都明显下降。因此，国企普遍希望通过激励机制的创新变革，提升运营管理效率，突破业绩增长瓶颈，追平这几年落下的名次。

综上所述，在房地产下半场，基于国企混改的政策利好、人才流失的刺激和业绩增长的迫切需求，国企纷纷开始进行人才激励机制的转型，员工持股、股权激励计划、项目跟投等激励机制纷纷出炉，以求突破国企制度藩篱，谋求下一轮增长的发力点。

在各项激励机制中，项目跟投是国企在项目层面激发组织活力的重要变革，是国企激励体系创新的重要组成部分。

二、国企项目跟投机制设计的核心要点

我们首先针对国企跟投设计的通用要点进行介绍，然后结合典型国企G企、E企和C企的案例，分析其跟投方案个性化的差异点。这里

需要特别说明的是，对于国企的跟投方案分析，参考资料均来源于其官方公告及相关公开报道。

1. 国企跟投设计通用要点

国企在推行项目跟投机制时会受国资委相关规定的限制和约束。例如，国资发改革〔2008〕139号文要求上级不能持有下级企业股权，国资发改革〔2016〕133号文要求不得向持股员工提供财务资助，等等。因此，在跟投方案的设计上，国企必然会与民企存在差异，要在国资委的规则约束下进行权衡与考量，避免触碰国资委的制度红线。

综合目前国企的项目跟投方案来看，国企的跟投机制设计主要有以下几个核心要点，同时，这也是与民企的主要差异所在。

第一，跟投载体。为了避免触碰国资委“上级不能持有下级企业股权”的制度要求，国企一般选择基金结构或有限合伙企业的债权模式实施跟投。在基金结构模式下，相当于基金公司持有项目公司的股权，而非跟投个人持有；在有限合伙企业的债权模式下，有限合伙企业通过债权而非股权方式进入跟投项目，跟投员工与跟投合伙企业签订借款合同，跟投合伙企业再与项目公司签订借款合同。这两种方式都不涉及股权。

第二，跟投项目。国企一方面要承担一定的社会责任，在拥有竞自持项目或保障房项目等类型的项目情况比民企更加普遍，另一方面依托资源优势并购重组项目也较多。因此，对于收并购项目、竞自持项目等，国企需要特殊考虑是否纳入跟投范围。一般而言，需要符合市场化原则，即通过市场竞价的方式获取的收购项目可以跟投，而竞自持项目一般要求自持面积比例控制在一定范围内。另外，对于承担社会责任和政治意义的项目，以及为了沉淀资产而为企业未来发展所用的项目，一般不纳入跟投范围。

第三，跟投人员。对于上级机构任命的国企高管，一般不允许进行项目跟投。此外，为了规避风险，国企一般会要求其集团总部的所有员工均不得参加项目跟投，但辅之以其他方式的有效激励。

第四，权益占比。与民企相比，国企的项目跟投权益占比设计普遍较低，尤其是试点项目，主要是为了避免有侵吞国有资产之嫌。

第五，杠杆配置。与民企普遍为强投员工提供资金杠杆不同，国企均严格遵循国资委规定的“不给予持股员工任何财务资助或融资杠杆”的制度红线。

第六，本金返还。与民企相比，国企更需要强调风险共担，因此在本金返还的设计上，可以预留10%~20%的本金到清算阶段，以凸显风险共担的责任心。对此，要重视给员工进行传递和解释，以便得到员工的充分理解。

第七，跟投机制的审批主体。对于国企而言，由谁来审批项目跟投方案非常关键，直接关系到能否顺利启动跟投机制。从实践来看，国企一般不通过股东大会审批，主要由董事会进行审批，或者需要有魄力的董事长拍板。例如，据公开报道，C企的项目跟投机制在首次推出时就是因为股东大会的否决而没能通过，再度推出时因董事会的同意才得以顺利启动。因此，国企在设计跟投机制之初，需要特别注重和董事会和上级主管部门的沟通，要传递行业趋势和推行跟投机制的重要意义，以获得董事会和上级主管部门的充分理解和支持。

总体来看，与民企相比，国企的跟投机制设计更为小心谨慎。除了以上总结的国企跟投机制设计通用要点外，各国企之间也存在个性化的差异点。以下我们就依据相关公开资料，对典型国企G企、E企和C企的跟投方案核心要点进行对比分析。

2. G企项目跟投方案要点

G企是一家知名地方国企，业务板块涵盖住宅开发和商业地产运营。在激励机制的革新方面，G企近年来逐步构建“项目层面的跟投机制”和“公司层面的股权激励”两种激励体系，具体分为三个阶段。2015年，G企正式推出了以“利益共享、风险共担”为核心的激励计划，即面向项目层面的“合伙人”计划，力图促使相关项目合资格的管理层成员的利益与集团利益保持一致，最大限度地提高项目回报率；2016年年底，G企又推出了股份奖励计划，选定高级管理层为股权激励对象，将激励机制扩大到了集团和地区层面；2017年年初，G企进一步升级股份奖励计划，将股权激励对象扩大到中层管理者。

从G企官方公告的激励计划来看，其项目跟投总体方案相对简单，主要包括以下几方面要点。

（1）项目范围

仅面向物业开发项目，倾向于选择短平快的新项目进行跟投。

解读：

短平快的物业开发类项目，开发周期较短，回报周期较短，投资金额较小，便于跟投操作，降低了推行风险，体现了国企在跟投试点上的小心谨慎。

（2）人员范围

仅面向项目的地方管理团队成员及核心员工，公司董事或最高行政人员或发行人层面的任何其他关联人士均不参与跟投。

解读：

第一，G企要求集团总部人员均不参与跟投，包括公司董事和最高行政人员，仅绑定项目核心团队，目的在于规避风险。而对于集团总部人员，则用股权激励的方式进行激励。但是，集团总部人员不参与跟投具有一定的不足，即城市公司和项目公司层面的人员推行跟投时容易缺乏总部的相关协调与支持，甚至可能会面临来自总部相关部门的阻力。

第二，发行人层面的任何关联人士不参与跟投，有利于将参与项目跟投的人员与实行股权激励计划的人员清晰地区隔开来，充分契合了G企两套激励机制并行、互不影响的激励方式。

（3）跟投载体

通过基金结构对相关项目公司做出股权投资，如图4-14所示。

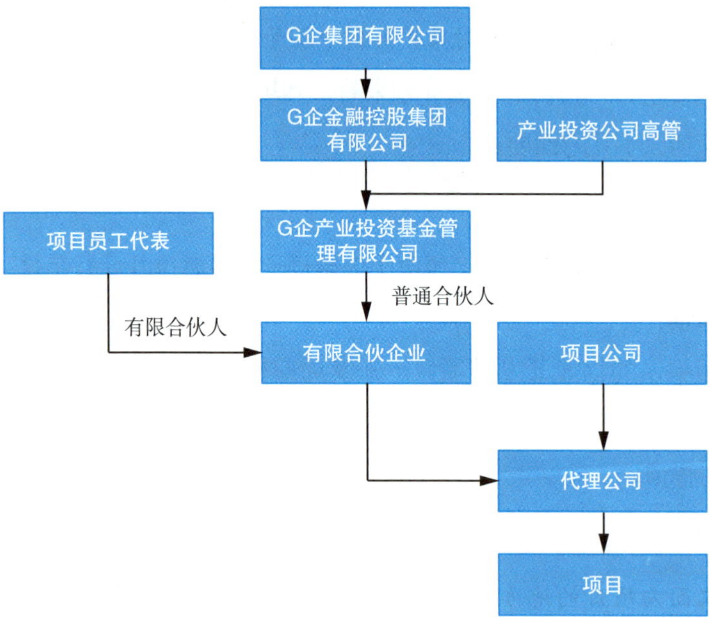

图4-14　通过基金结构对相关项目公司做出股权投资的架构图

资料来源：百度网、明源地产研究院。

解读：

第一，在跟投载体上，G企选择通过基金结构实施跟投，也就是通过基金公司定向投资开发项目，根据约定回报进行分红。从股权关系上来说，这是基金公司持有项目公司的股权而不是个人持有，因此这种方式可以确保不触碰国资委“上级不能持有下级企业股权”的制度红线。G企有自身成熟的金融产业基础，可以直接通过自身的金融平台实施跟投，也就是利用现有资源进行操作，将募集对象改为本公司跟投员工，这也是国企普遍的优势所在。

第二，项目跟投资金一个项目一募集，在不同项目上参与跟投人员和份额构成不同。在此模式下，如有项目富余资金，不能用于投资其他项目，也不能分配给个人。

（4）权益设计

每个项目公司全体和核心管理层成员所持的股权合计将低于其股权总额的10%；首个跟投项目全体和核心管理层成员所持的股权合计将不超过2%。

解读：

第一，G企所指的股权总额指的是“股东投入资金峰值”，股东投入资金峰值比项目资金峰值更低，其前期土地款一般由股东自筹，差额部分一般需要依靠银行借款等渠道进行融资。以股东投入资金峰值进行跟投权益的计算，一方面使员工跟投的本金不会太高，符合国企收入水平；另一方面也使员工间接地享受了一定的财务杠杆。此外，按股东投入资金峰值确定权益占比更接近同责同利，在项目融资方面具有较大自由度和贡献空间，具有更好的激励性。

第二，首个试点项目跟投权益占比不超过2%，与民企的股权占比相比非常低，体现出了国企跟投试点的高度谨慎。

（5）本金返还及收益分配

股东投入资金全部回笼后，返还本金的80%；累计经营性现金流回正后，可按照回款比例进行收益预提，结算前收益预提不超过80%；项目交付后，持股员工可按比例进行分红，结算后（退出前）收益分配不超过80%。

解读：

第一，在本金返还方面，要求股东投入资金全部回笼后开始返本，目的在于引导和激励项目团队快速融资，尽快归还股东借款。

第二，在收益预提方面，累计经营性现金流回正后可按回款比例进行收益预提，有利于鼓励跟投员工加快销售节奏，控制成本支出，同时可以确保激励的及时性。此外，要求将收益预提比例控制在一定范围内，根据企业自身的成本和利润管理能力、预算准确性、风险偏好进行平衡设定，有利于保障企业的资金安全。

第三，在收益分配方面，在项目交付后可按比例分红，可以促使项目团队尽快交付项目。结算后（退出前）收益分配不超过80%，说明要尽可能将跟投人员绑定到最后。

总体而言，G企的项目跟投机制是在项目层面推出的中长期激励措施，其本质是使被激励对象在单项目上的收益与大股东的经济效益管控重点一致，降低代理成本。“项目跟投”与“管理层持股”合在一起，二者共同构成“事业合伙人”。

3. E企项目跟投方案要点

E企业务板块涵盖园区开发、住宅开发等，是激励机制创新的先行者。E企于2015年年底提出员工持股计划，并正式实施。2016年，E企进一步推出针对核心管理层的股权激励计划，并设置了严格的行权条件。2017年年初，E企正式推行项目跟投机制，该机制是E企继2015年年底员工持股计划和2016年年底股权激励计划之后的又一激励机制突破。三者形成了多维度的长效激励体系，以便实现员工和公司的利益共享、风险共担。

在E企于2017年对外公布的项目跟投方案中，E企惜字如金，轻轻几笔就勾勒出了该制度的全貌。我们结合相关资料，对E企的跟投设计进行如下分析。

（1）项目范围

自《项目跟投管理制度》通过之日起，由城市公司操盘开发的且通过市场化的方式获取土地的销售型项目可以跟投。

股权占比低于20%的联合操盘项目不允许实际跟投；对于单项目和市场竞价获取的收购项目，原则上必须跟投；对于含竞自持住宅的跟投项目，除公司认定的战略性项目外，原则上所有竞自持项目均需跟投。

解读：

第一，与民企类似，E企也选择了销售型项目实施跟投，但同时也要求该项目是由城市公司操盘开发的且通过市场化方式获取土地的销售型项目。一方面可以确保项目可控，另一方面E企依托自身资源优势有大量非市场化方式获取的土地资源，这类项目则不纳入跟投范围。

第二，对跟投时点有严格要求，对于不满足跟投时点要求的项目不允许实际跟投。

第三，E企的联合操盘、收并购或竞自持项目相对较为普遍，因此对于这类项目能否参与跟投，E企也做出了明确规定。

（2）人员范围

按照岗位职责及其对跟投项目负责任的关联程度与重要程度，分为强制跟投和自愿跟投。对项目负有主要责任的核心管理人员须强制跟投，除强制跟投人员外，允许区域总部、城市公司、项目公司的其他正式员工自愿跟投。

跟投项目通过办公会后，强制跟投人员不得再追加跟投金额，对于跟投人员跟投限额的具体要求如表4–4所示。

表4–4 E企对于跟投人员跟投限额的具体要求

类型	范围	跟投人员	跟投金额下限（万元）	跟投金额上限（万元）	认购单位（万元）
强制跟投	区域总部	总经理	20	100	10
		发展总监、营销总监	5	25	5
	城市公司	总经理	30	150	15
		副总经理、总经理助理	10	50	5
		发展部、营销部部门负责人	5	50	5
	项目部（公司）	项目负责人	20	100	10
自愿跟投	除上述强投人员外，区域总部、城市公司、项目公司正式员工		1	20	1

资料来源：百度网、明源地产研究院。

解读：

第一，集团总部人员均不参与跟投，仅面向区域总部、城市公司和项目公司，尽可能规避风险，对于集团核心管理层则采用股权激励计划实施激励。

第二，从部门来看，跟投重点绑定发展部和营销部。与民企相比，E企跟投的部门范围相对较窄。

第三，区域总部、城市公司和项目公司的核心管理层强制跟投，对于不同层级跟投人设定不同的跟投上、下限额度。其中，城市公司总经理跟投额度最高，区域总部总经理和项目负责人跟投额度次之，体现了对这些核心骨干的重点倾斜和绑定，这与民企的主流设计类似，但不同之处在于，E企要求强投人员在一定时点后不得追加跟投。

第四，区域总部、城市公司和项目公司的其他正式员工可自愿跟投，确保了企业内部公平的氛围，最低认购单位1万元，相对较低。

第五，与民企的另一个显著差别在于，E企作为国企，严格遵循国资委要求，没有任何的资金杠杆，没有提及任何关于杠杆配置的字眼。

（3）跟投载体

通过信托计划或资管计划等合规的投资结构实施跟投。

解读：

为了符合国资委“上级不能持有下级企业股权”的制度要求，E企选择通过信托计划或资管计划等合规的投资结构实施跟投，也就是通过信托计划或资管计划以股权投资方式进入项目，这种方式与G企的基金结构基本类似。信托计划与资管计划的本质相同，但通道不同，二者都属于投融资平台，但发行主体不同，一个是信托公司，另一个是资产管理公司，都是公募基金公司的子公司。在实际的跟投试点中，据知情人士透露，E企采用的是资管计划，与G企类似，E企同样与其旗下的金融系统紧密合作，直接利用现有资源，通过自身银行平台发布基金，跟投人员购买基金进行支付。通过自身的金融平台实施资管计划，正是E企作为国企的资源优势所在。

（4）权益设计

单项目跟投总金额上限不超过该项目资金峰值的5%；跟投人员需承担为获取该类项目所支付的前期资金占用费、获取溢价等未计入项目公司的费用。

解读：

第一，与G企的股东投入资金峰值不同，E企以项目资金峰值为跟投权益核算基准，这与民企主流的核算基准相同，但其中还明确了实际资金峰值为合并销售和自持部分的数值。此外，E企要求跟投人员承担前期资金占用费等费用，在跟投权益计算时，要求此类费用计入项目资金峰值。

第二，跟投权益占比不超过项目资金峰值的5%，比民企低很多，跟投人员收益也可能相应偏低，体现了国企的谨慎性。此外，E企还强调同股同权，跟投人员和上市公司共同承担风险。

（5）收益分配

第一次分红以销售部分的经营性现金流回正节点为准，第二次分红以去化率达到90%这一节点为准，第三次分红按整盘考虑。前两次分红基于的净利润仅计算销售部分的净利润。

解读：

E企在分红时点的设计上，与民企的普遍设计类似。分步返还红利可以推动项目团队快速销售、回款，同时兼顾企业资金安全和员工的投资安全感与信心。此外，E企还强调了前两次分配的利润仅针对销售部分的净利润，将自持部分剔除。

总体而言，E企的项目跟投方案刚推出不久，还需在试点中不断进行修正和完善。作为地产国企，在中央倡导混合所有制改革、反腐倡廉的大环境下，国企的项目跟投方案既要做到符合国企管理规定要求，又要符合企业发展需要，难度较大。尽管如此，项目跟投机制对E企全体员工的激励作用和推动自身优质资源的加速释放上仍值得期待。

4. C企项目跟投方案要点

需要说明的是，C企现在不是严格意义上的国企，可以视为混合制企业，因此C企在跟投设计上的某些方面也可以不受国资委的相关制度约束。但鉴于C企的国企风格犹存，且其跟投设计较具代表性，因此我们仍将C企纳入国企范围进行分析。

C企是我国最早上市并完成全国化布局的房地产企业之一，业务板块涵盖住宅地产开发、商业地产开发与运营、房地产金融、物业管理服务等，旗下拥有全资私募基金管理公司。C企项目跟投机制的推出可谓一波三折，2014年2月，C企首度公布项目跟投计划，被股东大会否决；2016年4月，C企再度发布“合伙人”公告，转由董事会审批才得以通过。因此，国企在推行跟投机制时，要重点关注审批主体的选择。

从C企公布的项目跟投方案来看，其激励方案与约束条款拿捏到位，具体包括以下要点。

（1）项目范围

2016年3月31日之后，对首次开盘的项目进行跟投。销售型项目的核心员工投资事宜由总裁会议审议，其他类型项目的核心员工投资事宜需经过董事会审批方能实施。销售型项目是指拟销售建筑面积占总可租售建筑面积的比例超过95%或持有型物业建筑面积小于1万平方米的项目。

解读：

第一，明确了跟投项目时点，要求跟投方案推出后首次开盘的项目可以实施跟投，主要是基于激励而不是福利的角度，避免员工“挑肥拣瘦”。

第二，C企对销售型项目的界定更加严格，拟销售面积占比更高。此外，对于其他类型的项目能否参与跟投，要求经董事会审批。

（2）人员范围

核心员工投资人分为强制投资人和自愿投资人。集团主管投资高管、集团投资部门负责人及区域公司负责人，区域公司主管投资负责人、区域公司主管营销负责人、城市公司负责人、项目负责人及项目关键人员属于强制投资人。除公司董事、监事、高级管理人员和区域负责人外的集团正式员工，均可自愿参与项目投资。

集团主管投资高管、集团投资部门负责人强制投资符合本规定的所有项目。区域公司负责人、区域公司主管投资负责人、区域公司主管营销负责人强制投资所在区域内符合本规定的所有项目。城市公司负责人强制投资所在城市符合本规定的所有项目。项目负责人及项目关键人员强制投资符合条件的该人员所在项目。

解读：

第一，从强制跟投人员范围来看，主要绑定集团和区域公司投资条线、营销条线的负责人，以及区域公司、城市公司、项目公司负责人及项目关键人员，体现了对项目产生关键影响的核心人员的重点倾斜。此外，明确了集团总部、区域公司、城市公司、项目公司强投人员强制跟投相应的项目，避免“挑肥拣瘦”。

第二，公司董事长、总裁及其他董事、监事和高级管理人员不参与跟投，C企的主要考量在于“避嫌”，以便更公平地管理公司，可以有效平衡集团发展与区域发展的关系。与G企和E企集团总部人员均不参与跟投的规定不同，C企将集团层面的投资和营销条线负责人进行了绑定，这与国企自身整体的激励体系设置相关。

第三，与其他国企相同，C企的制度细则里没有提及给员工提供资金杠杆的任何字眼，充分体现了对国资委相关制度红线的严格遵守。

（3）跟投载体

核心员工投资人通过有限合伙企业进行投资，一个有限合伙企业投资一个项目，一般合伙人由全资私募基金管理公司或集团指定人士、机构担任，如图4–14所示。

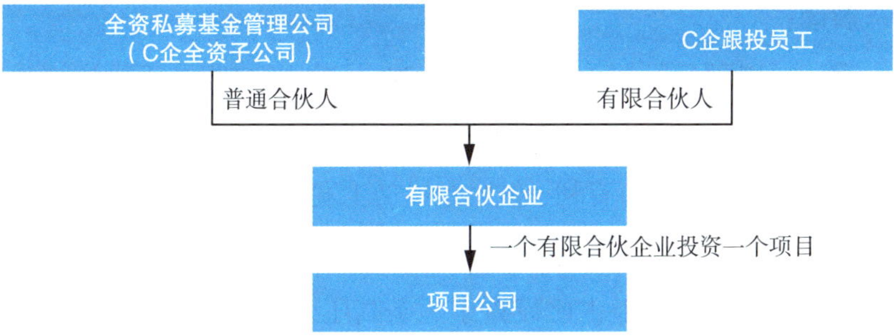

图4–14　E企的跟投载体

资料来源：明源地产研究院。

有限合伙企业不能是项目公司大股东，不能参与项目管理，不能向项目公司派驻董事及管理人员，不能影响项目的对外合作，需放弃项目公司股权的优先购买权，并需办理工商登记和验资。

解读：

第一，通过有限合伙人实施跟投，一个有限合伙企业投资一个项目，与民企的主流模式基本相同。从这一点可以看出，C企作为非严格意义上的国企，可以在一定程度上不受国资委"上级不能持有下级企业股权"的相关约束。此外，与G企、E企类似，C企旗下也有自己的金融平台，即全资私募基金管理公司，充当一般合伙人角色，这也是C企自身拥有房地产金融板块的优势所在。

第二，对有限合伙企业设置了明确的约束条件或组织原则，这些要求在跟投人签订跟投协议的时候就会定好。通过规范的组织形式和要求，以最大程度减少对跟投项目的干预，确保项目可控。

（4）权益设计

每个投资项目中的所有核心员工投资人合计持有的项目公司股权需小于10%，每个投资项目中的单个核心员工投资人持有的项目公司股权需小于1%。

解读：

第一，以项目股权为权益核算基准，这种方式将员工投资视为同等权益的股东，享受公司平台带来的财务杠杆和经营杠杆，更好地实现同股同权、同责同利，有利于鼓励跟投员工发挥最大主观能动性去争取融资、节点达成、快速开盘和销售。

第二，对跟投权益占比设置了两条高压线，合计权益占比不超过10%，单个跟投人权益占比不超过1%。C企第二次修订的跟投方案将合计权益占比降低到了8%，以降低对股东利益的影响。对单个跟投人权益占比进行限定，也是C企跟投设计中较其他房企而言更为细致的一点。

（5）跟投进入

强制投资和自愿投资资金的到位时间为下列孰晚时间点：在项目投资决策会后1个月内；公司支付第一笔土地出让金（保证金除外）前。

解读：

对跟投资金到位时间进行限定，有利于跟投的顺利推进。在项目投资决策会后的1个月内，有很多跟投流程需要走，包括注册公司、签订协议、放开认购、认购平衡、通知员工付款、付款到位、股权变更或转让等。

（6）收益分配

项目公司在偿还完所有内、外部借款，项目公司累积净现金流量为正数，并保证项目运营所需资金，充分考虑项目经营风险及经项目合作方（如有）同意后，经总裁会议批准，有限合伙企业可以根据股权比例调用资金。

核心员工投资人的有限合伙企业收益（亏损）的计算与项目IRR挂钩，具体如表4-5所示。

表4–5　核心员工跟投的收益与亏损与项目IRR挂钩

	IRR	分红或承担亏损
分享收益	IRR＞25%	按占股比例的1.8倍分红
	18%＜IRR≤25%	按占股比例的1.5倍分红
	12%＜IRR≤18%	按占股比例的1.2倍分红
	0＜IRR≤12%	按实际占股比例分红
承担亏损	–12%＜IRR≤0	按实际占股比例承担亏损
	–18%＜IRR≤–12%	承担1.2倍亏损
	–25%＜IRR≤–18%	承担1.5倍亏损
	IRR＜–25%	承担1.8倍亏损

资料来源：百度文库、豆丁网。

解读：

第一，C企在跟投收益分配上要求具备两大基本条件，一是现金流回正，二是预留企业安全资金，这与主流模式基本相同。

第二，跟投人的收益或亏损的计算与项目IRR挂钩，意在加大投资与收益或风险杠杆，在更大程度上进行激励。在具体分配上，C企设计得更为详尽和细致，明确了具体比例，设置了12%、18%、25%三个级别的IRR门槛值。门槛值的设定考虑到C企自身当前项目的整体IRR水平，既具有挑战性，也具有可实现性。C企在收益分配的设计上相对严格，一般而言，房企在推行跟投前期的收益分配设计可相对宽松一些。

（7）退出机制

项目已销售面积达到拟销售面积的90%为有限合伙企业的退出启动点，总裁会议有权决定推迟退出启动点，但最多不超过1年。

退出启动点发生时，集团可选择独立评估机构按市场公允价值确定未售物业价值。

离职人员不能要求提前退出，只能按实际股权比例分配收益或盈亏。

解读：

第一，以项目去化为导向进行退出设计，与主流模式基本相同，去化率为90%这一比例相对而言略为宽松。此外，总裁会议有权决定推迟，为实际操作留有余地。

第二，与民企类似，C企也明确了退出启动后对未售物业的处理，以督促项目团队快速完成销售任务。

第三，要求离职人员不能提前退出，规避了相关变更操作的烦琐。

总体来看，C企通过设定明确的进入与退出机制，可以有效地避免内部员工的投资资金晚到先走，避免员工获取短期暴利，从而堵住超高收益率的漏洞。

最后，综合比较G企、E企、C企三大典型国企的项目跟投方案，它们均在国资委制度要求的大框架下，结合企业自身的实际情况进行差异化设计，汇总如表4–6所示。

表4–6 G企、E企、C企三大典型国企项目跟投方案综合比较

核心要点	G企	E企	C企
整体激励体系	2015年：激励计划 2016年：股份奖励计划 2017年：股份奖励计划升级 特征：项目跟投、管理层持股两位一体	2015年：员工持股计划 2016年：股权激励计划 2017年：项目跟投 特征：员工持股、股权激励、项目跟投三位一体	2014年：发布合伙人公告，但股东大会未通过 2016年：核心员工跟投计划获董事会通过 特征：目前只做项目跟投
项目范围	倾向于在短平快的新物业开发项目	由城市公司操盘开发的且通过市场化的方式获取土地的销售型项目	2016年首次开盘的项目
人员范围	针对地产项目的地方管理团队及核心员工，公司董事、最高行政人员及发行人层面不参与计划	强制跟投：对项目负有主要责任的核心管理人员 自愿跟投：区域总部、城市公司、项目部的其他正式员工	强制跟投：集团主管投资高管、集团投资部门负责人、区域公司负责人、区域公司主管投资的负责人、区域公司主管营销的负责人、城市公司负责人、项目公司负责人及项目关键人员 自愿跟投：除公司董事、监事、高级管理人员和区域负责人之外的集团正式员工
跟投载体	老项目：基金结构 新项目：有限合伙企业的债权模式	信托计划或资管计划	有限合伙企业
组织原则	暂无	暂无	不能是项目公司大股东，不参与项目管理，不向项目公司派驻董事及管理人员，不影响项目的对外合作 放弃项目公司股权的优先购买权，并需办理工商登记和验资
核算基准	股东投入资金峰值	项目资金峰值	项目股权
权益占比	所持股权总额不超过股东投入资金峰值的10% 首个项目权益占比不超过2%	单项目跟投总金额上限不超过该项目资金峰值的5%	员工持股总额不超过项目股权的8%，单人持股额小于1%
跟投进入	暂无	暂无	跟投资金在项目投资决策会后1个月内到位 在公司支付第一笔土地出让金（保证金除外）之前
分红条件	项目交付后，持股员工便可按比例分红 股东投入资金全部回笼后返还本金的80%	现金流回正第一次分红； 去化率达到90%第二次分红	项目公司偿还完所有借款，项目公司累计净现金流量为正数 保证项目运营所需资金、充分考虑项目经营风险及经项目合作方（如有）同意后
分红比例	收益预提：结算前不超过80%，累计经营性现金流回正，按照回款比例预提 结算后（退出前）分配：退出前不超过80%	暂无	设定的IRR门槛值，回报与项目IRR挂钩 IRR越高，收益分配比例越高，IRR越低，收益分配比例越低 若项目亏损，等比例承担亏损
退出机制	暂无	暂无	项目已销售面积达到拟销售面积的90%为退出启动点 离职人员不能要求提前退出，只能按实际股权比例分配收益或盈亏

三、国企跟投面临的主要难点及突破策略

从股权激励到项目跟投，尽管国企近年来都在努力探索和推进激励机制的创新变革，但与一些典型民企的变革力度相比，不少国企在激励机制的创新上始终是“犹抱琵琶半遮面”，只有物理反应，没有化学反应。不可否认的是，作为国有房企，与民企相比必然会面临更多的阻力和门槛，那么国企应该如何突破难点呢？接下来，我们结合以上国企案例，对国企跟投推行的主要难点及突破策略进行简要介绍。

1. 制度约束

国资委对国企职工持股有较严格的规定，包括上级不能持有下级企业股权，员工不得同股同权，员工不得使用财务资助和融资杠杆，这些约束条件都给项目跟投的推行架起了一道制度的藩篱。实施跟投的国企为了避开这些壁垒，一般会充分利用自身现有的金融资源，普遍采用基金结构、信托计划、资管计划或有限合伙企业的债权模式实施跟投，如G企、E企，但国企在资金杠杆方面均严格遵循这条制度红线。

2. 管理体系不适配

在项目跟投机制推行后，从区域公司、城市公司到项目公司负责人必然要有更多的权限，从过去的责任主体变为经营主体，这就涉及权限下放、组织管理机制的调整等问题，要求国企原有的内部运营管理体系相应变革，以匹配跟投机制的落地。而在现实项目跟投机制的推行过程中，国企往往容易面临管理体制难以转型和适配的问题。例如，项目经理作为项目跟投的核心人员，对跟投的推行发挥着关键作用，然而国企项目经理的权限一般比民企要小得多，缺乏话语权，这将导致其无法控制项目成本，无法掌控利润。在没有被赋予相应权限的情况下，如果

强制要求项目经理跟投，容易导致“权责不对等”，进而导致其产生抵触心理，不利于跟投的顺利推行。

在变革管理体系和适配跟投落地的实践上，G企做出了一些有益探索。一方面，调整组织架构，从原有的金字塔式转变为扁平式管理；另一方面，在放权的原则上，G企制定了两个关键点。一是基于标准化的前提，组织架构、官方授权、业务流程都进行标准化；二是差异化放权，总部核心业务部门及职能部门根据各区域的不同水平因地制宜地介入其战略或投资决策。而对于项目经理的“权责不对等”问题，相关国企的负责人表示，有效的解决方式是推行“项目经理负责制”，培养项目经理的“养家”意识，同时给予项目经理“生杀大权”，真正让项目经理成为项目的主导者，如此才能顺利推进项目跟投的实施。

3.组织文化难适配

长期以来，国企在文化习性上普遍存在“无过便是功”的心态，内部主动性不强，干劲不够，习惯于“按领导意图办事”，尤其是非市场化的“铁交椅、铁饭碗、铁工资”的“三铁”思维已成为国企的固有特点。因此，面对推行项目跟投这种激励体系上的重大变革，与民企相比，国企在组织文化上比较难以转变和适应。

对此，一方面，国企会通过改革内部运营机制及考核激励机制，打破传统“三铁”思维，提高积极性；另一方面，为了适配项目跟投的落地，国企普遍会通过对员工进行体系性的培训和引导，从人才培养和能力提升上帮助员工尽快转变，融入角色。例如，指导员工如何运营？如何站在投资股东的角度去看问题？怎样从关注项目的开发节点变成关注股东资金IRR？由此，员工不仅可以具备主观能动性，还可以具备相应的能力去执行跟投机制。

总体而言，“共建、共治、共享”的“项目跟投”市场化运行机制的建立，事关国企改革的成败，国企应积极从组织管理体系、员工辅导等层面进行相应变革，推进项目跟投机制的落地，真正发挥跟投的激励效用。

四、国企跟投落地的六大核心抓手

在跟投落地层面上，国企与民企在核心抓手上基本相同，都是从顶层设计、方案设计、组织分工、培训宣导、工具落地和先试点后推广六个方面进行展开。以下我们就针对国企在这几大抓手上的特殊要点进行说明，其余与民企相同部分不再赘述。

1. 顶层设计

对于国企而言，在设计跟投方案时，除了力求突破业绩增长瓶颈、留住人才的考量外，在制度约束下匹配国企混合所有制改革方向与要求也是重要的考量因素。在国企混合所有制改革的大背景下，国家鼓励国企多元化经营模式、要求进一步强化企业内生动力，而激励机制的创新变革正是关键举措，项目跟投也正是国企构建新型、多元化激励体系中的重要一环。例如，E企在推进激励体系的变革中，依次推出了员工持股计划、股权激励计划和项目跟投机制，构建了三位一体的激励机制。

2. 方案设计

国企项目跟投方案设计的思路主要围绕核心要素、关键参数、影响评估、留有余地这几个方面进行斟酌和考量。基于国企的特殊性，在跟投方案设计时会有更多的考量因素。例如，在项目选择上，国企的项目类型更为繁杂，对于特殊项目类型（如保障房、竞自持住宅、收并购项目等）是否纳入跟投，需要特殊考虑。在跟投载体上，国企要充分考虑国资委的制度红线，探索比较妥当的方式，如选择基金结构、信托计划、资管计划或有限合伙企业的债权模式实施跟投。这里值得一提的是，国企普遍拥有自身较成熟的金融产业基础，可直接利用现有的金融平台进行跟投。此外，国企的跟投设计还需要注意：在人员范围的设定上要有更多的限制；在权益占比上一般设置更低的比例；不给员工提供任何资金杠杆；在本金返还上预留部分资金至清算环节，以突出风险共担的责任心；等等。

3. 组织分工

以E企为例，运营管理中心负责明确跟投启动后的标准步骤设置，研究特殊项目的处理和现金流等指标的计算与管理；法务部、财务部协助运营管理中心确定跟投载体和通道的选择；信息技术部确认跟投平台的构建方式，推进跟投管理信息平台的建设；等等。各部门需紧密配合推进跟投方案的制订与完善。

在跟投落地执行的组织分工上，构建清晰的跟投管理组织，并明确流程分工对于国企而言同样重要。例如，E企成立了集团项目跟投工作小组，设立总部跟投管理员、城市公司跟投管理员（由行政人力人员担任）等岗位，运用跟投管理系统，进行具体的跟投操作。其中，总部跟投管理员主要负责跟投项目的创建、认购名单和金额的最终确认、返本分红申请的确认，城市公司跟投管理员负责各项信息设置、项目的发布、付款对账、返本及分红申请、退出结算等环节。

4. 培训宣导

在培训宣导方面，与民企相比，国企需要更大的力度去培训和宣导跟投机制的价值与意义，改变国企员工固化的“三铁”思维，克服员工的心理障碍，在国企内部树立相适应的组织文化氛围，由此才能确保跟投的顺利推进。此外，同样需要通过跟投路演等方式，使员工不仅从意识上转变，还能够掌握相应的技能。

5. 工具落地

在工具落地上，一些国企已经走在了前面。例如，E企在跟投机制推出后，大力推进跟投管理平台的构建，要求IT部门对跟投系统平台开发的项目进度、跟投业务蓝图、跟投平台业务流程进行汇报，并对实际跟投系统平台进行现场演示。在跟投管理系统的助力下，跟投管理效率得以大幅提升，同时也让员工能够及时了解跟投的进度和个人的收益情况，有利于员工树立跟投信心，并推进项目团队之间的竞争，提升项目运营效率。

6. 先试点后推广

国企在项目跟投的实施推进上会更加注重试点项目，试点项目的权益比例会更低一些，跟投过程中根据实施情况反向优化跟投机制设计。与民企类似，国企同样会先选取短平快、预计收益较高的项目进行试点，以确保跟投初期项目的成功，以便树立员工的跟投信心，但是试点项目的运行周期可能会更长，并不是在经过几个项目的试点后就大面积铺开。

五、国企跟投成效：部分国企已初见成效，业绩强势回归

从国企推行项目跟投的成效来看，部分国企已经初见成效，业绩规模获得显著增长，运营管理水平也有所提升，对于稳定人才、激发团队活力方面的成效显著。

1. 企业层面：业绩规模显著增长

从E企近六年的业绩走势不难看到，2012—2016年，E企业绩增长

平缓；2017年，在楼市调控趋紧的态势下，E企业绩仍实现了大幅跨越，跨入了千亿元销售规模的梯队，同比增幅超过50%。可以说，E企业绩的跳涨离不开其在2017年年中推出的项目跟投机制。

再看C企，2012—2015年，C企业绩总体微增长，从2016年年初开始推行项目跟投后，C企2016年的销售额实现跳涨，突破千亿元大关，重回房企第一梯队，同比增幅也创下新高，2017年C企业绩仍保持较高的增速增长。跟投机制的推行是C企业绩增长的关键动力。

2. 管理层面：各项经营指标明显好转

C企推行项目跟投后，项目收益、项目运营效率得到了明显提升，各项指标（如净资产收益率、销售净利率、存货周转率）表现良好，同时，三项费用率也得到有效控制。相信随着跟投机制的深入推进，更多的国企在项目收益率和运营管理效率上会更见成效。

3. 员工层面：积极性提升，人才流失率降低

国企在推行项目跟投后，在有效的培训宣导和IT平台的助力下，员工的跟投认购积极性普遍较高。据相关资料显示，截至2017年年底，E企的跟投项目有20个，累计认购超过5 000万元。此外，项目跟投对员工积极性的激发、团队人才的稳定等也同样发挥了积极成效。

当然，国企的项目跟投改革实践总体仍在摸索阶段，因国企的特殊性，其项目跟投不可能像民企那样立竿见影，更需要国企具有立足长远的战略定力，也需要主管部门或国企领导人拿出“如欲平治天下，当今之世，舍我其谁”的气魄。

六、国企跟投点评：道路曲折，但前途依然光明

综合来看，我们可以从以下几方面点评国企跟投。

第一，人才流失是推动国企组织激励变革的关键动因。在当今快鱼吃慢鱼的时代，人才成为企业的核心资源，而近年来国有房企因制度僵化、分配机制不健全、人才上升通道受阻等，人才被大型民企频繁挖走，再加上业绩掉队的刺激，国企突破传统的制度藩篱、进行人才激励机制的彻底变革已是迫在眉睫，而项目跟投正是国企组织激励变革的重要创新。

第二，制度设计不要突破国资委制度红线。在国资委“上级不能持有下级企业股权”、“同股同权”和“不得向持股员工提供财务资助”等规定的约束下，国企的跟投设计总体都在国资委的制度红线范围内进行谨慎考量。其通用要点有：通过基金结构、信托计划、资管计划或有限合伙企业的债权模式实施跟投，跟投项目类型要更加细分且符合市场化原则，董事、监事和高级管理人员及集团总部人员普遍不参与跟投，不予以持股员工任何资金杠杆，跟投权益占比普遍予以较低的比重，本金返还设计更多地体现风险共担，等等，都是国企与民企跟投设计的差异所在。

第三，跟投落地有待管理体系和组织文化的全面适配。国企传统的组织管理体制和文化习性，难以匹配项目跟投机制的落地，在组织架构调整、权限合理下放、员工思维的转换上，国企比民企面临更大的转型挑战，还需要做足功课。

最后，尽管国企推行项目跟投的难度要比民企大得多，但值得欣慰的是，部分国企已经通过跟投实现了业绩的显著增长。放眼未来，整个国家的大方向是鼓励国企体制的改革，鼓励多元化经营模式，强化企业内生动力，因此项目跟投机制与国企改革的大方向是吻合的。尤其在党的十九大之后，国家强调多主体供给、构建租购并举的住房制度，将会有众多领域需要国企发挥带头引领作用，同时也需要国企承担更多的社会责任。由此，国企进一步焕发自身活力和推进激励机制的深化落地就显得更加重要，项目跟投作为国企激励体系变革的重要组成部分，在国企中将越加焕发生命力。

第五节　基于业务赋能和管理提效的项目跟投整体解决方案

一、房企项目跟投体系落地面临的四大挑战

当行业进入新常态后，业绩增长越加有赖于激发个体效率和创新，不断更新的合伙人制具有更多的利益绑定、共荣共损的含义，从赚钱到分钱的模式激发了全体员工的积极性。项目跟投体系已成为当前房企在管理提升措施上的必选项。

大多数的项目跟投机制，一般会参考现金流回正时间节点、销售去化率和项目结算等，使员工逐步拿到利润分红。然而，这对于习惯了以粗放式管理为主的房企来说，它们将会面临诸多难题。

据很多参与项目跟投的员工反馈，大多数的项目开发周期短则2年，长则3~5年，因此在项目开发过程中，企业会面临一系列难题，如股权是否可以交易，以及交易带来的资产评估等。参与跟投的员工很难及时掌握项目的动态收益情况，对于项目开发过程中的关键事件基本处于不知情的状态。另外，项目收益如何分配和什么时候分配也是当前面临的一个难题。

明源地产研究院和某大型房企董事长进行了沟通，双方坦言有两大挑战最能够影响项目跟投体系的成功与否。

第一，企业内部是否存在足够多具有经营能力的项目总经理？他们能够带领项目经营团队真正算清楚项目的经营账，不辜负众多跟投人

的期望。

第二，在内部构建公开、公平、公正和具有高度公信力的跟投平台，这个跟投平台能真正担负起新时代新组织的重任。

经过和不同房企的高层管理者沟通，我们深刻地感受到，项目跟投体系承载着房企在新时代激发自组织的期望。但是，项目跟投体系从推行到落地还面临着诸多挑战，如图4-15所示。

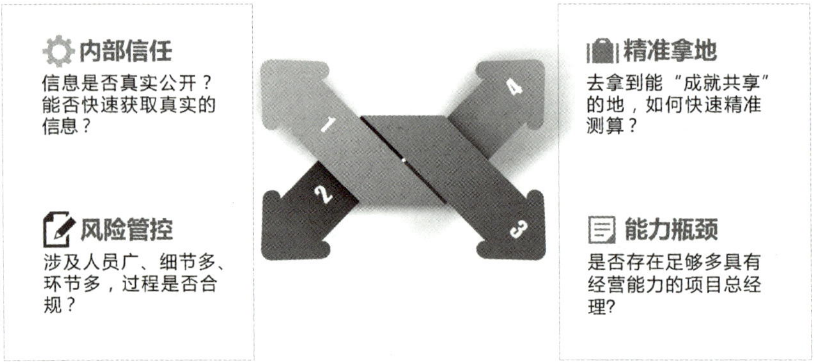

图4-15 项目跟投体系从推行到落地面临的挑战

1. 内部信任

对于房企的运营管理而言，从业务到财务，势必存在着多套不同口径的数据与报表体系，而这种不同口径的数据由不同的员工分别了解或掌握，容易带来信息上的误差和信任上的损失。因此，项目跟投信息能否及时真实公开，以及员工从什么渠道能快速获取真实的经营信息将决定跟投体系落地的成败。

2. 风险管控

一个项目的跟投，从跟投方案设计、跟投方案发布、员工认购、员工付款，到财务确认付款、权益调整、返本和分红等，涉及10余个场景，一般需要跟投员工、财务、人力资源等多个角色的协作沟通，每个场景都容易产生经营和法律的风险，对房企的风险管控与合规运作将会形成重大挑战。

3. 精准拿地

随着项目跟投体系的实施，区域公司或项目团队对拿地的主导权会有更多的影响力。在企业内部需要配套相关的标准化工具，更好地支撑项目团队去拿到能项目超额利润激励的地。因此，拿地环节的测算能力和决策能力会给整个团队的专业能力带来更高的挑战。

4. 能力瓶颈

在以往科层制结构体系中，项目团队更多的是被赋予项目进度达成、销售去化和成本控制等侧重于业务过程管控的职责。但随着基于项目跟投的“自组织”体系的需求，项目团队将被要求能够基于利润、现金流视角的经营指标（如净利润、IRR 等）对项目的运作进行全盘掌控，从经营视角对业务进行干预和管控。因此，一旦大规模实施项目跟投机制，企业内部难以有足够数量具有经营意识的项目总经理和项目团队，将会给企业的人力资源储备带来巨大挑战。

因此，基于项目跟投机制下的“自组织”，对团队、管理模式的要求更高、更精细化，传统的管理提升手段难以跨越这种管理模式升级换代的巨大鸿沟。

二、基于典型房企实践的“1+1”项目跟投整体解决方案

正如前文所述，要真正实现项目跟投机制的推行和成功，项目经营团队面临着经营能力的提升、算清经营账的业务要求，同时也面临着项目跟投全过程的风险管控。因此，在体系落地层面，就需要企业在业

务赋能和管理支撑两个方面同时发力。

当前明源地产研究院结合众多房企高层管理者沟通探讨和典型房企的实践，推出了“1+1”的项目跟投整体解决方案。

这个整体解决方案是由管理平台（项目跟投管理系统）和业务平台（项目投资收益管理系统）两大部分构成，如图4–16所示。

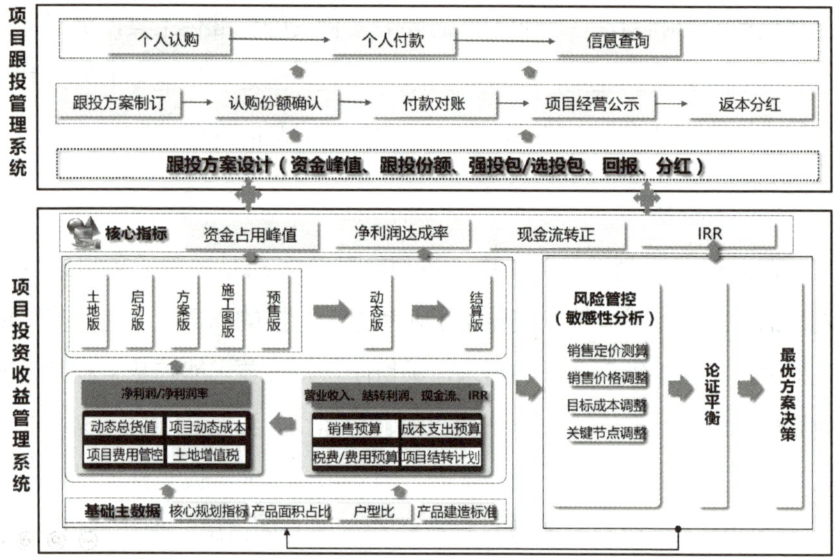

图4–16　整体解决方案由管理平台和业务平台两大部分构成

在这个“1＋1”的整体解决方案中，第一个“1”是项目投资收益管理系统。明源地产研究院借鉴了众多典型房企的项目测算和运作体系，实现了对项目全生命周期的收益管控，包括从拿地开始的快速测算到前期的多版本（如启动会、方案等阶段）目标收益测算，以及开发过程中的项目动态收益测算等。还提供了关键因子的模拟测算，如销售定价和调价、目标成本调整和关键节点调整时的收益模拟测算。项目投资收益管理系统旨在帮助房企在内部构建一个项目级的经营管控平台，为项目总经理和项目经营团队提供项目全盘的收益模拟和经营跟踪。

在这个“1＋1”的整体解决方案中，第二个“1”是项目跟投管理系统。明源地产研究院参考和归纳了行业数十家房企的项目跟投核心模型，确保了符合项目跟投机制的通用性，并且在平台层面提供了较好的扩展性，以确保在符合行业主流机制的同时，能够符合房企的个性化需求。在这个系统中，聚焦项目跟投方案发布、跟投员工认购、付款、返本及分红等场景的应用，实现各业务环节的在线化，可以帮助跟投管理员大批量处理复杂的跟投计算、在线跟投协议签订、超额认购自动平衡、付款快速对账等，可以帮助企业做好项目跟投全过程的风险管控和高效业务协作，帮助企业在内部构建公开、公平、公正和具有高度公信力的跟投平台。

上述两个系统，彼此相辅相成。通过项目投资收益管理系统，为项目总经理和项目经营团队提供了良好的项目全生命周期经营测算和收益跟踪平台，并输出如项目资金峰值、现金流转正周期、IRR、净利润等核心指标，这些核心指标为项目跟投的测算、返本和分红等提供了良好的支撑跟投平台。而通过项目跟投管理系统，获取项目投资收益系统的核心指标，如项目资金峰值、现金流转正周期、IRR 指标等，在跟投前期可以快速实现跟投方案的份额测算，从而完成跟投方案的发布、在线认购、付款、协议签订等。员工在完成认购之后，还可以及时从项目投资收益管理系统获取最新的项目动态经营信息，从而实现“1+1”的应用融合，实现从业务到管理的一体化。

当然，在上述整体解决方案中，管理平台（项目跟投管理系统）和业务平台（项目投资收益管理系统）既可以组合应用，也可以分开独立应用，满足不同企业在不同阶段的管理应用诉求。

三、项目跟投管理系统，打造在线化和具有公信力的项目跟投平台

对于大多数房企的项目跟投机制而言，更多的是从跟投的进入、返本、分红和退出等大环节进行约定，但在跟投机制实际落地时，往往会面临很多细节的困扰。

例如，某房企的员工，对跟投的疑问：

某个项目要开始跟投了，只收到一个邮件告知。由于白天忙于项目现场，没有时间查看邮件，晚上才有时间查看。邮件内容非常简单，要求通过邮件进行认购，项目的相关经营情况也介绍得不清楚，认购的规则是先认购先得，但是认购时间已经过期了。

对于项目跟投管理员，也面临很多困扰：

在进行项目跟投时，每个项目都会有上百名员工进行认购，此时跟投员工往往需要签署多份协议。如果找经常在办公室的员工签署协议还比较容易，但是如果遇到负责认购的总经理出差、项目经营团队在项目现场等，就非常麻烦。找相关人员签署协议，消耗了跟投人员大量精力，让他们疲惫不堪。如果再遇到超额认购情况，计算过程非常复杂，确实让人崩溃。

我们可以看到，对于项目跟投体系本身的落地而言，存在着周期长、细节多、涉及面广、工作量大的困难。

明源地产研究院的项目跟投管理系统的应用场景非常集中，主要是针对项目跟投过程中的业务挑战而设计的。在常见的项目跟投体系推行过程中，除上述描述的困扰外，跟投人员往往会面临诸多的业务瓶颈和困扰。

①缺乏信息渠道。信息公布渠道不透明，规则不清晰，容易导致跟投员工产生项目可能存在“猫腻”的误会。

②协议签署保存。跟投涉及委托投资、借款等多份协议，不同项目协议的模板均有差异（涉及合作开发），纸质协议签署工作量大，后期查询和保存困难。

③跟投业务协同。跟投员工一般在项目现场或在出差，邮件很难被员工有效阅读。跟投员工如何在第一时间接收到认购信息并根据要求快速进行认购、签字及付款等相关操作？

④超额认购计算。当认购超出计划额度时，如何调低员工的认购金额？是否有认购下限？如果有认购下限，如何调低成百上千人的认购金额？

⑤多次/混合认购。是否支持强制跟投和自愿跟投？是否支持在强制跟投时又能自愿跟投？是否支持在第二次认购时强制跟投？

⑥经营信息公示。在项目跟投后，如何公示项目经营信息？当跟投项目多达数十甚至上百个后，如何保障跟投项目经营信息的公开透明？

项目跟投管理系统基于明源地产研究院对业务的深入研究，架构于明源地产研究院新一代的技术平台之上。另外，项目跟投管理系统采用了“手机端+电脑端”的混合模式，能够快速适配不同的跟投模式，从而能够支持项目跟投全过程的业务应用，涵盖项目跟投的多个关键场景。

①电脑端的功能：基础数据设置、跟投方案管理、认购管理、付款管理、经营信息公示、分红/退款管理、报表管理等。

②手机端的功能：在线认购、收益查询、电子签名和App消息驱动等最新技术。

项目跟投管理系统的七大优势功能如图4-17所示。

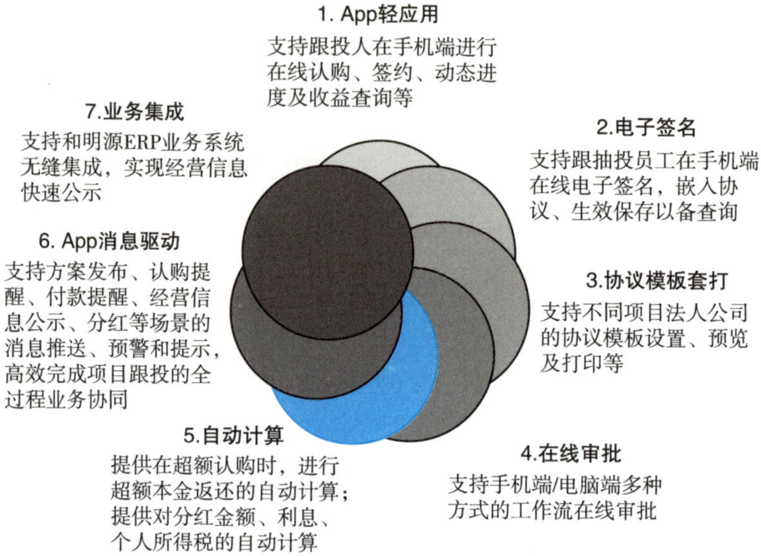

图4-17　项目跟投管理系统的七大优势功能

1. 业务在线：跟投员工通过手机App实现在线认购和协同

如果跟投员工还是通过传统的电脑端完成所有的认购、消息通知和查询等，那么跟投体系的落地确实是艰难而曲折的。

房企的业务是移动的，因此也需要人在不断地移动过程中完成业务的协作。

房企员工大多日常工作非常忙碌，尤其是需要强制跟投的高层管理人员，他们大多在项目现场、参加会议或者在出差，因此通过手机App进行在线认购，则显得十分必要。

员工通过手机App可以实现所有的跟投协作任务，包括业务在线、电子签名和消息驱动，如图4-18所示。

图4–18　手机App可以实现所有的跟投协作任务

跟投系统手机端相关操作如图4–19所示。

图4–19　跟投系统手机端相关操作

尤其需要说明的是，本解决方案提供了在线协议的处理模式，可以帮助房企实现大量跟投协议的管理，极大地提高了协议的安全性和可信任性，也极大地提高了跟投员工的管理效率。

在线协议服务可以由明源地产研究院协助构建或企业自行采购第三方的电子签名服务。该电子签名服务嵌入项目跟投系统中（包括手机端）。在员工进行线上认购后，将相关的项目名称、认购人、认购金额等信息自动嵌入格式模板形成协议。在员工在线使用电子签名服务后，协议生效。电子协议将发送到员工的邮箱，若有需要纸质协议的员工，可以由公司打印并签字、盖章。

2. 高效赋能：跟投管理员在电脑端完成全过程跟投业务处理

对于跟投方案的发布、认购确认、返本和分红等业务，电脑端提供了供跟投管理员及相关人员操作使用的界面，其涵盖的业务流程如图4–20所示。

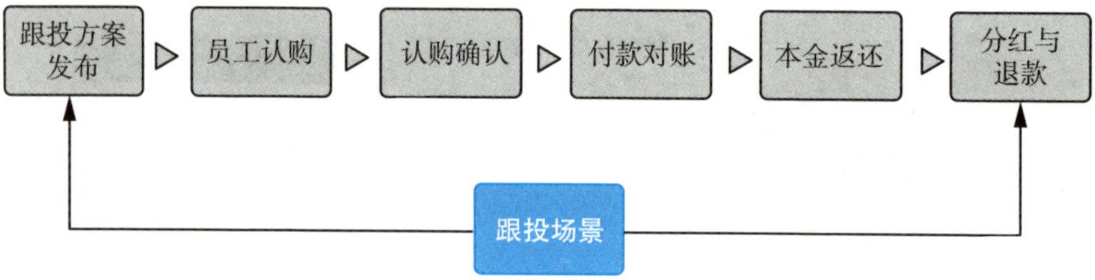

图4–20　跟投场景涵盖的业务流程

主要操作的界面如图4–21、图4–22和图4–23所示。

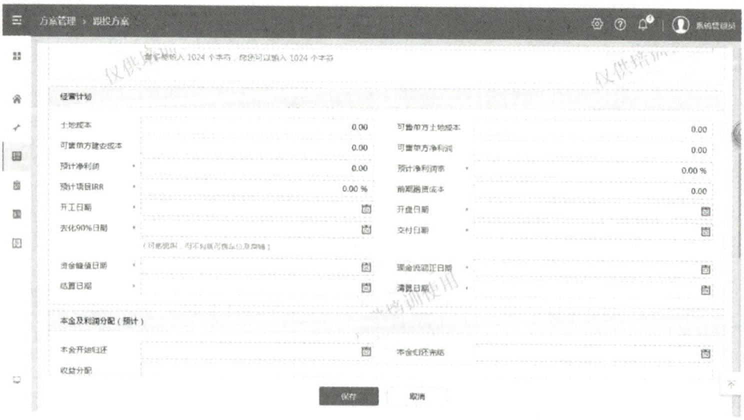

图4–21　跟投方案发布

图4-22 跟投名单管理

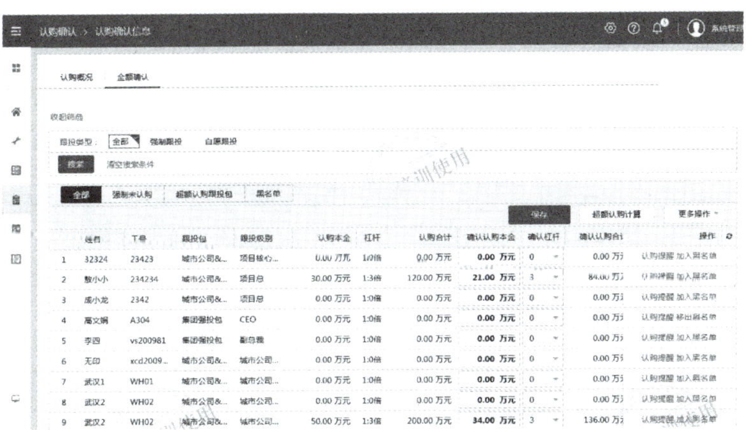

图4-23 超额认购时，提供自动平衡计算参考

项目跟投管理解决方案能够有效地承接企业的项目跟投咨询成果和房企自身的管理制度落地，并能在实际操作细节层面给予优化建议；除通用主体功能外，该方案还有七大优势功能，有效地解决了具体场景中的难点。只要项目实施团队了解房企业务细节，就可以快速推进IT落地。

四、项目投资收益管理系统，夯实和提升项目团队的经营管理能力

可以看到，要成功推行项目跟投，需要在内部构建与项目跟投机制相匹配的项目投资收益管理体系，通过对项目多阶段收益目标跟踪，及时进行动态利润回顾，在跟投过程中对关键事件进行分析和决策，实现对项目全生命周期的投资收益管理。

以J企为例，在拿某地块时，预测利润率为54%。在项目竣工结算时，发现项目利润仅为25%。然而，项目团队的主要成员早已经带着奖金离开了公司。

后来经过深入分析发现，主持不同阶段的责任部门发生了变化。由集团主持拿地，由区域公司主持开发，因此在项目开发过程中缺乏对核心指标（如产品面积占比、户型比、产品建造标准、收益指标等）变化的统一管控和对比分析，导致相关的规划指标、成本配置标准等存在随意变化等现象，最终导致项目利润在规划阶段逐级受损，最终形成了利润“跳水”的现象。

除此之外，在项目的开发过程中，由于市场环境的不断变化，基于竞争、政策及经营等不同因素的考虑，导致销售价格调整、目标成本调整等突发事件。以销售价格调整为例，决策者需要考虑该对哪些产品/户型进行调价？调价多少比较合适？带来的利润和土地增值税的影响怎么样？期望达到的去化率是多少？因此，需要结合项目开发运营过程中的关键事件，在内部梳理应急规范机制，并及时应对。

项目利润“跳水”不可怕，可怕的是，企业管理层对此毫不知情。如果一直都以最初拿地时的利润作为想象的利润目标，并以此作为项目团队奖金分配的依据，那么这样会导致企业利润大幅受损。在供过于求的竞争环境中，如果“自组织”依然是这种经营能力和水平，将会给企业带来致命的风险。

结合我们近年来在多个典型房企的管理落地实践，项目投资收益管理体系的搭建核心在于，做好设计阶段的项目利润规划和项目开发过程中的动态收益跟踪，以及项目开盘后的关键事件协同“三位一体”的项目收益管控，以实时的经营结果倒逼业务部门深度协同。

1. 快速测算：同心协力去拿能获得项目超额利润激励的地

“去拿能获得项目超额利润激励的地”，在推行项目跟投之后，拿地环节到后续的各个的运营阶段都面临着一系列的变革。

项目的开发阶段存在着拿地阶段、产品策划、概念方案、方案设计、施工图、定价和结算等七个阶段。结合在房地产企业的实践，我们推荐企业可以针对可研设计、方案设计、施工图设计和预售四个阶段形成不同的项目收益目标版本，以此揭示项目收益目标的变化情况。

从目前典型企业的实践来看，在项目收益规划阶段，以核心规划指标的管控为基础，倾向于对产品面积占比、户型比、产品建造标准三个方面进行重点管控。

①产品面积占比。对多层、高层、别墅、车位等不同产品类型的面积占比进行管控，在设计的不同阶段对这些产品面积的占比情况进行对比分析，其实质是对市场定位进行匹配，通过以收定支对利润进行规划，并在过程中实现对土地增值税的提前筹划。

②户型比。在当前行业库存高企的现状下，如何匹配市场、匹配刚需、设计户型尤为重要，因此需要在设计的不同阶段针对不同户型比的变化情况进行重点跟踪，以保障匹配刚需的市场战略有效落地。

③产品建造标准。由于在业务过程中，设计、营销、成本及采购等业务部门的配合与协调容易发生差错，因此对产品结构形式、含钢量、含砼量、层数、层高、窗墙比等指标进行管控，以保障成本从策划

到控制的落地。

从实际的业务落地情况来看，对核心规划指标进行及时监控和跟踪，可以有效地揭示从拿地到设计、从施工到营销等各阶段的收益变化情况，以保障项目收益目标在各阶段的有效衔接，倒逼各业务部门深度协同。

2. 实时预测：及时预测和披露项目经营情况

结合典型房企的实践，企业对项目的动态收益管理要做到“实时企业”的管理，需要做好如下三点。

①关键节点管控。通过对项目开发计划进行分级管控，保障关键节点的达成，最终实现对项目投资周期的管控。

②项目投资管控。基于市场和设计，指导成本目标的编制，牵引采购的执行，从而实现对项目投资资金的有序控制。

③动态货值管控。结合对项目销售计划、销售价格的定期预测，实现对项目动态货值的管理。

结合上述核心管控点，通过信息系统手段可以实时或定期对项目动态收益进行跟踪和管控，给企业的定期经济分析提供决策参考，对项目动态收益指标和收益目标进行对比分析，可以快速掌握本月、本季、本年、累计等多个时间维度的业务动态。一旦发现某个指标存在异常，可以及时采取管理手段干预，如图4-24所示。

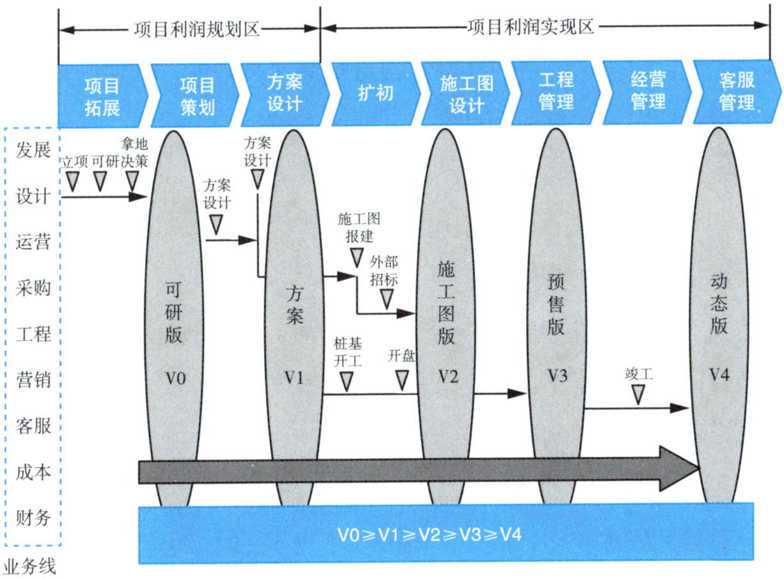

图 4–24　通过信息系统手段实时或定期进行项目动态收益跟踪和管控

从图4–24可以看到，项目开发的哪个阶段是导致利润损失的重要因素，以此可以倒逼业务部门深度协同。

3. 风险管控：对关键事件进行敏感性分析

在项目的开发过程中，基于竞争、政策及经营等不同因素的考虑，市场环境的不断变化导致销售价格调整、目标成本调整等突发事件，此时项目经营团队就需要快速进行经营、收益的分析和决策。结合典型房企的实践，我们梳理了五大关键事件，以此启动其对项目投资收益管理影响的敏感性分析。

①关键规划指标调整。对于直接影响基础数据、面积的相关指标等，需要启动对项目投资收益的跟踪和检查。常规指标包括地上建筑面积、地下建筑面积、总建筑面积、地上可售（可租）面积、地下可售（可租）面积、总可售（可租）面积等。

②重大关键节点调整。重大节点的调整会影响收入、支出的资金安排，因此需要对影响项目实际收益进行测算和分析。主要的关键节点包括土地获取时间、项目启动会召开时间、项目开工时间、项目开售时间、项目毛坯交付时间、项目精装交付时间等。

③销售价格规划调整。销售价格是影响项目投资收益的直接因素，每一次销售价格的调整都直接关系到项目收益的实现。

④重大设计变更调整。对于业主、政府、市场定位等导致的项目及产品设计的重大调整，需要结合对销售价格、目标成本的影响，重新对项目投资收益进行测算决策。

⑤项目目标成本调整。设计、政府、产品定位、市场环境等不同因素导致目标成本变化。例如，当市场环境不好时，可能需要考虑减配置来支持销售价格的调整，此时应该对项目的投资收益进行重新测算，以保障收益的实现。

J企最常见的是销售价格与目标成本的调整，因此J企对这两大关键事件必须进行收益的模拟分析，并在销售价格调整审批流程、目标成本调整审批流程中，对电子审批表单进行改造，如图4-25所示。

在目标成本调整审批流程中，通过对表单进行改造，明示对项目收益的影响，并对配套的审批流程进行梳理和优化，确保每次关键审批的调整都能对项目的收益进行动态模拟预测，并将模拟结果提供给管理人员进行参考决策。

毫无疑问，随着项目跟投机制在行业的兴盛，“赛马”文化将给房企经营管理带来深刻的变革。而要承接这种经营管理的变化，需要在内部构建项目全生命周期的投资收益管理体系，逐步在内部构建一个以结果、决策风险倒逼业务深度协同的管理机制，以项目收益实现和员工的连接，最终实现管理效率的快速提升。

2015-01-16

决策信息

主题*	目标成本调整场景	项目名称	水晶湖郡C区-南区	调整总金额	-9 000 000.00
调整比例（%）	-1.26	原目标成本金额	717 016 971.17	调整后目标成本金额	708 016 971.17
成本消化方法		调整原因	目标成本调减处理		

版本	预计销售收入（万元）	目标成本（万元）	公建分摊调出（万元）	营业税及附加（万元）	土地增值税（万元）	企业所得税（万元）	预计净利润（万元）	计划利润率（%）	建筑单方造价（元/m2）	可售单方造价（元/m2）
调整前（A）	0.00	71 701.70	0.00	0.00	0.00	-17 925.43	-53 776.27	-75.00	4 394.89	4 382.80
调整后（B）	0.00	70 801.70	0.00	0.00	0.00	-17 700.43	-53 101.27	-75.00	4 339.72	4 327.79
差额（C=B-A）	0.00	-900.00	0.00	0.00	0.00	225.00	675.00	0.00	-55.16	-55.01

项目收益测算分析明细

基本信息

提出部门		申请日期	2015-01-16	经办人	系统管理员

目标成本调整明细

序号	科目名称	调整前规划余量	调整金额	调整原因
1	工程设计费(A.01.02.01.03)	31 688 435.00	-4 000 000.00	
2	土建及安装工程费(A.01.02.02.01)	416 389 460.00	-3 000 000.00	
3	设备采购费(A.01.02.02.03)	6 876 910.00	-2 000 000.00	

图4–25　目标成本调整审批表

五、“1+1”项目跟投管理整体体系IT落地实战案例

目前，该方案已经在多个典型房企落地，并得到深度应用。在IT落地的过程中，能够有效地承接第三方的咨询成果或房企自身的管理制度落地，并能在实操细节层面给予优化建议。更重要的是，可以大大提升项目跟投认购和项目开发过程中的协作效率。

以K企的“1+1”整体解决方案的建设为例进行说明。

自2007年以来，K企在上市后迈开全国战略扩张的步伐，已先后布局华南、华东、西南、华北四大区域，2016年陆续进驻合肥、武汉等城市，进入华中板块。自此，K企已完成了13个主要城市的战略部署，同期在建项目近60个。

2016年，K企全年的核心利润为34.6亿元，核心利润率为37.7%，位居上市房企前列。但与亮眼的利润率形成鲜明对比的是，存货周转率较低、周转速度靠后，整体经营质量有待于进一步提升。面临行业的分化压力和激烈的行业竞争，K企勇于推动内部组织创新，正在逐步试行项目跟投管理体系。

为了支撑项目经营管理水平的快速提升和项目跟投体系的快速落地，本次信息化专项是在K企多年来深入应用ERP系统的基础上，结合管理创新的一次重大升级。在当前行业规模分化加剧的背景下，此次信息化专项肩负着助力K企战略达成的历史使命，并再次走在了行业管理创新的前列。

K企运营总经理表示："项目跟投能够带动员工的工作积极性，改变过往的'薪资+福利+浮动激励'模式，在人才与资本的博弈间寻找一种新的平衡点，激发组织潜能，实现企业与员工的利益共享。"

对于K企而言，项目跟投机制不只是激励机制的创新，更是在"增利不增收"的行业常态下，企业实现"弯道超车"和规模扩张的另一利器。

提高股东自有资金IRR，加快项目开发，提高项目收益，进行适度外部融资，无论对于项目、区域还是集团来说，都是一项持续的考验。

基于此，2017年年初，K企高层决定正式推行大运营体系的改革，以成本管理、计划管理、营销管理等系统为基础，在财务、营销、人力、运营、信息技术等多部门协同下，启动项目跟投管理系统与项目投资收益管理系统的搭建，以期提升项目经营意识，全面掌握多维度经营指标，提升项目的整体经营质量，朝着"规模+效益"的方向前行。

项目跟投管理系统是支撑K企项目跟投战略落地的管理创新平台。通过项目跟投平台，可以实现跟投方案发布、在线跟投、份额确认、付款、经营信息公示、本金返还和分红等管理环节。

项目投资收益管理系统是企业内部运营升级的新平台，其核心是实现项目开发过程中的全生命周期经营管控，聚焦对拿地、市场定位、方案设计、预售、竣工备案等多个不同阶段的多版本运营目标管控。在项目开发过程中，基于利润和现金流的核心指标（如资金占用峰值、

IRR 指标等），对开发周期、资金、货值等进行有效协同和管控，并针对项目开发过程中的关键环节及敏感性因素进行收益指标的测算和最优方案决策，构建K企项目规范化经营管控的支撑平台，帮助项目团队从业务管控到经营管控在角色和能力上迅速蜕变。

更重要的是，通过项目跟投管理系统和项目投资收益管理系统的打通，可以让跟投人员及时了解和掌握项目动态信息，倒逼项目团队经营能力的持续提升和改善，实现管理创新和运营升级的相互融合，实现组织潜能的增长。

当前，项目跟投体系已经逐步成为行业众多房企的管理标配，但在实施过程中，K企依然面临着诸多的挑战。例如：

- 项目的经营信息是否真实公开？
- 涉及人员广、细节多、环节多，过程是否合规？
- 去拿能获得项目超额利润激励的地，如何快速精准测算？
- 是否存在足够多具有经营能力的项目总经理？

这些问题涉及企业内部的信任、风险管控、项目总经理能力瓶颈等问题。而K企当前的管理创新和运营升级相互融合，无疑给诸多推行项目跟投的房企提供了一个很好的参考样本。

在K企和明源地产研究院双方团队的密集配合下，K企在两个月内完成了项目跟投管理系统和项目投资收益管理系统的实施和上线。

K企使用明源地产研究院的项目跟投管理系统进行项目跟投，在晚上12点，跟投员工开始进行项目的认购，热点项目仅用时13分钟就完成了在线认购，跟投员工通过电子签名完成了认购协议的在线签署，极大地提升了企业的项目跟投工作效率，避免了项目跟投过程中的诸多风险。

在项目跟投管理系统上线后1个月，K企已完成10个项目的在线跟投，极大地提升了跟投的内部协作效率。

预期K企本次项目建设完成之后，将快速夯实项目经营管控基础，通过项目跟投将赋予员工利益绑定、共创、共享与共担的内涵。在管理上实现从赚钱到分钱的新模式，激发团队的积极性，帮助企业打造“狼性”团队，依靠全体智慧和努力实现企业的跨越式发展。

在K企的应用过程中，通用主体功能结合特色功能，如App轻应用、电子签名、消息驱动和业务集成等，通过“手机端+电脑端”的业务协同给跟投操作人员带来了良好的应用体验，有效地解决了具体场景中的风控管理难点，避免企业与跟投员工在经济和法律方面的相关风险。

项目跟投管理系统和项目投资收益管理系统，形成了面向跟投的“1+1”整体解决方案，企业既可以独立使用，也可以组合使用。目前，该方案在广州合景泰富、广州越秀、广州海伦堡、上海仁恒、昆明俊发和上海景瑞等诸多房企得到了深入应用。

明源地产研究院的“1+1”跟投整体解决方案，通过项目跟投管理系统，实现跟投全过程的在线认购、付款、协议、返本和分红等，以项目收益实现和员工的连接，最终实现管理效率的快速提升；通过项目投资收益管理系统在内部构建项目全生命周期的经营管控，构建一个以结果、决策风险倒逼业务深度协同的管理机制。

从已经实践明源地产研究院的“1+1”跟投整体解决方案的房企来看，该方案有力地促进了房企的项目跟投体系快速落地，在加快项目周转、节约成本、促进销售等多方面越来越体现出合伙人的意识和作用，对提升一线公司，乃至企业整体经营业绩均能起到积极作用。

结束语

随着行业的发展、人员的流动，项目跟投已经在越来越多的房企中得到实施，而项目跟投体系的制度梳理、流程梳理和权责优化调整等，也不再是很难的事情，很多房企正逐步具有自我体系构建和持续优化的能力。

跟投机制的优点一言以蔽之，即从赚钱到分钱。从短期来看，跟投机制有利于绑定利益、保留人员、激发动力，暴露内部问题，完成经营目标，提升业绩；从长期来看，跟投机制有助于推动内部组织变革、去中心化，创新业务模式，培养具有企业家视角的管理者，乃至提升内部员工对企业战略的理解。

当然，项目跟投也并非所有房企都适用。譬如在扩张阶段且需要聚焦利润的中小型房企就不该贸然尝试，要避免沦为变相的内部融资；又如运营效率跟不上的企业，由于开发周期长、效率低、成本高，一方面难以结算，另一方面利润分配节点无从达到，违背跟投的初衷，即便能够进行利润分配，但年化收益过低也不具有激励性。

项目跟投在激励之外也给企业带来了一些挑战，包括文化挑战和管理挑战等。文化挑战，比如强制性跟投可能会造成员工抵触，导致人才流失；管理挑战，比如某企业地方公司管理者为完成年度业绩，在手续不全的情况下违规操作，提前开盘，诸如此类，不一而足。在本书的“七宗罪”中，对一些挑战和风险有所举例和回答。此外，龙头房企、典型民企、典型国企和中小型房企等，由于资源获取能力、运营能力和体制上的差异，各自也会面临不一样的挑战。而这些挑战都需要企业在设计和实施项目跟投的体系中充分予以考虑，并在实际操作中快速优化。

从目前来看，房企内部落地项目跟投体系的工作量巨大、环节较多，因此通过IT支持项目跟投体系已经成为大多数房企的选择。而在IT落地方面，项目跟投与企业内部的ERP系统有效打通，构建一个业务支撑管理、管理驱动业务的IT大平台已经逐步成为当前行业的主流选择。

目前，由于项目跟投在行业中的实践正在不断深化，本书对于一些领域的认知有一定的局限性，希望未来我们能够收集更多的典型房企实践，经过沉淀和提炼后，再分享给广大读者。

谢谢！